हिन्दी भाषा
दक्षिण भारत
में
हिन्दी

डॉ. मधु धवन स्मृति अभिनन्दन ग्रन्थ

हिन्दी भाषा
दक्षिण भारत में हिन्दी

सम्पादक

डॉ. श्रावणी भट्टाचार्य

डॉ. स्वाति पालीवाल

वाणी प्रकाशन

वाणी प्रकाशन

4695, 21-ए, दरियागंज, नयी दिल्ली 110 002

शाखा

अशोक राजपथ, पटना 800 004

फ़ोन : +91 11 23273167 फ़ैक्स : +91 11 23275710

www.vaniprakashan.in
vaniprakashan@gmail.com
sales@vaniprakashan.in

HINDI BHASHA : DAKSHIN BHARAT MEIN HINDI
Edited by Dr. Srabani Bhattacharyya, Dr. Swati Paliwal

ISBN : 978-93-87889-89-7
Linguistics/Memoirs

प्रथम संस्करण

मूल्य : ₹ 695

एम.एस. प्रिंटर्स, दिल्ली-110 093 में मुद्रित

वाणी प्रकाशन का लोगो मक़बूल फ़िदा हुसेन की कूची से

उनकी याद में...

विशेष धन्यवाद

श्रीमती आर. पार्वती जी

(सहायक पुस्तकाध्यक्ष, कन्निमरा पुस्तकालय, चेन्नई)

श्रीमती पूजा जैन जी

(पुत्री डॉ. मधु धवन)

श्री विशाल धवन

(पुत्र डॉ. मधु धवन)

जिन्होंने इस किताब को सम्पन्न करने में पूर्ण सहयोग दिया।

सम्पादकीय

इस अभिनन्दन की ज़रूरत क्यों?

सृजन-संचालन-नियन्त्रण
नारी ही शक्तिमूला
पुरुष ब्रह्म भी बिन नारी
कुछ न कर सका अकेला
हे भारत की नारी, ब्रह्म की इच्छाशक्ति
जय हो,
जय हो तेरे मन की, शुचि भावों की जय हो

–डॉ. मधु धवन, अमृतमयी से

भारतीय नारी अपनी जिजीविषा का परिचय हर क्षेत्र में देती रही है। समायोजन की समस्या का सामना, संघर्ष का सामना उसे हर क्षेत्र में करना पड़ा, पर अपनी आगे बढ़ने की अदम्य लालसा पर उसने कभी आँच न आने दी। यह विशेषता भारतीय नारी में ही क्यों? क्योंकि संस्कार और शिक्षा का ऐसा सुन्दर उदाहरण और कहीं नहीं, सिर्फ़ भारत में ही सम्भव है।

ऐसी ही एक विभूति थी चेन्नई की शिक्षाविद् डॉ. मधु धवन। समय की शिला पर वो अपना नाम अंकित कर गयीं। चेन्नई में हिन्दी को जीया, विरोधों के बावजूद तमिलनाडु में हिन्दी को जीने की प्रेरणा दी। असाध्य को साध्य कर दिखाया। यह अभिनन्दन ग्रन्थ उनके प्रति हमारा श्रद्धा सुमन है।

भारतीय सांस्कृतिक चेतना, श्रम के महत्त्व की पक्षधर, हिन्दी की सशक्त कथाकार, एकांकीकार, नाटककार और कवयित्री, डॉ. मधु धवन का जन्म तरनतारन, पंजाब में एक सम्भ्रान्त परिवार में हुआ था। माता का नाम था शकुन्तला रानी और पिता श्री राजकुमार चोपड़ा। पिताश्री भारत के प्रधानमन्त्री श्री जवाहरलाल नेहरू द्वारा सम्मानित किये गये थे और औद्योगिक क्षेत्र के बड़े व्यवसायी होने के कारण उन्हें सपरिवार विभिन्न स्थानों पर जाना पड़ता था, इसलिए मधुजी की स्कूली शिक्षा भाखड़ा नंगल, दुर्गापुर, आसनसोल, हज़ारीबाग, जमशेदपुर, राउरकेला, बिरलापुर आदि नगरों में हुई। मधुजी ने बेंगलुरु विश्वविद्यालय से हिन्दी में एम.ए. तथा 'आधुनिक महाकाव्य में विप्रलम्भ शृंगार' विषय पर पीएच.डी. की उपाधि प्राप्त की।

प्रकृति से मधुजी को गहरा लगाव था। वन, पर्वत, निर्झर, घाटी एवं बीहड़ों में घूमने और उन्हें देखने का उन्हें बड़ा शौक़ था। इसी प्रकृति प्रेम ने उन्हें कवयित्री बना दिया।

अर्द्धरात्रि
निरभ्र नील गगन में चाँद
स्वच्छन्द विहार करता छिटक रहा था,
ज्योत्स्ना अपार।

मधुजी की पहली कविता 'भुट्टो' नाम से 'धर्मयुग' में 1970 में छपी थी। कठिन जटिल समस्याओं में भी शान्त और संयमित बने रहना उनके व्यक्तित्व की विशेषता थी जो उनके पिता से विरासत में मिली थी। आपकी रचनाओं में प्रकृति प्रेम, राष्ट्रीयता, मानवीयता तथा मानव मूल्यों के स्वर मुखरित हुए हैं। डॉ. मधु धवन की कृतियों में *मैंने कब चाहा, भूल, त्रास, भगत सिंह, अँधेरी पगडंडियाँ* (नाटक), *आहुति, साइबर माँ, करवट लेता वक़्त, प्यार भरे दादाजी* (उपन्यास), पत्रकारिता : *एक परिचय, हुतात्मा* (खण्डकाव्य), *कालचक्र* (महाकाव्य) और आलोचना कृतियों में *मैथिलीशरण गुप्त का नहुष, नरेश मेहता की शबरी मूकमाटी—आचार्य विद्यासागर* आदि सम्मिलित हैं। कई पाठ्यपुस्तक, पत्रिकाएँ और शोध प्रबन्ध आपने सम्पादित किये हैं।

मधुजी ने स्टेल्ला मॉरिस कॉलेज, चेन्नई में हिन्दी विभागाध्यक्ष रहते हुए अपनी प्रशासकीय दक्षता का भी परिचय दिया था। कई राष्ट्रीय और अन्तरराष्ट्रीय संगोष्ठियों का आयोजन उन्होंने किया। लेकिन, 26 जून, 2017 को नियति के क्रूर हाथों ने उन्हें हमसे छीन लिया।

उनके निधन से दक्षिण भारत में हिन्दी शिक्षा और साहित्य के क्षेत्र में एक ऐसा शून्य उत्पन्न हुआ है जिसे भर पाना शायद ही सम्भव हो। हिन्दी से जुड़े प्रत्येक कार्यक्रम में हम हिन्दी सेवी उनकी कमी को बड़ी तीव्रता से महसूस करते हैं। भौतिक रूप से हमारे साथ न रहते हुए भी, भावनात्मक रूप से वे हमारे साथ हैं और हम उम्मीद करते हैं, उनका आशीर्वाद हमारी प्रेरणा और आत्मबल को आगे बढ़ायेगा।

मधुजी जैसी विभूतियाँ, उनकी कृतियों के साथ आज भी हमारे साथ हैं। अभिनन्दन ग्रन्थ के इस सारस्वत यज्ञ द्वारा हम उनकी स्मृति को सम्मान देना चाहते हैं। हम सबका यह कर्तव्य भी है। हम उन सभी साहित्यकारों के आभारी हैं जिन्होंने इस यज्ञ में साहित्य समिधाएँ दीं। इस ग्रन्थ की परिकल्पना मधुजी के जीवनकाल में ही आरम्भ हो गयी थी, किन्तु उनके असमय निधन ने इस काम को बीच में रोक दिया था। उनके निधन के बाद, यह कार्य पुनः आरम्भ किया गया इसलिए इस सारस्वत यज्ञ की कुछ समिधाएँ उनके देहान्त से पूर्व की हैं। प्रज्ञाजीवी पाठक बन्धुओं से यह निवेदन है कि वे इस सेतु का ध्यान रखते हुए मधुमय अभिनन्दन की ओर उन्मुख हों।

मधुजी के सम्मान और स्मृति में हम यह ग्रन्थ सुधी पाठकों को समर्पित करते हैं। हमें आशा है कि वे हमारी त्रुटियों को माफ़ करेंगे एवं भावनाओं के इस सारस्वत पुष्प को सहृदय ग्रहण करेंगे।

डॉ. श्रावणी भट्टाचार्य
डॉ. स्वाति पालीवाल

अनुक्रम

डॉ. मधु धवन : व्यक्तित्व और कृतित्व

पूर्वार्द्ध : जब थे साथ-साथ

थमे हुए पल...

उत्तरार्द्ध : क्षितिज के उस पार

बिटिया करे तुम्हें याद

काव्यांजलि

मधु गरिमा : सुर्ख़ियों में

डॉ. मधु धवन
व्यक्तित्व और कृतित्व

डॉ. मधु धवन : व्यक्तित्व

●

डॉ. श्रावणी भट्टाचार्य

एक मीनार बनती रही,
एक मीनार ढहती रही,
किन्तु अनरुकी अनथकी,
नदी सी तुम बहती रही।

बीहड़ प्रदेश से गुज़रती हुई,
सूर्य की घात सहती रही,
चन्द्र की शीतलता सहराती रही,
नदी सी तुम बस बहती रही।

सभ्यताओं का नवजामा पहनती,
जर्जरताओं को समूल मिटाती,
इस किनारे रुकी ज़िन्दगी,
उस किनारे लगाती हुई,
नदी से तुम बहती रही।

डॉ. मधु धवन की कविता की ये पंक्तियाँ, उनके व्यक्तित्व को उन्हीं के शब्दों में समेटती हैं। आकर्षक व्यक्तित्व की धनी, डॉ. मधु धवन तमिलनाडु में हिन्दी की ज्योति को जलाए रखने का काम जी जान से करती रहीं। मधुजी अपने परिवार से भी ज़्यादा हिन्दी से प्रेम करती थीं। नहीं तो दिन-रात कर, इस प्रकार की सेवा मैंने विरले ही देखी है। उन्होंने अन्ना नगर स्थित अपने घर को ही तमिलनाडु हिन्दी साहित्य अकादेमी का कार्यालय बना डाला था। बतौर महासचिव, उनके ऑफ़िस में, उनकी हरेक फ़ाइल सलीके से लगी रहती थी। चेन्नई के उभरते लेखक-लेखिकाओं की वे पथ-प्रदर्शिका थीं। 26 जून, 2017 की रात उनकी मृत्यु का जो दुःखद समाचार लेकर आयी, वह हिन्दी क्षेत्र के लिए किसी वज्रपात से कम न था।

चेन्नई के अपोलो अस्पताल में मधुजी ने अन्तिम साँसें लीं। तमिलभाषी क्षेत्र में हिन्दी का काम करने के लिए, वह हिन्दी के साथ द्रविड़ भाषाओं को जोड़ कर आगे बढ़ी थीं और हिन्दी को

उसका दर्ज़ा देने के लिए पुरज़ोर मेहनत करती रहीं। भारत सरकार के कई मन्त्रालयों में वो राजभाषा सलाहकार समिति की सदस्या थीं। चेन्नई में हिन्दी राष्ट्रीय तथा अन्तरराष्ट्रीय सम्मेलनों का आरम्भ मधुजी ने किया था। चेन्नई के स्टेल्ला मॉरिस कॉलेज के हिन्दी विभाग की वो विभागाध्यक्षा थीं। बत्तीस साल के अपने कार्यकाल में उन्होंने हिन्दी विभाग को इतना मज़बूत कर दिया कि आज देश भर में इस विभाग की पहचान है। स्टेल्ला मॉरिस कॉलेज के भाषा विभागों में सिर्फ़ हिन्दी विभाग ऐसा है जो छात्राओं द्वारा सम्पादित हिन्दी पत्रिका—'खिलती कलियाँ' निकालता है।

सेवा निवृत्ति के बाद भी उन्होंने हिन्दी को अपना अधिकतम समय दिया। तमिलनाडु हिन्दी साहित्य अकादेमी द्वारा नियमित रूप से 'तमिलनाडु साहित्य बुलेटिन' का प्रकाशन होता रहा। हिन्दी की विभिन्न विधाओं में अब तक उनकी 165 पुस्तकें प्रकाशित हो चुकी हैं। कई राष्ट्रीय एवं अन्तरराष्ट्रीय सम्मानों से विभूषित डॉ. मधु धवन ने सुदूर दक्षिण में हिन्दी की ज्योति को जलाए रखा।

11-12 जनवरी, 2017 को, स्टेल्ला मॉरिस कॉलेज, चेन्नई में अन्तरराष्ट्रीय हिन्दी सम्मेलन का सफल आयोजन कर सबको अचरज में डाल दिया। दो-दो महिला राज्यपाल सम्मान समारोह में शामिल हुईं—गोवा की राज्यपाल महामहिम श्रीमती मृदुला सिन्हा और पुदुच्चेरी की उपराज्यपाल महामहिम डॉ. किरण बेदी।

मधुजी अपनी कृतियों के साथ हमेशा हमारे बीच ज़िन्दा रहेंगी।

जीवन केवल महत्त्वाकांक्षा नहीं,
जीवन केवल अवसरवादिता नहीं,
जीवन केवल षड्यन्त्र नहीं,
जीवन केवल जड़ें काटना नहीं,
जीवन केवल पहेली नहीं,
अपितु
काँटों के मध्य उगे हुए
फूलों सी मधुर मुस्कान है
तनावों के मध्य आहत मन का
मानवता-झील में तिरते जाना है।

मो. : 07358591856

डॉ. मधु धवन : कृतित्व

●

डॉ. स्वाति पालीवाल

मोहक एवं गरिमामय व्यक्तित्व की स्वामिनी डॉ. मधु धवन मनीषी चिन्तक और कर्मठ रचनाकार थीं। आपकी कर्मठता का प्रमाण वे रचनाएँ हैं जो आपके जाने के बाद भी हमें आपसे जोड़े हुए हैं। साहित्य, शिक्षा और संचार का कोई भी क्षेत्र आपकी लेखनी से अछूता नहीं था। आपकी पुस्तकों की सूची देखकर लगता है कि इतने छोटे से जीवन काल में आपने साहित्य का यह भंडार कैसे रचा होगा? कविता, कहानी, उपन्यास, नाटक, समीक्षा, साक्षात्कार, साहित्य व भाषा शिक्षण के लगभग हर विषय पर आपकी लेखनी का जादू बिखरा है। आपके कृतित्व को देख कर आसानी से कहा जा सकता है कि आप मानवधर्मी-रचनाकार के साथ-साथ लेखन की महामानव थीं।

नाम	–	मधु धवन
जन्मतिथि	–	22-02-1952 तरनतारन (पंजाब)
शिक्षा	–	एम.ए., पीएच.डी.
मातृभाषा	–	पंजाबी
शिक्षा एवं उपाधियाँ	–	एम.ए. (हिन्दी), पीएच.डी. डिप्लोमा–फ़िल्म निर्देशन-अन्ना वि.वि.
अन्य भाषाओं का ज्ञान	–	हिन्दी, संस्कृत, पंजाबी, अंग्रेज़ी
शिक्षा स्थल	–	भाखड़ा नंगल, दुर्गापुर, आसनसोल, देहरादून, टाटानगर, राउरकेला, घाटशिला, ट्रेंसा (उड़ीसा), धनबाद, कोलकाता, वारिया, बोकारो, बेंगलुरु।
शोध-प्रबन्ध	–	आधुनिक महाकाव्यों में विप्रलंभ शृंगार
अनुभव	–	महाविद्यालय अध्यापन 33 वर्ष
मृत्यु	–	26-06-2017

लेखन रुचि के क्षेत्र

कविता-कहानी-उपन्यास-पत्रकारिता–मानव-मूल्य-धर्म-दर्शन, प्रयोजनमूलक हिन्दी, स्कूल तथा कॉलेज पाठ्यक्रम चयन व निर्माण

हिन्दीतर क्षेत्रों में हिन्दी-शिक्षण-प्रशिक्षण की कार्यशालाएँ चलाना

अनुभव-शिक्षण के क्षेत्र में 33 वर्ष स्टेल्ला मॉरिस (स्वायत्तशासी) कॉलेज में हिन्दी विभागाध्यक्षा
विशेषज्ञता :

1. कार्यशालाएँ—पढ़ाने की विधियाँ—कक्षा में हिन्दी पढ़ाने की विधियों पर शिक्षकों के लिए कार्यशालाएँ चला कर देशभर में तकरीबन 200 से अधिक (सरदार पटेल स्कूल, दिल्ली), बनारस, कानपुर, जबलपुर, सारा आन्ध्र प्रदेश, केरल, तमिलनाडु, कर्नाटक)
2. विज्ञापन कला—40 कार्यशालाएँ (प्रिंट मीडिया, इलेक्ट्रॉनिक मीडिया, रेडियो, दूरदर्शन। (रोज़ीरोटी कमा सकें)
3. पत्रकारिता पर कार्यशालाएँ—64, लेखन कला (ख़बर बनाना, रिपोर्ताज़ आदि)
4. मौलिक लेखन—6 कार्यशालाएँ, लघु कथा, कहानी, कविता, ललित निबन्ध, प्रकाशन

मौलिक रचनाएँ

1. **महाकाव्य**—कालचक्र—नेशनल पब्लिशिंग हाउस, नयी दिल्ली, 2005
2. **खण्डकाव्य**
   - हुतात्मा—ऋषभ चरण जैन व संतति, 1994
   - भारत ललाट—साहित्य भवन, इलाहाबाद, 1999
   - कारगिल की ललकार—पैनमेन, नयी दिल्ली, 1999
   - धरा पर खिला दिव्य फूल, बोध प्रकाशन, चेन्नई, 2004
3. **काव्य संग्रह**
   - स्वर्णिम भारत, फ्रैंक ब्रदर्स, दिल्ली, 1997
   - अमृतमयी, साहित्य भवन, इलाहाबाद, 2003
   - तुम भी बदल गये, क्लासिकल, नयी दिल्ली, 2013
4. **उपन्यास**
   - करवट लेता वक़्त, साहित्य भवन, इलाहाबाद, 1999
   - जुर्माना, साहित्य भवन, इलाहाबाद, 1999
   - आकांक्षा, साहित्य भवन, इलाहाबाद, 1999
   - तूफानी झंझा का दीया, साहित्य भवन, इलाहाबाद, 1999
   - महासागर के शंख, पैनमेन, दिल्ली, 2000
   - शिखरों से ऊँचा, पैनमेन, दिल्ली, 2000
   - शक्तिपुंज, पैनमेन, दिल्ली, 2000
   - मैं सृष्टि की आत्मा हूँ, पैनमेन, दिल्ली, 2002
   - उस मोड़ पर, पैनमेन, दिल्ली, 2002
   - साइबर माँ, नेशनल पब्लिशिंग हाउस, नयी दिल्ली, 2004
   - प्यार भरे दादाजी, पैनमेन (बाल उपन्यास), नयी दिल्ली, 2004
   - तड़पती चाहतें, वाणी प्रकाशन, नयी दिल्ली, 2017
   - तमिल पुत्र कल्कि, वाणी प्रकाशन, नयी दिल्ली, 2017

5. कहानी

झरते अश्रु, पैनमेन, दिल्ली, 2004

इण्टरनेट का माउस, क्लासिकल, नयी दिल्ली, 2006

अमृत बूँदें, (हिन्दी तथा इंग्लिश में), 2007

ख़ौफ़, वाणी प्रकाशन, नयी दिल्ली, 2015

लक्ष्मी कहाँ रहती है, वाणी प्रकाशन, नयी दिल्ली, 2015

6. नाटक

मैंने कब चाहा, ऋषभ चरण जैन, दिल्ली, 1992

भूल, साहित्यायन, 1993

भगतसिंह, साहित्य भवन, इलाहाबाद, 1997

भारत कहाँ जा रहा है, वाणी प्रकाशन, नयी दिल्ली, 1999

आज की पुकार, वाणी प्रकाशन, नयी दिल्ली, 2015

7. नाटक संग्रह, चिंगारियाँ, वाणी प्रकाशन, नयी दिल्ली, 2017

8. एकांकी संग्रह (लगभग 75 एकांकी)

बाल-किशोर एकांकी संग्रह

9. हिन्दी साहित्य का संक्षिप्त इतिहास, वाणी प्रकाशन, 2007

10. साहित्यिक विधाएँ सैद्धांतिक पक्ष, वाणी प्रकाशन, 2007

11. हमारी भाषा हिन्दी, सामयिक प्रकाशन, 2013

12. साहित्यिक निबन्ध, क्लासिकल प्रकाशन, 2015

13. साक्षात्कार

हिन्दी कहानी के नवीनतम प्रतिमान—गंगाप्रसाद विमल से साक्षात्कार, वाणी प्रकाशन, 2017

14. प्रयोजनमूलक

- विज्ञापन कला, वाणी प्रकाशन, 2000
- भाषान्तरण कला, वाणी प्रकाशन, 2000
- राजभाषा नीति, बोध प्रकाशन, 2007
- प्रयोजनमूलक हिन्दी, जयभारती, इलाहाबाद, 2001
- प्रयोगात्मक व्याकरण, बोध प्रकाशन, 2000
- पत्राचार, बोध प्रकाशन, 1992-2000
- प्रयोजनमूलक पत्राचार, अभ्यास पुस्तिका, 1990
- मीठी हिन्दी, वाणी प्रकाशन, 2000
- पारिभाषिक शब्दावली टिप्पण, आलेखन

15. पत्रकारिता

पत्रकारिता : एक परिचय, कमल प्रकाशन, इन्दौर, 1991

पत्रकारिता : एक परिचय, बोध प्रकाशन, 1991

पत्रकारिता एवं जनसंचार, बोध प्रकाशन, 2010

16. समीक्षा

- मैथिलीशरण गुप्त का नहुष, बंगलौर, 1997

• बारी बरन खोल दो (उपन्यास सुलोचना रांगेय राघव—'द हिन्दू' अखबार में मंगलवार 3-2-2004)

• धरती का आर्तनाद (कविता संग्रह, शीला गुजराल, भारतीय ज्ञानपीठ, मंगलवार, 6 जुलाई, 2004)

• हमारे सपनों के भारत का निर्माण—के.सी. अग्रवाल भारत त्रिजा, अनूदित आर.के. केसरवानी, नोएडा, 22 जून, 2004

17. डिक्शनरी कार्य—लिंक नामक पारिभाषिक शब्दावली—इंग्लिश-हिन्दी-तमिल-फ्रेंच में हिन्दी-अंग्रेज़ी शब्दकोश, पब्लिशिंग हाउस, नयी दिल्ली

18. **कॉलेजों का पाठ्यक्रम—चयन व लेखन**

भारती काव्य संग्रह, 1991
भारती कहानी संग्रह, 1991
भारती गद्य संग्रह-वाणी प्रकाशन, 1991
काव्यांग, 1992
नवीनतम एकांकी संग्रह, 2001
बोलचाल की हिन्दी, वाणी प्रकाशन, 2006
मंथन, काव्य-संग्रह वाणी प्रकाशन, 2013
पर्यटन व पर्यटक, वाणी प्रकाशन, 2013
पर्यटन—एक परिचय, वाणी प्रकाशन, 2013
मदुरै कामराज वि.वि. के लिए बी.ए. तथा एम.ए. का पाठ्यक्रम-लेखन 2006 (10 पुस्तकें)
लोकजन मंच कला, वाणी प्रकाशन, नयी दिल्ली, 2015
लेखन कला : एक परिचय, वाणी प्रकाशन, नयी दिल्ली, 2015

19. **स्कूलों के लिए पाठ्यक्रम**

- तमिलनाडु मैट्रिकुलेशन बोर्ड का पाठ्यक्रम, 1999
- तमिलनाडु मैट्रिकुलेशन बोर्ड का पाठ्क्रयम, 2010
- मदुरै कामराज वि.वि. के लिए प्लस टू का पाठ्यक्रम—
- ज्ञान वर्षा—10 पुस्तकें तथा अभ्यास पुस्तिका 10, मैकमिलन प्रकाशन, नयी दिल्ली
- पलाश—सरल व्याकरण अभ्यास पुस्तिका, 10, मैकमिलन प्रकाशन, नयी दिल्ली
- भाषा सुधा—6-7-8 तथा अभ्यास पुस्तिका, फ्रैंक ब्रदर्स प्रकाशन, नयी दिल्ली
- पंखुड़ियाँ—प्रवेशिका से लेकर आठवीं तक—9 पुस्तकें—वीवा प्रकाशन, नयी दिल्ली तथा 9 अभ्यास पुस्तिका, वीवा प्रकाशन, नयी दिल्ली
- मधुर—प्रवेशिका से लेकर आठवीं तक, मैकमिलन प्रकाशन, नयी दिल्ली, 2017
- तमिलनाडु स्टेट काउन्सिल हायर एजुकेशन
- तमिलनाडु 31-01-2015 (विश्वविद्यालय का बी.ए.-प्रथम-द्वितीय-तृतीय वर्ष तथा एम.ए. प्रथम और द्वितीय वर्ष का पाठ्यक्रम तैयार करने में सहयोग)

20. **अनुवाद**

- फ़िल्म—सुप्रभात (कोढ़ पर) अनुवाद
- बच्चों की कथाएँ—पंजाबी से हिन्दी में
- कनकदास की 4 पुस्तकें हिन्दी से पंजाबी में (कर्नाटक सरकार की ओर से)

- बहुजिह्वा भारती की आरती—कन्नड़-हिन्दी-पंजाबी (कर्नाटक सरकार की ओर से)
- 21 तमिल कहानियाँ—डायमंड प्रकाशन, दिल्ली
- सिद्ध औषध—5 पुस्तकें (तमिलनाडु सरकार)
- डॉ. सेठ की पुस्तक—स्केन प्रॉस्पेक्टिव प्लैनिंग (दिल्ली)
- तमिल टेलीफ़िल्म—अम्मा (एन.के. विज़न-धारावाहिक, चेन्नई)
- अम्मा—टेलीफ़िल्म, 200 एपीसोड (चेन्नई)

21. सम्पादन तथा लेखन

- महिला लेखन एवं समसामयिक समाज, 2011
- भारत दर्शन, 2000
- जगद्‌गुरु की नगरी—कांचीपुरम (आध्यात्मिक दर्शन)
- समरसता गवाक्ष के पार, 2013
  (डॉ. इकबाल सिंह पुदुचेरी-गवर्नर के 100 भाषणों का संकलन)
- कर्म और क़लम के उपासक—गुलाबचन्द कोटडिया, 2012
- भारतीय भाषाओं में राष्ट्रीय चेतना, वाणी प्रकाशन, 2017
- हिन्दी का बदलता स्वरूप, वाणी प्रकाशन, 2014

22. जीवनियाँ तथा अभिनन्दन ग्रन्थ

श्री कुसुमकान्त जैन—जीवनी (साहित्य भवन, इलाहाबाद)
प्रो. रवीन्द्रकुमार जैन—अभिनन्दन ग्रन्थ (बोध प्रकाशन, चेन्नई)

23. अन्य भाषाओं में अनूदित साहित्य

- उपन्यास
  साइबर माँ—तमिल तथा राजस्थानी में
  महासागर के शंख—अंग्रेज़ी में
  उस मोड़ पर—मलयालम में
- नाटक
  आज की पुकार—मलयालम में
- कहानी संग्रह
  ख़ौफ़—तेलुगु में

24. प्रकाशित पुस्तकों की भूमिका—कविता, कहानी, निबन्ध, समालोचना, 14 पुस्तकों की भूमिकाएँ।

25. डॉ. मधु धवन के साहित्य पर शोधकार्य—एम.फिल. तथा पीएच.डी.

26. सम्मान

- महात्मा गाँधी की 125वीं जयन्ती पर भिलाई स्टील प्लांट द्वारा सम्मानित
- पानीपत साहित्य अकादेमी—आचार्या की उपाधि
- 1998 में अमरीकन बॉयोग्राफी इंस्टीट्यूशन द्वारा Distinguished Award
- 2000 में हिन्दी साहित्य सम्मेलन द्वारा सम्मानित
- 2001 में मानवाधिकार संगठन की ओर से
- 2000 में विक्रमशिला हिन्दी विद्यापीठ, गाँधीनगर से विद्या सागर की उपाधि
- 2000 सहस्राब्दी विश्व हिन्दी सम्मेलन में राष्ट्रीय हिन्दी सेवा सम्मान (गृहमन्त्रालय)

- 2003 में महादेवी सम्मान, प्रयाग सम्मेलन
- 2003 में साहित्य रत्न अवार्ड, प्रयाग सम्मेलन
- 2003 में साहित्य भारती सम्मान
- 2005 में हिन्दी सेवी सम्मान, उर्दू अकादेमी
- 2007 द्वितीय विश्व कुम्भ सम्पूर्ण साहित्य पर सम्मान, बेंगलुरु
- 2012 मध्य प्रदेश सरकार द्वारा मुक्तिबोध सम्मान, भोपाल
- 2015 में 10वाँ विश्व हिन्दी सम्मान (भोपाल) में सम्मानित
- कई अन्य सम्मान

27. **द सण्डे इण्डियन** द्वारा डॉ. मधु धवन के व्यक्तित्व-कृतित्व का वैश्विक स्तर पर मूल्यांकन
द सण्डे इण्डियन द्वारा 21वीं सदी की हिन्दी लेखिकाएँ
विश्व की 111 लेखिकाओं में दो बार चयनित पृ. 32 पर
दक्षिण में हिन्दी की ध्वज वाहिका-शीर्षक उसी पत्रिका में पृ. 26 पर
राज्यों में हिन्दी के माथे की बिन्दी–शीर्षक

28. **अमृतमयी काव्य संग्रह की समीक्षा**
    - 'अमृतमयी का उत्स' शीर्षक से
    - उत्तर प्रदेश के समस्त विद्वानों द्वारा प्रयाग सम्मेलन के पूजनीय श्रीधर शास्त्री जी के सौजन्य से।

29. **नाम सूचीबद्ध है–**
    - साहित्य अकादेमी, WHO'S WHO Vol-I-2001
    - Asia/pacific WHO's WHO Vol-I-2000
    - Asia/pacific WHO's WHO Vol-I1-2000
    - Asian Admirable Achievers–Vol-1 page-134
    - Asia/pacific Men & Women Achievement–Vol-III-2003
    - Asian/American WHO's WHO Vol-3-2003
    - South Asia Distinguished Admirable Achiever-2009
    - बृहत् हिन्दी साहित्यकार सन्दर्भ कोश–2014
    - Biography Today–WHO'S WHO Vol-I1-2000

30. **समाजसेवी कार्य**
चेयर परसन 'अन्ना आदर्श कामकाजी महिला छात्रावास' 18 वर्ष तक
अनुभूति साहित्यिक क्लब–अध्यक्षा
'महासचिव एवं संस्थापिका'–तमिलनाडु बहुभाषी लेखिका संघ
'महासचिव तथा संस्थापिका'–तमिलनाडु हिन्दी साहित्य अकादेमी
सलाहकार–कई स्कूल-कॉलेज में
बोर्ड मेम्बर–लगभग समस्त स्कूल-कॉलेजों में

31. **प्रशासनिक चयन**
    - तमिलनाडु राज्य के लिए हिन्दी विशेषज्ञ
    - मद्रास वि.वि. की ओर से कॉलेजों के निरीक्षण हेतु नियुक्त

- केन्द्रीय विद्यालय की बोर्ड मेम्बर
- स्टेल्ला मॉरिस कॉलेज में Deen of Students & Examination Controller (तीन साल)
- मद्रास विश्वविद्यालय के हिन्दी डिग्रियों की परीक्षाओं की Main Chair Person

32. मधु धवन के साहित्य पर एम.फिल. तथा पीएच.डी. शोधकार्य हो चुके हैं–

- मधु धवन के उपन्यासों में विश्लेषित जीवन मूल्य–डॉ. कमला विश्वनाथन, साहित्य भवन, इलाहाबाद, 2002
- आधुनिक हिन्दी साहित्य में चित्रित नारी–डॉ. पी.आर. वासुदेवन, 2010
- मधु धवन की आधुनिक कहानियों में कामकाजी नारी–अशोक कुमार जैन, क्लासिकल पब्लिशिंग कम्पनी, दिल्ली, 2013
- मधु धवन के आधुनिक उपन्यासों में संघर्षशील नारी–ए. प्रेम कुमारी, क्लासिकल पब्लिशिंग कम्पनी, दिल्ली, 2013
- खौफ कहानी संग्रह में–युगबोध–वाणी प्रकाशन, 2016
- मधु धवन के उपन्यासों का अनुशीलन–महाराष्ट्र
- डॉ. मधु धवन पर केरल, महाराष्ट्र, पंजाब, चंडीगढ़, तिरुपति में पीएच.डी. तथा शोध कार्य जारी हैं।

33. हिन्दी को बढ़ावा देने के लिए–

16 राष्ट्रीय, 5 अन्तरराष्ट्रीय स्तर की बैठकों, संगोष्ठियों का आयोजन–कैश अवॉर्ड फंक्शन। सदा राज्यपाल मंच की शोभा बढ़ाते रहे।
सहभागिता संयोजन-आयोजन उद्‌बोधन।

34. पत्रिकाओं का प्रकाशन

'तमिलनाडु साहित्य बुलेटिन'–त्रैमासिक
'मेरी रक्षा'–आठ भाषाओं में स्वास्थ्य पत्रिका

35. वीडियो का निर्माण

'सम्प्रेषण'–बोलचाल की हिन्दी कैसेट
'सी.डी.'–क.ख.ग. गीतों द्वारा हिन्दीतर प्रान्त के छात्रों के लिए

36. हिन्दी सलाहकार तथा संशोधन सहायक

Central Institute of CLASSICAL TAMIL

1. तिरुक्कुरल्–मूल देवनागरी लिप्यन्तरण एवं पद्य रूप
2. सिरुपाणाट्रूप्पडै–देवनागरी लिप्यन्तरण एवं पद्य रूप
3. पोरुनराट्रूप्पडै–मूल देवनागरी लिप्यन्तरण एवं पद्य रूप
4. परिपाडल–मूल देवनागरी लिप्यन्तरण एवं पद्य रूप
5. मुल्लैक्कलि–मूल देवनागरी लिप्यन्तरण एवं पद्य रूप
6. पैरुम्पाणाट्रूप्पडै–मूल देवनागरी लिप्यन्तरण एवं पद्य रूप
7. मलैपडुकडाम–मूल देवनागरी लिप्यन्तरण एवं पद्य रूप
8. नैयदलकलि–मूल देवनागरी लिप्यन्तरण एवं पद्य रूप

मो. : 8754365163

पूर्वार्द्ध

जब थे साथ-साथ

डॉ. रत्नाकर पाण्डेय
पूर्व संसद सदस्य (राज्य सभा)
सदस्य : अखिल भारतीय कांग्रेस कमेटी

सत्यमेव जयते

फ्लैट न0. 2-4, प्लाट न0 113-114
कृष्ण कुंज, लक्ष्मी नगर, दिल्ली-110092
फोन : 011-22051017, 22051018

23.5.2017

यह जानकर प्रसन्नता हुई कि डॉ. मधु धवन के व्यक्तित्व एवं कृतित्व पर मूल्यांकन परक ग्रन्थ का प्रकाशन हो रहा है, जिसका सम्पादन डॉ. श्रावणी भट्टाचार्य कर रही हैं। डॉ. मधु धवन विख्यात लेखिका, सम्पादक और तमिलनाडु व दक्षिण भारत और अन्य भाषाओं का बहुचर्चित नाम है। डॉ. मधु धवन को मैं काफ़ी दिनों से जानता हूँ और उनके द्वारा आयोजित तमिलनाडु के अनेक हिन्दी सम्मेलन के शानदार कार्यक्रमों तथा पुदुचेरी आदि में भाग ले चुका हूँ। डॉ. मधु धवन ने लेखिका, सम्पादिका और सफल प्राध्यापक होने के साथ-साथ अनेक विश्वविद्यालयों में हिन्दी के नये कोर्स स्थापित करने में भी महत्वपूर्ण भूमिका निभाई है।

विश्व हिन्दी सम्मेलन द्वारा सम्मानित डॉ. मधु धवन देश भर में अपने हिन्दी और भारतीय भाषाओं की नेतृत्व क्षमता के रूप में किसी परिचय की मोहताज नहीं हैं। उनके व्यक्तित्व एवं कृतित्व पर अभिनन्दन ग्रन्थ हिन्दी विद्वानों और शोधार्थियों के लिए सटीक अमूल्य रत्न के रूप में विभिन्न शीर्षकों से उपलब्ध हो रहा है। डॉ. मधु धवन देश व्यापी नहीं, बल्कि अन्तर्राष्ट्रीय जगत में हिन्दी की सेवा करते हुए नेतृत्व का आसन ग्रहण करें, यही बाबा विश्वनाथ से प्रार्थना है।

आशा है सानन्द है,

सादर,

आपका

(डॉ0 रत्नाकर पाण्डेय)

Dr. C.K. GARIYALI, I.A.S. (Retd)
Former PRINCIPAL SECRETARY TO
GOVERNOR OF TAMILNADU

Old No. 9, New No. 17,
3rd Main Road, R.A. Puram,
Chennai - 600028.
Res. : (044) 24936283
Mob. : 8754436830
E-mail : ckgariyali@gmail.com

I would like to place a record appreciation for Dr. Madhu Dhawan. She is a renowned author, educationist, mentor, honoured with the "Vishwa Hindi Samman", from the desk of Narendra Modiji, for her enormous contributions and achievements in the field of Hindi Literature and education. An outstanding teacher who dedicated her life to teaching and writing in Stella Maris College for women, one of the Prime Education hubs in country. She has established women writers' forum to serve the cause of women writers and has been working as a social-worker, for the benefit of the country. Her greatest contribution has been that in a place like Tamil Nadu where even the Government had an anti-Hindi attitude she had done great service to Rashtriya Basha.

Thanking you

Yours sincerly

Dr. C K Gariyali {I.A.S}
Former Secretary to Governor of Tamil nadu

अमृतमयी अस्मिता की उद्गात्री

डॉक्टर मधु धवन

का

शुभाभिनन्दन

भारती परिषद् प्रयाग आज कविकुल गुरु कालिदास की अमरकृति 'मेघदूत' के रचनापर्व आषाढ़ मास के प्रथम दिवस पर अमृतमयो स्त्री की अस्मिता की महिमामयी उद्गात्री डॉक्टर मधु धवन, हिन्दी आचार्या, स्टेल्ला मैरिस कॉलेज, चेन्नई का प्रसन्न स्वागत शुभाभिनन्दन करता है।

डॉक्टर मधु धवन वाणी से मधुमयी हैं। व्यक्तित्व से किरनमयी हैं। हृदय से ममतामयी हैं जिन्होंने अभिज्ञात कुल से शील का सौन्दर्य, वातावरण से पवित्रता, माता से प्रतिभा तथा पिता से वैदुष्य प्राप्त किया है।

डॉक्टर मधु धवन जन्मज्ञात संस्कारों से अम्लान बनी हुई हैं। नीर-क्षीर विवेक आपकी सहज प्रवृत्ति है। शास्त्र सागर में डूब कर रत्न खोजना आपका अभिहित कर्म है।

डॉक्टर मधु धवन जी पेशे से प्राध्यापक, स्वभाव से चिन्तक, व्यवहार से अज्ञात शत्रु, हृदय से स्वच्छ तथा क्रिया से गतिशील हैं, जिन्होंने घुटते तिमिर में स्वरों को बिखेरा है।

डॉक्टर मधुधवन को विश्वास है, अभी पलक झपकते ही मौन अंधियारे से तेरे अनगिनत-अपरिचित सहयात्री प्रतिध्वनि उठाएँगे, जो अचेतन से मुक्ति देने वाला होगा, जिससे अस्तित्व के समस्त द्वार स्वतः खुल जायेंगे।

डॉक्टर मधु धवन ने एकनिष्ठ और एकान्तभाव से वर्षों तक जो अनवरत साधना की है, कठिन परिस्थितियों से निरन्तर संघर्ष करते हुए जो जीवन जिया है, कटु यथार्थ की तेज आँच में तप कर जो अर्जित किया है, उसकी निर्मल-निश्छल प्रतिछवि इनके कृतित्व में स्पष्ट दीख पड़ती है।

डॉ. मधु धवन बहुअयामी कवयित्री हैं। भावयित्री प्रतिभा की सुप्रतिष्ठित लेखिका हैं। साहित्य की अनेक विधाओं की एक समुच्चय विग्रह हैं। इनके जीवन और जगत का अनुभव संसार भी विराट् है। इनकी रचना दृष्टि दिगान्तिक हैं अपने में विराट सृष्टि का विस्तार समेटे हुए हैं।

डॉक्टर मधु धवन एक प्रतिभा सम्पन्न शब्द साधिका हैं। नारी चेतना की संवाहिका हैं। हिन्दी संसार की सशक्त हस्ताक्षर हैं। इनकी विलक्षण प्रतिभा के विविध आयाम इनके इन्द्रधनुषी व्यक्तित्व का मुखर प्रतिबिम्ब है।

अहिन्दी भाषी तमिलनाडु प्रदेश में हिन्दी भाषा तथा हिन्दी साहित्य की दुन्दुभि से प्रतिकूल परिवेश में भी अलख जगाती सरस्वती वीणा वर्षों से वहाँ स्नेह-सद्भाव-सहयोग के मधुरिम स्वर बिखेरती आ रही हैं। 'मेरी रक्षा कैसे हो' का कुशल सम्पादन कर रही हैं।

डॉक्टर मधु धवन सार्वभौम प्रतिभा की शुभरूप हैं, जिनका सारस्वत-संस्तवन आज भारती परिषद्, प्रयाग कर रहा है।

प्रयाग
१ जुलाई २००७

श्रीधर शास्त्री
महामंत्री

डॉ. मधु धवन : बहुआयामी प्रतिभा

•

डॉ. एस. सुब्रह्मण्यन

विशुद्ध मानवतावादी विचारों एवं आचरण युक्त व्यक्तित्व वाली डॉ. मधु धवन न सिर्फ़ समकालीन साहित्य जगत् की प्रमुख हस्ताक्षर हैं बल्कि एक बहुआयामी व्यक्तित्व भी हैं, जो अपने जीवन की समस्त भूमिकाएँ एक साथ निभाती हैं, चाहे वे। लेखिका, शिक्षिका, शिक्षाविद्, संचालिका, मार्गदर्शिका, प्रशासनिका, पटकथा लेखिका, प्रोड्यूसर के रूप में हों चाहे पारिवारिक रूप में। अपनी सर्वतोमुखी प्रतिभा का परिचय आपने साहित्य की विविध विधाओं (नाटक, एकांकी, कहानी, उपन्यास, काव्य आदि) में लेखन द्वारा तथा हिन्दी के प्रचार क्षेत्र में अनुवाद तथा वीडियो कैसेट प्रस्तुत कर प्रमाणित किया है। आप सहस्रबाहु की भाँति बहुआयामी प्रतिभा की मूर्ति हैं, कर्म ही आपके जीवन का मुख्य लक्ष्य रहा है।

सुश्री मधु धवन खिले-खुले भावों-विचारों की कवयित्री हैं। जीवन्तता आपकी सर्जनात्मकता का विशेष गुण है। हर स्थिति में सरल एवं सहज रह कर जीवन को यथार्थ के धरातल पर खड़े हो अनुभव करना तथा उन पहलुओं को नवीनतम दृष्टिकोण एवं सघन अनुभूतियों के क्षणों में ढालना प्रशंसनीय है। हिन्दी साहित्य जगत में अपने सामाजिक, शैक्षणिक नाटक तथा एकांकियों द्वारा आप बहुचर्चित हैं। अपने नाटकों, एकांकियों में स्वदेशी की भावना, राष्ट्रीय चेतना तथा नैतिकता को मुखरित करने में आप सिद्धहस्त हैं। आपके नाटक मंच पर खेले जाने की गुणवत्ता लिए हुए हैं। अपने उपन्यासों में मधु धवन ने सामाजिक और नैतिक मूल्यों को प्रस्तुत कर, मनुष्य की व्यक्तिगत कुण्ठाओं, मानसिक विकृतियों एवं भावनाओं का सूक्ष्म विश्लेषण किया है। आपकी कहानियों में सामाजिक यथार्थ के धरातल पर मनुष्य के भीतर के घातों-प्रतिघातों का सूक्ष्म वर्णन होता है। ये कहानियाँ जीवन-सन्दर्भों एवं मानवीय मूल्यों से सम्बद्ध होती हैं। मधु धवन जी के मार्गदर्शन में राष्ट्रभाषा, राजभाषा और साहित्य के रूप में हिन्दी का विकास चेन्नई के इस अहिन्दी क्षेत्र में हो रहा है। सौ से अधिक पुस्तकों की लेखिका दक्षिण भारत में हिन्दी की सशक्त हस्ताक्षर हैं।

एक नाम या सहस्र नाम हिन्दी के लिए चेन्नई में वन्दनीय नाम।

हिन्दी और मधु धवन

(कॉलेजेषु 'स्टेल्ला' हिन्दी विभागाध्यक्षेषु मधु धवन)

●

डॉ. विष्णुप्रिया 'हिन्दी हृदय'

शिक्षा के दरबार में संसार के सबसे आला शिक्षकों की एक पंक्ति होगी। एक सिलसिला होगा। हम इसमें अपने एक परिचित का नाम देखेंगे। उनके सम्मान में ये कुछ शब्द हैं जिनके अक्षर सदा अक्षर हैं। वैदिक ऋचा है "मधुबाला ऋतायते, मधुक्षरन्ति सिन्धवः मधुमाक्षोर वनस्पति मधुमाम् अस्तु सूर्यः माध्वीं गावोभवन्तुन" गार्गी, मैत्रेयी आदि नाम हैं। परिचित नाम, अपरिचित चेहरे। मधु धवन एक नाम है। परिचित चेहरा और अति परिचित नाम। मधु धवन मधु-सा धवल। मद्रास के हिन्दी शिक्षण के क्षेत्र में आप शीर्षस्थ 'अनुभूति' और विभूति हैं। रॉकेट की तरह तेज़ी, दिमाग़ में हज़ारों सवालों के जवाब, जवाब में छात्र-छात्राओं के प्रति अत्यन्त उत्तरातुरता। हिन्दी भाषा कहेगी, मेरे हज़ारों चाहनेवालों में एक मद्रास की है। नहीं, नहीं, वह बेंगलुरु की है। जी नहीं, वह पंजाब की है। छोड़िए बकवास। वह सारे भारत की है। भाषा क्षेत्र में पुण्यार्जन परोपकार के लिए है और मद्रास में पच्चीस साल से अधिक समय आपने अपनी तीक्ष्णांकुश दिशानिर्देश से शिक्षार्थियों को दूर तक पहुँचाया है। कदम-कदम बढ़ते हुए साहित्य, संगीत, कला इत्यादि में अनगिनत लोगों को अभय वरदहस्त प्रदान किया है। समर में योद्धा जिस तरह विजयी होकर विजयी रहता है, उसी तरह प्रगति की अनगिनत मंज़िलों को हासिल करके आप सरस्वती-सा हम सबको दर्शन दे रही हैं और वह भी घटदीपक की तरह। इनके शताधिक ग्रन्थ प्रकाशित हुए हैं और इनकी रची पाठ्य पुस्तकों ने अपनी त्रुटिमुक्त गुणता से गत बीस सालों में एक लाख से अधिक छात्र-छात्राओं को लाभ पहुँचाया है। इनके प्रकाशित कैसेट हिन्दी शिक्षार्थियों को आज भी उपलब्ध हैं। तमिलनाडु राज्य की दसवीं कक्षा के लिए उन्नीस सौ छियानबे से आज तक इनकी प्रकाशित पाठमाला चालू है। हम आशा करते हैं कि ये पाठमाला, साठमाला बन जाएगी। समाज सेवा के क्षेत्र में आपकी तत्परता श्लाघनीय है। बहुभाषी महिला लेखिकाओं की आप हमकदम हैं। हमदर्द तो आप हिन्दी क्षेत्र के सभी प्रचारकों और प्रचारिकाओं की हैं। साहित्यकारों की समृद्धि में आपने बराबर विलक्षण ध्यान दिया है। चेन्नई महानगर में महीने में दो या तीन हिन्दी समारोह या कार्यक्रम चलते हैं और इन सबमें शीर्ष स्थान या पार्श्व स्थान आपका रहता है। इनकी छात्रा ने कहा आप सार्थनामा हैं। आपकी डाँट भी झाड़ू की बुहार नहीं, प्रेम की फुहार है। सारे देश की रक्षा करने वाले स्वास्थ्य पर आप अष्टभाषा मासिक पत्रिका 'मेरी रक्षा' चलाती हैं। कभी-कभी

बरसात बाढ़ बनती है, तो लोग पहचानते हैं। यहाँ इस हिन्दी बरसाती बाढ़ में सम्भूत सलिल ठहराव में कितने-कितने पेड़ उगे हैं। बस, कुछ न पूछिये। आपके साहित्य के ऊपर कई बार और बार-बार खोज और अनुसन्धान हुए हैं। अनुसन्धाता थकते नहीं, आप भी थकती नहीं। हर साल कोई नयी कृति निकलती है। इनकी क़लम की रहम, हज़ारों रूप में ख़यालों को क़लाम बख़्श दी है और हम साहित्य स्नेही उससे आकूलप्लावित होते हैं। अब हम सोचते हैं कि क्या वास्तविक क्षमता और शक्ति की कभी समाप्ति हो सकती है? जी नहीं, आप निरन्तर साहित्य सेवा में तथा साहित्येतर सेवा में तत्पर रहेंगी क्योंकि हम हर भाषा में इसकी प्रार्थना करते हैं।

तथास्तु।।

महान साहित्यकार : डॉ. मधु धवन

•

डॉ. एम. गोविन्दराजन

डॉ. मधु धवन जी दक्ष शिक्षिका, पुरुषार्थ महिला, सार्थक साहित्यकार, नव लेखकों की प्रणेता, स्वार्थरहित समाज सेविका, अतिथि सत्कार में अतुलनीय, पर कल्याण में सदैव तत्पर, महिला वर्ग की शुभचिन्तक एव उद्धारक की मूर्तस्वरूप देवी हैं। अवांछनीय परिस्थिति में भी सन्तुलित रहने वाली अपूर्व साहसी महिला हैं।

जब से मैंने 'भाषा संगम' (त.ना.) शाखा के सचिव का भार सम्भाला, तब से आपके सम्पर्क में रहा हूँ। आप तमिलनाडु हिन्दी अकादेमी की स्थापना करके, अतुलनीय संगोष्ठियों का अनवरत आयोजन करके, अनगिनत साहित्यकारों का अप्रतिहत आदर-सम्मान करके, अभिप्रेत लक्ष्य के पथ पर अग्रसर होने वाली अभिज्ञ देवी हैं डॉ. मधु धवन जी, जिनसे मैं बहुत ही अभिभूत हूँ। हास्य प्रिय एवं प्रसन्न वदन की स्वामिनी हैं डॉ. मधु धवन जी।

उत्तर से या तमिलनाडु के बाहर से आने वाले साहित्यकारों में से विरले ही ऐसा कोई अभ्यागत होगा जो आपके आतिथ्य से अनभिज्ञ हो। मद्रास महानगर के सारे साहित्यकार पन्द्रह-बीरा दिनों में एक बार आपके गृह में आयोजित होने वाले साहित्यिक कार्यक्रम में अपनी भूमिका निभाते रहते हैं।

आपने 'भाषा संगम' तमिलनाडु शाखा की अनेक प्रकार की अमित सेवा की है। 'भाषा संगम' के पुस्तकालय के लिए अमूल्य पुस्तकों का दान दिया। समय-समय पर 'भाषा संगम' द्वारा संचालित एम.ए. वर्ग में निःशुल्क अध्यापन सेवा दी है। 'भाषा संगम' की संगोष्ठियाँ हों या अन्य कोई कार्यक्रम, उसमें आपने जो आवश्यकतानुसार योगदान दिया है, वह अमूल्यवान है।

मेरी जानकारी में श्रीविद्या नामक एक कन्या को मद्रास विश्वविद्यालय में प्रवेश दिलवा कर उसको एम.ए. कराने में, फिर पीएच.डी. कराने में मदद की और तत्पश्चात् प्रसिद्ध महिला महाविद्यालय में उसे नौकरी भी दिलाई। इस तरह आपने कइयों को उबारा है जो पर्दे की आड़ में है।

मेरे हर वैयक्तिक एवं संस्थागत कार्यक्रम में आपका अमूल्य योगदान रहा है। सदैव प्रशंसात्मक शब्दों का, प्रेरणात्मक शब्दों का प्रयोग करके आप मेरा उत्साह वर्धन करती रहीं। जब कभी भी उनके यहाँ जाना हुआ है, बेहद आदर-सत्कार पाया है।

आपने पंजाबी महिला होते हुए भी तमिल के प्राचीन संगमकालीन साहित्य पत्तुप्पाट्टु और एट्टुत्तोहै के अठारह ग्रन्थों के हिन्दी अनुवाद कार्य में भाषा विशेषज्ञ के रूप में जो अमूल्य योगदान दिया और उत्साह दिखाया, योजना के निदेशक के रूप में मैं कभी उसे विस्मृत नहीं कर सकता।

साहित्य की ऐसी कोई विधा नहीं जिस पर आपने कलम नहीं चलाई है। आपकी रचनाएँ अनेक भाषाओं में अनूदित हैं और आपके व्यक्तित्व एवं कृतित्व पर अनेक शोध कार्य हो चुके हैं, जो आपकी महानता जताते हैं। आप स्वयं एक संस्था हैं, स्वयं एक विश्वविद्यालय हैं।

भारत की विभिन्न सरकारों और संस्थाओं ने आपको अनेक प्रकार के सम्मानों से सम्मानित किया है, मगर आपने अपनी संस्था के माध्यम से जितने साहित्यकारों का सम्मान किया है, वह अति महत्त्वपूर्ण है। डॉ. मधु धवन जी मेरे आदर और श्रद्धा की पात्र हैं।

समाज मेरा परिवार है, साहित्यकार मेरे मार्गदर्शक हैं और भाषा प्रेमी मेरे मित्र हैं। अतः महान साहित्यकार, मेरी मार्गदर्शक एवं मेरी मित्र डॉ. मधु धवन के प्रति मैं अपनी श्रद्धा प्रकट करते हुए आपको नमन करता हूँ।

मो. : 9677230366

पथ की साथिन

(मधु धवन मैं और अमृतमयी)

●

डॉ. निर्मला मौर्य

कभी-कभी किसी का व्यक्तित्व पंक्तियों में नहीं सिमटता। डॉ. मधु धवन का व्यक्तित्व तो बिल्कुल नहीं। जो कभी मन से गयी ही नहीं, वो मेरी अग्रजा स्मृतियों से झाँक कर मानो कह ही देती हैं—'कहाँ हैं अध्यक्षा जी? भई आइए, तो कुछ काम में लगें। बहुत काम करना है। उनके साथ बिताए अनेक मधुर क्षण हैं। आठवें विश्व हिन्दी सम्मेलन में हम साथ थे। गोरखपुर जाते समय मैंने उन्हें अपने खेत व गाँव दिखाया। इलाहाबाद, बनारस, कुशीनगर हम साथ गये। हैदराबाद सेमिनार में हमने भाग लिया। वो कहती थीं, "आपके साथ मेरी Tuning बहुत अच्छी है। अभी तो हमें आपके साथ और कई जगह कार्यक्रम करने हैं।" पर काल का चक्र घूमता है तो मानव परवश हो जाता है। मैंने मधुजी की हर रचना पढ़ी, उच्च शिक्षा और शोध संस्थान से शोधकार्य करवाने की अनुमति (कुलसचिव रहते समय) दी। उनका लेखन अनोखा है। गद्य-पद्य दोनों पर लेखनी चली। पत्रकारिता के क्षेत्र में हाथ आज़माया। जब उनकी कविताएँ 'अमृतमयी' के रूप में सामने आईं तो उस पुस्तक पर अनेकों लेख आये। 30 लेखों को लेकर 'अमृतमयी' का काव्य उत्स तैयार हुआ। ये लेख मधुजी के व्यक्तित्व को हमारे सामने लाते हैं।

कविता अनेक मोड़ों, घुमावदार रास्तों से गुज़रते हुए आगे बढ़ रही है। एक स्थिति में अंगारे भी पुष्प का आभास देते हैं। कविता की भी यही स्थिति है। समय के साथ कदम से कदम मिला कर चलने वाली रचनाकार मधु धवन अपने आसपास फैली समस्याओं, विसंगतियों, विषमताओं को अनुभव करती हैं और संवेदित होकर कहती हैं—

सुनो, सत्ताधीश! सुनो
तुम कितने हो भ्रमित
कितने गुमराह हो

(अमृतमयी)

हर पहलू को समेटती मधुजी अतीत और भविष्य के सपने साथ-साथ लेकर चलती हैं। सृष्टि का नियम है कि जो आज नया है, वह कल पुराना होगा। हर युग की अपनी विशेषता है। जो उसे समझ ले, वही सच्चा कलाकार। 'अमृतमयी' समाज की विसंगतियों का लेखा-जोखा है। 'माँ' जैसे शब्द में पूरी सृष्टि समायी है—

मैं माँ हूँ।
जब भी इनमें से कोई चोट खाता है
ज़ख़्मी होती हूँ मैं

(अमृतमयी)

छायावादी कवि प्रसाद ने नारी को श्रद्धा की उपमा देते हुए पीयूष-स्रोत-सी बहने की कामना की, मधुजी ने भी नारी को केवल श्रद्धा कहा—

तू करे जग में परोपकार
दीन-दुःखियों से प्यार
अनाचार का सुधार
मानव प्रगति पर विचार

(अमृतमयी)

रिश्ते ईश्वर के यहाँ से बन कर नहीं आते। परिवार और समाज में रह कर रिश्ते-नातों की स्थितियाँ बनती हैं। वह सदा नदी-सी बहती चलती है, जैसे नदी चट्टानों-पत्थरों-कंकड़ों को काटती अनवरत गतिमान रहती है, वैसे ही नारी भी—

हर तरफ़ तोड़ती हुई सरहदें
या सरहदों के बीच रहती रही
कान में हर सदी-सी
अनकही बात कहती रही

(अमृतमयी)

'अमृतमयी' में नारी जीवन के उतार-चढ़ाव एक नारी की लेखनी से। मधुजी स्त्रीवाद की बात तो नहीं करतीं, पर उनके लेखन में यह सोच झलक-सी जाती है, जब वह कहती हैं—

पंछी-सी उड़ रही थी
खुले आकाश में
तोड़ डाले पंख मेरे
घर के बवाल ने

(अमृतमयी)

नारी अस्मिता पर सदैव प्रश्न खड़े किए जाते रहे हैं। मधुजी भी कहती हैं—

मुझे विद्या-विवेक-सृजन का अधिकार चाहिए।
आज नारी को अस्मिता अधिकार चाहिए।

जिजीविषा से भरपूर मधुजी ने 'एकला चलो रे' पर कभी विश्वास नहीं किया। सबको साथ जोड़ना उनका स्वभाव था। हाँ, वो मनमौजी थीं। कई बार तो ग़ुस्सा हो जातीं, किन्तु थोड़ी देर में ग़ुस्सा उड़न छू हो जाता। उनका क्रोध देखिए—

जो कन्या जन्म के विरोधी हैं
उनको यह पाठ पढ़ाऊँगी
कन्या जन्म से ही सृष्टि रंग लाएगी
उत्पत्ति का दीप जलाएगी

(अमृतमयी)

नारी महत्त्वाकांक्षा को दर्शाती 'उड़ान' कविता छली गयी नारी की व्यथा को व्यक्त करती है। अब तो हम भीड़ में भी अकेले हैं। कई बार मधुजी कहती थीं, "निर्मला जी, अब हम मशीन हो गये हैं, ज़िन्दगी रूटीन में बँध गयी है। ऐसी स्थितियों में हमारी-आप जैसी नारियों को जीवन में कुछ कर दिखाने का संकल्प लेना पड़ेगा।" नारी को जीवन में उन्नति करनी हो तो शिक्षा आवश्यक है। इक्कीसवीं सदी की ओर कदम बढ़ाती नारी कार-कम्प्यूटर, इण्टरनेट चलाती है, घर को कुशलता से सम्हालती है। मधुजी की दृष्टि में नारी पृथ्वी से भी श्रेष्ठ है।

कुछ पुरुषों को दम्भ होता है कि उनके आगे नारियों की क्या औक़ात? परन्तु मधुजी की सोच बिल्कुल अलग है। उन्हें लगता है, नारी को पुरुषों से क्या काम सीखना—

पौरुष के दम्भी, सारे शब्द मिटा दो
लांछना के तीखे स्वरों को हटा दो
सुनो! धर्म के ओ ठेकेदारो!

'अमृतमयी' के छप्पन गीत त्याग, प्रेम, उत्सर्ग, आक्रोश, अन्तर्शक्ति, स्नेह, आधुनिकता, समसामयिकता से ओतप्रोत हैं। माँ तो ज्योतिपर्व होती है, जिसकी उपस्थिति भर घर-आँगन को चहका-महका देती है। आलोक है माँ। सागर-सी गहरी, आकाश-सी व्यापक व अनन्त है माँ। 'मैं सतपुत्री हूँ में यही भाव है। बन्धनों को तोड़ती ये कविताएँ समकालीनता की सार्थकता को जीती हैं। मधुजी कहीं कोहरे के पीछे से झाँक जाती हैं। जीवन-मूल्यों का स्मरण कराती उनकी लेखनी अक्षय कोष-सी है जो हमारे मन को रससिक्त कर देती है। कंक्रीटों का जंगल बनता मद्रास हमें विचलित कर देता था, तब मधुजी महानगर पर व्यंग्य करती हैं, उसकी संवेदना को शब्द देती हैं—

इन शीशों के पीछे छिपी आँखें
मिटा देना चाहती हैं तेरा अस्तित्व
ऐ समृद्ध, ऐश्वर्यशाली महानगर।

(अमृतमयी)

अपनी अग्रजा के लिए मेरे दो शब्द—

तुम भावमयी, संस्कारों की माला हो
तुम करवट लेता वक़्त
तूफानी झंझा का दीया हो।
हर मोड़ पर चल कर मुड़ी
नदी-सी, वेगवती धारा-सी।

मो. : 9884042944

हृदय का विशुद्ध आवेग

•

डॉ. रानू मुखर्जी

गाँधीवादी विचारधारा से प्रभावित हिन्दी की शीर्षस्थ सर्जक और विचारक डॉ. धवन की सुदीर्घ रचना यात्रा भारतीय मनीषा की प्रतीक है। उनकी लेखकीय गरिमा उनकी विचारधारा को एक अलग आयाम देती है। उनकी रचनाओं में जीवन का अनमोल सच बिना किसी अलंकरण के देखा और परखा जा सकता है। जीवन के द्वन्द्व और विरुद्धों के विषय में उनकी निर्भय लेखनी सहज ही अपनी ओर आकर्षित करती है। मधु धवन जी की कहानियाँ एक विशेष दृष्टिकोण को ध्यान में रख कर रची गयी हैं। अपनी रचनाओं में मानव के आन्तरिक द्वन्द्व को विशेष महत्त्व दिया है। वैचारिक दृढ़ता और जीवनानुभव की ऐसी अभिव्यक्ति कम ही देखने को मिलती है। जीवन-समाज के यथार्थ को, उसके द्वन्द्व को इतने सहज रूप में प्रस्तुत कर डॉ. मधु धवन जी ने समाज को, नयी पीढ़ी को रास्ता दिखाने का प्रयास किया है। ऐसा चिन्तन और लेखन हिन्दी रचनाकारों के लिए प्रेरणास्पद है।

मधु धवन की रुचि का क्षेत्र कविता, कहानी, उपन्यास, पत्रकारिता, मानव मूल्य, धर्म, दर्शन प्रयोजनमूलक हिन्दी, स्कूल तथा कॉलेज के पाठ्यक्रम चयन व निर्माण—हिन्दी तट क्षेत्रों में हिन्दी शिक्षण-प्रशिक्षण की कार्यशालाएँ चलाना आदि प्रमुख है।

मौलिक रचनाओं के अन्तर्गत 1 महाकाव्य, 4 खण्ड काव्य, 3 काव्य संग्रह, 13 उपन्यास, 5 कहानी संग्रह, 5 नाटक, 1 नाटक संग्रह के साथ-साथ, एकांकी संग्रह (75 एकांकी), साक्षात्कार, प्रयोजनमूलक हिन्दी, पत्रकारिता, समीक्षा, डिक्शनरी कार्य आदि अनेक क्षेत्र हैं, जिनमें उन्होंने अपनी क़लम चलाई है।

सार्थक शब्दों में रची गयी उनकी रचनाएँ आत्म-बोध और सामाजिक चिन्तन की भूमि को छूती हैं। उनकी रचनाओं में ऐसे प्रेरक प्रसंग हैं जो जीवन और समाज को नयी दिशा दे सकते हैं। लेखक निरन्तर मानवीय सार तत्व की खोज करता रहता है और एक बेहतर समाज की परिकल्पना करता है।

समय के साथ कदम मिला कर चलना ही एक व्यक्तिशाली लेखक का प्रथम चरण होता है। वह शब्दों का कम-से-कम उपयोग करके ज़्यादा-से-ज़्यादा कहने की कोशिश में शब्दों का मूल्य बढ़ाता है या नहीं, यह मुख्य है। मधुजी की रचनाएँ भी इससे अछूती नहीं हैं।

प्रस्तुत कथा संग्रह 'इण्टरनेट का माउस' इससे अछूती नहीं है। भविष्य के प्रति सचेत, आस्थावान मधुजी ने इस संग्रह की 16 कहानियों के माध्यम से भारत की सामाजिक, आर्थिक, राजनीतिक और आध्यात्मिक स्थिति को मज़बूत करने के विचार और भविष्य पर आस्था रखने वालों द्वारा देश को एकजुट बनाने के प्रयास को चित्रित किया है। उनके इस चिन्तन के केन्द्र में मनुष्य और समाज है।

जीवन जगत में न जाने कितने तरह के जीवन और समाज पद्धतियाँ देखने को मिलती हैं। लेखक समाज के वर्तमान स्वरूप की स्थितियों के लिए उन्हीं सारी स्थितियों को मानता है जिनको हम जानते हैं और अपने ढंग से उन्हें पहचानने का प्रयत्न करते हैं। मधु जी भी अपने ढंग से ही चीज़ों को देखती हैं, पर उनका देखना इतने अलग ढंग का होता है कि उसके सामने हमारे सोचने का तरीका एकदम भिन्न लगता है। 'मोहभंग' कथा के माध्यम से लेखिका के सोचने का एक विशेष ढंग दिखाई देता है। नायक ऋषभदेव भारतीय संस्कृति में रचे-पचे नायक हैं। जीवन और समाज को बेहतर बनाने का जो चिन्तन है मधुजी का, वह ऋषभदेव के माध्यम से आगे बढ़ता है एक विशेष आस्था और विश्वास के साथ, जोकि गाँधीवादी विचारधारा को आत्मसात कर आगे बढ़ता है। समाज-विज्ञान, धर्म, दर्शन, तत्वचिन्तन, राजनीति, जाति, भाषा, वैश्वीकरण—सभी पक्षों में एक व्यापक परिपेक्ष्य में देखने का उपक्रम यहाँ किया गया है। कथा के पात्र समाज को आगे ले जाने वाले कार्य-करण सम्बन्धों की तलाश करते हैं।

सामान्य-से-सामान्य व्यवहार भी समाज के एक मूल्य की रचना करता है। मूल्यों से परिचालित आदर्श सामाजिक उन्नति का कारण बनता है, मनुष्य की गरिमा का विस्तार करता है और इसी को कथाकार ने 'खोतां दी मुक गयी राखी' के माध्यम से स्पष्ट किया है। सौभाग्यवती जी ने एक महत्त्वपूर्ण बात कही अपने बच्चों से "शादी के बाद पुत्रों को माँ-बाप का ख़याल रखना चाहिए। बाप तो नहीं है, माँ का ख़याल रखने के बजाय हिस्सा माँगने आ गये हो? अपने-अपने घर वापस चले जाओ। जब तक मैं न बुलाऊँ, आने की ज़रूरत नहीं।" (पृ. 10) एक नारी के सशक्तीकरण की कथा है। अपने बच्चों से बेहाल होकर सौभाग्यवती-भाग्यवती मृदुला जी ने जीवन का मूल तत्व सीख लिया कि अपने अधिकार और सम्मान के लिए स्वयं को ही प्रयत्न करना पड़ता है।

किसी भी देश की अस्मिता उस देश की भाषा के संरक्षण और भाषा के साहित्य में रचे गये विविध विषयों की प्रकृति, उसकी संस्कृति में समाहित कलाओं के विन्यास के आधार पर निर्मित होती है। शिक्षा के कारण अन्य परिवर्तनों के अलावा और जो परिवर्तन भारतीय समाज में हुआ, वह यह कि लोग परम्परागत रूढ़ियों, अन्धविश्वासों से मुक्त होने लगे। स्त्रियों की शिक्षा का प्रसार जो मध्यकाल में समाप्त-सा हो गया था, बड़े पैमाने पर स्त्री शिक्षा के प्रचार-प्रसार के कारण आरम्भ हुआ। 'इण्टरनेट माउस', 'पैंतरे', 'सेल्वी', 'दोषी कौन?' कथाओं के माध्यम से कथाकार ने एक सार्वजनिक विषय को पारम्परिक तौर पर निश्चित गन्तव्य स्थल तक पहुँचाया है। लेखिका मानती है कि अन्याय का प्रतिकार भी एक धर्म होना चाहिए। "भइया, 'स्व' में स्थित तभी हो सकते हैं जब 'पर' से विमुख हो जाएँ। आत्मा 'स्व' है और 'पर' है। पर से मोह हटा लें तभी 'स्व' में स्थित हो सकते हैं। यही समता है। ममत्व हटाकर 'स्व' 'पर' का भेद समाप्त कर दिया जाए और संसार में समस्त प्राणी आत्मवत् बन जाएँ, ऐसी स्वस्थ आत्मा ही स्वाधीन बन सकती है—अपने ही अधीन बाहर के सुखों के अधीन नहीं। ....." (पृ. 17) मधुजी मूल्य चिन्तन के सम्बन्ध में भी परम्परा के प्रश्न पर विचार करती हैं और उनके पात्र इन सभी प्रश्नों से जूझते, लड़ते और थक कर अन्ततः सत्य और शाश्वतता पर अपने हथियार डालते नज़र आते हैं। 'इण्टरनेट माउस' के वैभव और संस्कार, 'पैंतरे' के डॉ. केशव त्यागी, 'सेल्वी' की ज्ञान और किशेरी के साथ-साथ सुखबीर के निम्न स्तर की मनोवृत्ति को दर्शाया है। शिक्षा के प्रचार-प्रसार के पश्चात् भी मानवीय मूल्यों के ह्रास से व्यथित कथाकार की मनोव्यथा के चित्र को उभारता, जिसमें बेटे तथा बेटी में भेदभाव की प्रधानता है।

कथा संसार में नारी के जिस चित्र से हमारा परिचय होता है, वह उस लड़की का है जो शिक्षा के आधार पर अपने आत्मविश्वास को लेकर दुनिया मुट्ठी में करने निकली है। वह अपने छोटे-छोटे

दुःख-सुख में दुःखी और सुखी होती है। स्तब्ध और त्रस्त भी, पर निराशा उसको छू तक नहीं पाती है। "नहीं सुखबीर जी, आप नहीं जानते कि नारी कितना बड़ा बलिदान कर सकती है, शर्त है कि उसको प्यार और संवेदना के दो शब्द मिलते रहें।'' ...(पृ. 27)। अपने सकारात्मक स्वर में मधुजी की कथाएँ, नारी जीवन का एक नवीन सौन्दर्यशास्त्र रच रही है। 'नयी चाल' की मायाबेन आधुनिक समाज की जीवन्त चलती-फिरती मानवतावादी मूर्ति हैं। पीड़ितों की मदद करना, स्वानुभव के द्वारा दूसरों के दुःख को समझ उसका निराकरण करना ही उनके जीवन का ध्येय रहा है। इसी प्रकार की रचनाओं के अन्तर्गत 'सेल्वी', 'नयी चाल', 'मीठी यातनाओं का सैलाब', 'झर-झर झरते नैन', 'घर की खुशबू', 'नयी चाल', 'कच्चे धागे का कमाल' और 'दुनिया' जैसी कहानियाँ इस क्षेत्र में आती हैं।

'मीठी यादों का सैलाब' कहानी के माध्यम से लेखिका ने माँ और बेटी के प्रेम को एक अनोखी ज़ुबान दी है। "तू सिद्धान्तों और शास्त्रों की बात करता है, बलराम! मैं तो पुत्री के प्रेम में इस कदर डूबी हुई हूँ कि मुझे पता ही नहीं लग रहा है कि मैं अपने अन्तःकरण को कैसे समझाऊँ... कि न समझाऊँ?"

लेखिका ने गगन गिल, कात्यायनी, अनामिका, सविता सिंह, सुशीला टाकभौरे जी के जैसे संवेदना के धरातल पर छूकर रचनाएँ की हैं। इन सभी रचनाकारों की यथार्थ से जुड़ने की दृष्टि एक-दूसरे से भिन्न है। इसलिए इन सबके विचारों के आधार पर नारी की एक सशक्त तस्वीर बनेगी, ऐसा लगता है।

'दुनिया' कहानी के माध्यम से मधुजी ने एक ऐसे चरित्र को उभारा है जो दुःख को समाज के लोगों के अत्याचारों को सह कर भी एक अजीब जिजीविषा से जीती रही। उसके प्रति अधिकांश लोगों के मन में स्नेह था। कुनूर में दोडम्मा किसी के दरवाज़े रहती नहीं थी। किसी से कुछ माँगती भी नहीं थी। अपनी कला-कौशल के द्वारा कभी 'सॉफ़्ट टॉयज, 'बुटीक' आदि उसके रोज़गार के माध्यम थे। इस कथा के माध्यम से लेखिका ने वहाँ के कुछ अजीबोग़रीब नियम-कानून को भी बड़ी सरसता से लिखा है। साथ ही, नारी की आन्तरिक शक्ति को भी बड़ी गहराई और मार्मिकता से लिखा है जबकि 'मानव की मुट्ठी में सिमटा अन्तरिक्ष', 'स्वर्गीय लहरों का नरक' जैसी कथाएँ विज्ञान को आधार बना कर उसके प्रति अत्यधिक आकर्षण और अत्याधुनिक ज्ञान के साथ-साथ सर्वेक्षण शक्ति का आभास भी मिलता है। विज्ञान के अत्याधुनिक माध्यमों को तथा उसके विनाशात्मक रूप को लोगों तक पहुँचाना भी उनका उद्देश्य रहा है। 'मुट्ठी में सिमटा अन्तरिक्ष' के माध्यम से 'कुल मिला कर आज भारतीय अन्तरिक्ष उड़ान अब एक ऐसे मोड़ पर आ गयी है, जहाँ से एक योजना के अनुसार उत्पादनों का अनुसन्धान और निर्माण में ज़्यादा बाज़ार को अपने विकास का लक्ष्य अधिक आवश्यक एवं महत्त्वपूर्ण है। भारत के डॉ. के. कस्तूरीरंगन, डॉ. प्रो. एस. गोपाल, डॉ. एस. रंगराजन और डॉ. एस. महादेवन नायर जैसे अन्तरिक्ष वैज्ञानिकों ने भारतीय अन्तरिक्ष अनुसन्धान को डॉ. विक्रम साराभाई के बाद एक नया आयाम दिया है।" इस कथा का लक्ष्य यही सन्देश देता है।

तटीय लोगों पर सुनामी की लहरों द्वारा जो भयावह असर हुआ, उसका जीवन्त चित्र 'स्वर्गीय लहरों का नरक' के माध्यम से दर्शाया है अर्थात् एक सजग संवेदनशील रचनाकार का सामाजिक दायित्व निभाया है। हर तरह से दृश्य और समाज में उनकी आवाज़ाही नज़र आती है।

कहानी संग्रह के पश्चात् उनकी विचारधारा को उजागर करते उनके उपन्यासों की शृंखला में 'महासागर के शंख' उपन्यास एक श्रेष्ठ उपन्यास की सूची में आता है। इस सामाजिक उपन्यास में आने वाली पीढ़ी को प्रेरणा देने की चेष्टा की गयी है कि मानव कहाँ से उठता हुआ कहाँ तक पहुँच सकता है। देश को आगे बढ़ाने के लिए व्यक्ति को स्वयं उठना होगा। फिर वह समाज की बात सोच सकता है। सामाजिक उत्थान के माध्यम से ही राष्ट्रीय उत्थान सम्भव है।

में मुख्यतः 'पद्मश्री प्रेमनाथ धवन जी' 'अंकल जी' का उदात्त व्यक्तित्व अंकित करने का प्रयास किया गया है। उनके आचार-व्यवहार और संयमी जीवन से प्रभावित होकर उन्हें 'शंख' की संज्ञा से अभिहित किया जाता है। इसमें उनके व्यक्तित्व, संगठनकर्ता और उनकी विशिष्ट नेतृत्व-भूमिका, उनकी विचारधारा और विश्व दृष्टिकोण तथा उनकी भाषा और कलात्मक ख़ूबियों का अत्यन्त सप्रमाण तर्कपूर्ण, गहन एवं सूक्ष्म विश्लेषण किया गया है। इस दृष्टि से यह उपन्यास पद्मश्री प्रेमनाथ धवन जी पर महत्त्वपूर्ण कृति ही नहीं, कथा-विवेचना और कथा-समीक्षा की सामाजिक यथार्थवादी पद्धति एवं कलात्मक विश्लेषण का एक उल्लेखनीय दस्तावेज़ भी बन गयी है।

प्रेमनाथ धवन जी का अत्यन्त विनम्र और सादगी से भरा महान व्यक्तित्व तथा सबको जोड़नेवाले और सबको साथ लेकर चलनेवाले विलक्षण संगठनकर्ता के रूप को बड़ी खूबसूरती, परन्तु वस्तुपरकता से चित्रित किया गया है। संस्मरणात्मक शैली में लिखा गया यह उपन्यास उनके ज़िन्दादिल, हँसमुख तथा उदात्त विचारधारा को सहज सुन्दर शब्दों में प्रस्तुत करता है।

विभिन्न प्रसंगों की वर्णनात्मकता और चित्रण की जीवन्तता पाठक को बाँध कर रखने में सक्षम है। पाठक को लगता है कि वे खुद भी इन घटनाओं का हिस्सा हैं और प्रेमनाथ जी के इतने आत्मीय और घनिष्ठ सान्निध्य में हैं जैसे कि उपन्यासकार स्वयं है। इससे बड़ी सार्थकता भला और क्या हो सकती है रचनाकार के लिए? प्रेमनाथ धवन जी की अलग-अलग कृतियों में, उनके समग्र साहित्य में उनकी विचारधारा, देशप्रेम, स्वतन्त्रता के प्रति, समाज की उन्नति के प्रति अथाह श्रम तथा उनके यथार्थवादी जीवन-दर्शन के साथ ही उनकी गम्भीर विवेचन शक्ति का परिचय मिलता है। एक वाक्य में कहें, तो यह उपन्यास उनके देशप्रेम की भावना के प्रति श्रद्धांजलि स्वरूप है।

सम्पूर्ण उपन्यास में अधिकांश स्थान पर उसको 'अंकल जी' कहकर सम्बोधन किया गया है। इससे उनके आत्मीय व्यवहार का परिचय मिलता है। अंकल जी जब बोलते थे तो उनकी ज़ुबान पर सरस्वती आ बैठती थी। आदर्श जीवन के गौरवशाली अनुभव सुनने को मिलते थे। वे सामाजिक जीवन संग्राम के साथ-साथ रागाज सेवा के बुनियादी पुरुषार्थ से भी जुड़े रहे। उनकी मानवता के प्रति चिन्ता, देश के प्रति चिन्ता को जितनी निष्ठा और समभावी दृष्टिकोण से देखा जाता है, वह अन्यत्र विरल है।

पूरे प्रान्त में प्रेमनाथ के प्रथम आने की ख़बर से पूरे परिवार में ख़ुशी की लहर दौड़ जाती है और जब उन्हें लाहौर के डी.ए.वी. कॉलेज में वज़ीफ़े के साथ प्रवेश मिलता है तो ख़ुशी दुगुनी हो जाती है, परन्तु माता सुलखा देवी के दुःखी बेटे के विछोह से होने पर उन्होंने पढ़ाई छोड़ कर शॉट हैण्ड टाइपिंग के स्कूल में दाख़िला ले लिया। 'वात्सल्य' का दिव्य गुण माता के अतिरिक्त किसी में नहीं होता है। उसके अंग-अंग से मंगल कामनाओं की वृष्टि होती है सन्तान पर। (पृ. 9) परन्तु सियालकोट से प्रेमनाथ के लिए ओबरॉय कम्पनी से बुलावा आया, पर परिवार के डॉक्टर के समझाने पर माँ उसे भेजने के लिए तैयार हो गयी। अपने अब तक के जीवन में कभी वे अमृतसर से बाहर नहीं गये थे। 20 रु. तनख़्वाह के साथ रहने की अच्छी व्यवस्था से माँ भी बहुत ख़ुश हुई। उनके विचारों में भी परिवर्तन आने लगा और वह ख़ुशी-ख़ुशी उनके जाने की तैयारी में जुट गयी।

निष्ठा और कार्यकुशलता से लोगों को खुश करके दिन-ब-दिन प्रगति के पथ पर अग्रसर होने लगे। इतने में चन्द्रशेखर आज़ाद की मौत ने उन्हें हिला कर रख दिया। लगातार राजनीतिक उथल-पुथल ने, सार्डस की हत्या, भगतसिंह, राजगुरु, सुखदेव को चुपके-से फांसी वाली घटनाओं ने प्रेमनाथ की रातों की नींद उड़ा दी।

अपनी जन्म कुण्डली के प्रति रुचि दिखाने के कारण माँ ने उन्हें बताया कि उनके अन्दर एक

अदृश्य शक्ति है जो उन्हें सत् कार्य के लिए प्रेरणा, ऊर्जा और उत्साहित करती रहती है। तपस्या का पथ, साधना का पथ ही उसका अपना पथ है। भारत रूपी महासागर का महाशंख है वह...। अशक्तियाँ उसे विचलित नहीं कर सकती हैं। उनकी पत्नी सुशीला और माँ सुलखादेवी के प्रयास से सन् 1944 में कुछ विस्थापित पंजाबी परिवारों का एक संगठन बन गया, जिसका 'पंजाब ऐसोसिएशन' नाम से रजिस्ट्रेशन किया गया। इतने में सत्याग्रह चलने की चर्चा होने लगी और प्रेमनाथ ने इसमें योगदान देने के लिए रचनात्मकता की सहायता ली और 'शहीदों की पुकार' नाम से एक नाटक लिखा। पन्त का प्रस्ताव, सुभाष का इस्तीफ़ा और फ़ॉर्वर्ड ब्लॉक का संगठन, आपत्तिजनक रूसी जर्मन पेक्ट, काँग्रेस का रुख़... आदि से प्रेमनाथ बहुत विचलित थे। 'भारत छोड़ो' के प्रस्ताव में प्रेमनाथ का पूरा परिवार शामिल था।

देश विभाजन ने लोगों की मानसिकता पर ज़बरदस्त प्रहार किया। स्थानान्तरण में पंजाब एसोसिएशन ने लोगों की मदद की, जिसमें प्रेमनाथ धवन का सुझाव व सहयोग सबसे अधिक था। लोगों के मन में इनके लिए विश्वास और सम्मान की भावना घर कर गयी। ऐसे में कर्नल गिल का नाम भी सम्मान के साथ लिया जाता है। उन्होंने गुरुद्वारे में लोगों के रहने, खाने की व्यवस्था कर दी।

प्रेमनाथ धवन जी के महत् व्यक्तित्व के अन्तर्गत लोगों के दुःख में भागीदार बनना, उनको अपने दुःख से लड़ने के लिए साहस और मानसिक ऊर्जा प्रदान करने के कारण ही वह सभी के 'अंकल जी' बन गये। मुशायरे, नाटक आदि करके लोगों की मदद के लिए पैसा इकट्ठा करना उनके विशेष कार्य में से एक बन गया। सन् 1952 में प्रेमनाथ धवन जी ने 'आज़ादी की राह पर' नाटक लिखा। इसे खेलने पर ख़ूब ख्याति मिली। पहला शरणार्थियों का आवास, लाजपतराज पीटर्स रोड पर बना। 'आदर्श विद्यालय' की स्थापना हुई। शिक्षा का प्रचार-प्रसार कर्नल गिल और प्रेमनाथ के संरक्षण में होने लगा। इन सब में मि. बलदेव और उनकी पत्नी कौशल्या का भरपूर योगदान रहा।

जब भारत में राष्ट्रीय नवोत्थान की भूमि का निर्माण हो रहा था, उसी समय पश्चिम भारत में 'आर्य समाज' नामक धार्मिक संगठन का उदय हुआ, जिसकी स्थापना दयानन्द सरस्वती ने मुम्बई में सन् 1875 में की थी। इन सब कार्यों में रुचि तथा सहयोग के कारण प्रेमनाथ ने नौकरी छोड़ कर स्वयं को पूर्ण रूप से देशहित के काम में झोंक दिया। प्रौढ़ शिक्षा के विस्तार-विकास का कार्य, छात्रों को प्रशिक्षित कर नौकरी करने के काम आदि में व्यस्त रहने लगे।

सम्पूर्ण उपन्यास प्रेमनाथ धवन की कार्यदक्षता, विशाल कर्मक्षेत्र, उदार मानसिकता तथा समाज उत्थानमूलक कर्म को बड़ी सूक्ष्मता ओर छोटी-छोटी घटनाओं के माध्यम से बड़ी सरसता से लिखा गया है। लेखिका के अन्तर में उनके लिए आदर-सम्मान की भावना पूरे उपन्यास में बिखरी पड़ी है। 'पद्मश्री प्रेमनाथ धवन' को 'महर्षि प्रेम' कहा जा सकता है क्योंकि अनाथ, परित्यक्त, विधवा नारियों के लिए खोले गये अनेकानेक प्रशिक्षण केन्द्र, खासकर अपने पैरों पर खड़ा होने में समर्थ बनाने हेतु किए गये उनके अमूल्य योगदान, उनका जीवन इस बात की बेमिसाल कहानी है कि एक मानव क्या-क्या कर सकता है। अंकलजी ने दरवाज़े की ओर देखा। पी.एन. बजाज जी ने उनको नमस्ते करते हुए कहा—"मैं आपसे आशीर्वाद लेने आया हूँ। आप जिन-जिन समस्याओं से घिरे हैं और विकट स्थिति में भी समस्याओं का निर्विवाद समाधान ही हमारे समक्ष प्रमाण है कि दृढ़ धारणावाला व्यक्ति सर्वथा विपरीत परिस्थितियों में भी महान से महान कार्य कर सकता है। आप उन व्यक्तियों में से हैं जो एक बार निश्चय कर लेने पर असाध्य कार्य को सिद्ध करने में लग जाते हैं।" (पृ. 201-202)

ऐसे व्यक्ति समाज में अग्रणी के रूप में पूजे जाते हैं। मशालधारी पथ-प्रदर्शक पात्र को उपन्यास में नायक के रूप में चित्रित करके मधुजी ने एक महान कृति रची है।

मधु धवन जी समाज में साहित्य की भूमिका को स्वीकार करती हैं। वह ऐसे वैचारिक साहित्य का निर्माण करने की सोचती हैं जिसे पढ़ने पर कोई चैन से न बैठ सके, चैन से सो भी न सके, मानसिक और वैचारिक मनोमंथन में रत रहे। वह साहित्य की रचना प्रक्रिया, उसके स्थायी मूल्य तथा उत्कृष्ट रचनाकारों को अपने अनुभवों के आधार पर कुछ परामर्श भी देती हैं। वह भाषा की सहजता को स्वीकार करती हैं। बोलने और लिखने की एकता, भाषा के प्रवास को स्वीकार करती हैं।

उनके द्वारा रचित तेरह उपन्यास हैं। नाटक एकांकी सामाजिक सुधार की दृष्टि से उच्च कोटि के हैं। समय के साथ कदम मिला कर चलना एक उत्कृष्ट लेखक का प्रथम चरण होता है। मधुजी की रचनाएँ इससे अछूती नहीं हैं। उनका मानना है कि साहित्यकार को उनके साहित्य में देखना चाहिए, जिसके प्रतिबिम्ब हमें उनके उपन्यासों में 'शिखरों से ऊँचा' (विशेष व्यक्तित्वशाली व्यक्ति पर आधारित उपन्यास), 'तूफानी झंझाना का दीया' (भारतीय क्रान्तिकारियों के जीवन का परिदृश्य उद्घाटित करने का प्रयास), 'उस मोड़ पर' (एड्स के घातक असर पर युवावर्ग को चेतावनी स्वरूप), 'मैं सृष्टि की आत्मा हूँ" (आधुनिक विकसित समाज में नारी की दशा-दिशा पर प्रकाश डालता उपन्यास), 'करवट लेता वक़्त' (आज की पीढ़ी की मानसिकता का आईना है)। इसके साथ ही 'शक्ति पुंज', 'साईबर मोड़', 'जुर्माना', 'आकांक्षा' आदि उपन्यासों के माध्यम से जागरूकता मूलक सन्देश देती हैं। उनका मानना है कि साहित्यकार को उसके साहित्य में देखना चाहिए। निश्चय ही मधुजी आजकल के रचनाकारों की विचारधारा से, आकांक्षाओं से भली-भाँति परिचित हैं। आज के वैश्वीकरण के दौर में वे 'वसुधैव कुटुम्बकम्' की भावना को प्रधानता देती हैं। शिक्षा को व्यवसाय में बदलते देख उनका अन्तर्मन कचोट उठता है।

मधुजी के चिन्तनों से उनके नारी सम्बन्धी दृष्टिकोण का भी पता चलता है। वह नारी उत्थान की हिमायती हैं। नारी की अपरिमित शक्ति को अपनी रचनाओं में जगह-जगह पर प्राथमिकता दी है। व्यवस्था के संचालन में उनकी सहभागिता की हिमायत करते हैं। उनकी मान्यता है कि सत्ता व्यवस्था में बुद्धिशाली नारी की सफलता अनिवार्य है। नारी को वह एक अतुलित शक्ति सम्पन्न रूप में देखना चाहती हैं, अबला के। पारम्परिक अर्थ में नहीं।

इन्हीं चिन्तनों से मधु धवन जी के गहन अध्ययन, व्यापक जीवनानुभवों और स्पष्ट सूझ-बूझ का पता चलता है। यहाँ जीवन के तरह-तरह के अनुभवों तक पहुँचने का प्रयत्न किया गया है। पढ़ते हुए हम न केवल रचनाकार के साथ यात्रा करते हुए पाते हैं, बल्कि पढ़ने के बाद स्वयं के भीतर एक सहभागिता और परिवर्तन का भी अनुभव करते हैं। रचनाकार की गाँधी दर्शन पर आस्था हमें उनकी रचनाओं में यत्र-तत्र बिखरी नज़र आती हैं। कृति के कुछ पात्र तो गाँधीवादी विचारधारा के रंग में पूरे रँगे हैं—सत्य, आदर्श, अहिंसा, संघर्षमय जीवन के मूर्तरूप। यही भाव उनकी समग्र रचना में संसार में फैले मिलते हैं। यह स्पष्ट है कि मधु धवन जी की यह विचार धारणा राष्ट्रीय और सामाजिक एकता तथा सद्भाव में महत्त्वपूर्ण भूमिका का निर्वाह करेगी।

उनकी लेखनी और सशक्त हो और वे अपनी लेखनी से साहित्य को और समृद्ध करें, यही मेरी कामना है।

मो. : 9825788781

आकाशधर्मी व्यक्तित्व

●

लक्ष्मीनारायण गुप्ता

बहुमुखी प्रतिभा की धनी, मृदुभाषी, हँसमुख स्वभाव, सहयोग की प्रवृत्ति, विदुषी तथा वैश्विक मानवता की पुजारी कवयित्री डॉ. मधु धवन हिन्दी साहित्य की अनमोल रत्न हैं।

कवयित्री, लेखिका, विचारक, आलोचक तथा गम्भीर वक्ता डॉ. मधु धवन की कीर्ति तथा प्रसिद्धि न केवल भारत में बल्कि भारत से बाहर फैली है। आप मौन साधक, कर्मठ लेखिका और ज़िन्दादिल इनसान हैं।

डॉ. मधु धवन जी से मेरा परिचय मैसूर में हुआ। अपने हमारे लघु आग्रह को स्वीकार कर हमारे घर आकर हमें अनुगृहीत किया। आपके साथ बिताए वे पल मेरे लिए अनमोल हैं। मेरे चक्षुओं के सामने उस समय का एक-एक दृश्य चलचित्र की भाँति मन-मस्तिष्क पर अंकित है। आपके आगमन और उसके बाद हमारे परिवार की स्थिति बहुत भिन्न हुई। बच्चों से बड़ों तक पर उनका असर-सा दिखाई देता है।

शिक्षा मनुष्य को विनम्र बनाती है, यह पुस्तकों में पढ़ा था, पर आपको देख कर उसका व्यावहारिक प्रतिफलन दिखाई देता है। सचमुच आप महामानवी हैं, देव स्वरूपा हैं, कुशल शिल्पी हैं, पारसमणि हैं, कल्पवृक्ष, आकाशधर्मी हैं। आपके सत्संग ने मेरे ज्ञान की लघु गगरी को झकझोर दिया है। मुझे अहसास हुआ कि यदि 'विदुषी' शब्द किसी से बना है तो वे हैं—डॉ. मधु धवन जी।

डॉ. मधु धवन जी के व्यक्तित्व पर जितना लिखा जाये, कम है। सारे उपमान, विशेषण कम पड़ रहे हैं आपके व्यक्तित्व पर लिखते समय।

माँ सरस्वती के संसार में,
आपका सम्मान हो।

लेखनी चलती रहे,
जब तक सूरज-चाँद हो।

ये हमारी आरज़ू,
ये हमारी कामना।

आपके जीवन का मधुजी,
विश्व में गुणगान हो।

विराट प्रतिभा एवं क्षमताओं की धनी : डॉ. मधु धवन

●

श्रीकृष्ण कुमार त्रिवेदी

डॉ. मधु धवन अनेक कारणों से देश और विदेश हिन्दी-प्रेमी विशाल समुदाय, विशेषकर साहित्यिक एवं शिक्षा-जगत का एक अत्यन्त सुपरिचित नाम हो गया है। देश के कोने-कोने से लोग उनके आयोजनों में पहुँचते हैं और पता करते रहते हैं कि उनका अगला कार्यक्रम कब होगा। ऐसे में नाति दीर्घकालिक सूचना भी पर्याप्त हो जाती है। विदेशों के भी जिन विद्वानों का वे स्मरण कर लेती हैं, वे बड़े हर्ष के साथ पहुँचते हैं और अपनी त्रुटिहीन हिन्दी से श्रोताओं का मन मोह लेते हैं। उनके मंचों की शोभा बढ़ाने के लिए सामान्य व्यक्ति ही नहीं, महामहिम राज्यपाल तक उत्सुक रहते हैं और अपनी अनेक अनिवार्य व्यस्तताओं में भी ढील देते हुए निश्चित समय पर उपस्थित हो जाते हैं। इससे डॉ. मधुजी को वैकल्पिक व्यवस्था करके रखने की कोई आवश्यकता नहीं होती। वे निश्चिन्त होकर अपने आयोजन की तैयारी में लगी रहती हैं और शायद ही कभी उनकी निश्चिन्तता निराश हुई हो।

मूलतः अहिन्दीभाषी होते हुए भी उन्होंने अपनी मातृभाषा पंजाबी से अधिक हिन्दी की सेवा की है और पूरे तन-मन-धन से की है। उनका हिन्दी-प्रेम बाह्या..रोपित न होकर स्वैच्छिक एवं स्वार्जित है। इतना ही नहीं, उन्होंने हिन्दी के प्रति समर्पित लोगों की ऐसी टीम तैयार कर ली है कि उनका कार्य बिना किसी बाधा के निरन्तर अनुकरणीय गति से अग्रसर होता रहा है और भविष्य में भी होता रहेगा। उनके आयोजनों में उपस्थित होना स्वयं में अत्यन्त अविस्मरणीय होता है। अद्वितीय रूप से सुव्यवस्थित, आश्रमों जैसा कोलाहल शून्य ऐसा प्रशान्त वातावरण कि वक्ता का एक भी शब्द अनसुना न रह जाए। सम्पूर्ण कार्यवाही इतनी शालीन, सुरुचिपूर्ण एवं प्रांजल भाषा में कि लगे ही नहीं कि आप हिन्दी विरोधी गढ़ में हैं। स्थानीय सत्ताधारियों ने अपनी विवशताओं के चलते हिन्दी की पढ़ाई नहीं की दी तो जनसमूह उन सेवा-कार्यों से वंचित हो गया, जिनमें हिन्दी की आवश्यकता पड़ती है, जैसे केन्द्रीय सरकार के कार्यालय, बैंक जैसे सार्वजनिक संस्थान, चिकित्सालय आदि। ऐसे में उनकी आवश्यकताओं एवं आकांक्षाओं की पूर्ति हेतु डॉ. मधु धवन जैसे लोग आगे आये और तमिलनाडु साहित्य अकादेमी जैसी संस्थाओं का प्रादुर्भाव हुआ। उन्होंने हिन्दी शिक्षकों की समर्पित फौज तैयार कर दी और जनमानस को सुखद आश्चर्य से सराबोर करते हुए उनकी मनोकामना की पूर्ति के लिए भाषा और ज्ञान की अजस्र धारा प्रवाहित कर दी। आज तमिलनाडु और उसके निकटवर्ती प्रदेशों में ऐसी पचासों अशासकीय संस्थाएँ अपने सीमित साधनों के बल पर कार्यरत हैं और सेवा, स्वाभिमान

तथा सद्‌भावना का अप्रतिम आदर्श उपस्थित कर रही हैं। इसके लिए अकेले डॉ. मधुजी को देशभर में लगभग दो सौ कार्यशालाएँ करनी पड़ीं।

डॉ. धवन इतनी सक्रिय हैं कि आश्चर्य होता है कि उनमें इतनी ऊर्जा कैसे है? उनका निरभिमान वन्दनीय है, तो समर्पण स्पृहणीय। उनका अजातशत्रु व्यक्तित्व चुम्बक की भाँति लोगों को आकर्षित कर लेता है। उन्होंने इतना काम किया है कि उसके अल्पांश से ही दूसरे लोग तृप्त हो गये होते और कृतकार्यता का अनुभव करते हुए विश्राम ले चुके होते, पर वे हैं कि अपनी विषम-से-विषम समस्याओं की भी परवाह न करते हुए निरन्तर अपने अभीष्ट की साधना में लगी रहती हैं। थकना तो जैसे उन्हें आता ही नहीं। बालसुलभ जिज्ञासा और मातृसुलभ करुणा उनकी सहचरी हैं। इस आयु में भी वे नयी-से-नयी तकनीक से भी अनभिज्ञ नहीं हैं और किसी के भी प्रति अनुदार नहीं हैं। अपरिचित-से-अपरिचित व्यक्ति भी उनकी शीतल छाँव से वंचित नहीं हो सकता। उनका हिन्दी के प्रति समर्पण एकदेशीय अथवा एकरेखीय नहीं है। भाषा के मामले में भी उनकी समादृष्टि एवं उदारता अनुकरणीय है। हिन्दी, संस्कृत, पंजाबी और अंग्रेज़ी का उनका असामान्य ज्ञान भी उन्हें न तो उद्धत बनाता है न संकीर्ण। वह तो उन्हें और भी उदारता तथा विनम्रता से मंडित करता है। 'तमिलनाडु बहुभाषी लेखिका संघ' इसका ज्वलन्त उदाहरण है जो इनके द्वारा संस्थापित है और इनके ही मार्गदर्शन में नये-नये गन्तव्य प्राप्त कर रहा है। इससे भाषा की सेवा के साथ-साथ नारी जगत की भी सेवा हो रही है, जिसके लिए कवीन्द्र रवीन्द्र के आलेख 'काव्येर उपेक्खिता नारी' ने राष्ट्रकवि मैथिलीशरण गुप्त जैसे बड़े कवियों को कर्तव्यशील बनाया था। समाज की भाँति साहित्य में भी महिला रचनाकारों के प्रति समता का भाव दूर रहा। सम्मान का भी विशेष भाव नहीं रहता है। उन्हें चूल्हे-चौके और घर-परिवार तक ही सीमित माना जाता है। कहीं पति परमेश्वर भी रचनाकार हुए तो 'उन्होंने ही लिख कर दे दिया होगा' कह कर उसकी रचनाओं को उपेक्षा की ऐसी दृष्टि से देखा जाता है कि बहुत सी रचनाकार तो कलम ही रख देती हैं। तब ऐसे लेखिका संघ ही उनकी प्रतिभा की रक्षा करने का ही नहीं, उसको उत्तमोत्तम सम्भावनाओं से परिपूर्ण करके न केवल उनके अभिव्यक्ति-कौशल को पैनाते हैं वरन् पाठक एवं श्रोता-वर्ग को भी नवीनता से वंचित हो जाने से बचा लेते हैं।

'आधुनिक महाकाव्यों में विप्रलंभ शृंगार' पर शोध-कार्य करके पीएच.डी. की उपाधि से विभूषित हुई डॉ. मधुजी ने समाज को न काव्य रस से वियुक्त होने दिया, न नवनवोन्मेष शालिनी सृजन-क्षमता से। अपने उद्धवों को तो वे मानो एकान्त वियोगिनी गोपिकाओं उस उक्ति से ही निरुत्तर करती रहीं कि "ऊधो ब्रह्मज्ञान की तो बात करते न नेकु देखि लेते कान्ह जो हमारी अँखियान तें!!" रस, प्रेम, लगाव, अनुराग जैसे सूक्ष्म तत्वों को आत्मसात करने वाली दृष्टि ही दूसरी होती है, जो इतनी विरल होती है कि कभी-कभार ही किसी को दैवी प्रेरणा से प्राप्त हो पाती है। साहित्य-जगत को 'कालचक्र' जैसा महाकाल, 'हुतात्मा' जैसे चार खण्ड काव्य, 'अमृतमयी' जैसी चार संग्रहीत काव्य कृतियाँ देने वाली डॉ. मधु ने उसी गति से तेरह उपन्यास, पाँच कथा-संग्रह, पाँच नाटक और 'चिंगारी' जैसे नाटक संग्रह तो दिये ही, बच्चों तथा किशोरों को भी निराश न करते हुए पचहत्तर एकांकियों का संग्रह उनको सौंपा, जिसके नाटक देश भर के विद्यालयों में मंचित होते हैं और एक बहुत बड़े अभाव की पूर्ति करते हैं।

साहित्येतिहास और भाषा तथा व्याकरण के प्रति भी वे अन्यमनस्क नहीं रहीं। उनका 'हिन्दी साहित्य का संक्षिप्त इतिहास' साहित्येतिहासों के इतिहास में महत्त्वपूर्ण स्थान रखता है। साहित्येतिहास-लेखन

के क्षेत्र में भी विद्वज्जन नये-नये प्रयोग कर रहे हैं, पर कम लोग ही निर्मल और वस्तुनिष्ठ दृष्टि वाले हैं। कुछ के प्रयास तो निहित स्वार्थों से ऐसे जकड़े हैं कि उनकी स्थापनाएँ अनेक स्थलों पर प्रायः बचकानी और हास्यास्पद प्रतीत होती हैं। आचार्य रामचन्द्र शुक्ल के बाद हिन्दी साहित्य का इतिहास लिखने वालों ने बहुत कम श्रम किया है। उन्होंने यथेष्ट श्रम किया होता तो अनेक रचनाकार, जो शुक्ल जी के इतिहास में आने से रह गये थे, वे आज भी अनादृत न रहे होते। अपने इतिहासों की एक बहुत बड़ी कमी की ओर मैं विद्वानों का ध्यान बराबर आकृष्ट करता रहा हूँ और वह यह कि हिन्दी के प्रवासी-साहित्य पर न के बराबर लिखा गया है जबकि मॉरिशस, फिज़ी, सुरीनाम और गुयाना जैसे देशों में हिन्दी के अनेक ऐसे रचनाकार हैं जिनको हिन्दी साहित्य के इतिहास में और विश्वविद्यालयों के पाठ्यक्रम में स्थान मिलना चाहिए। डॉ. मधुजी का इतिहास निष्पक्ष एवं वस्तुनिष्ठ भाव से लिखा गया है।

साक्षात्कार, पत्रकारिता, अनुवाद, सम्पादन, समीक्षा, जीवनी-लेखन तथा शब्दकोश-निर्माण के क्षेत्र में भी उनका योगदान अत्यन्त उल्लेखनीय रहा है। पत्रकारिता को बढ़ावा देने के लिए उन्होंने देश भर में घूम-घूम कर चौंसठ कार्यशालाएँ सम्पन्न करायीं तथा उससे ही जुड़ी विज्ञापन-कला की चालीस कार्यशालाएँ सम्पन्न कीं। सम्पादन के क्षेत्र में उनकी पत्रिकाओं का प्रत्येक अंक एक-न-एक सामाजिक-साहित्यिक ज्वलन्त मुद्दे पर केन्द्रित विशेषांक ही होता है। वे पूर्व-सूचना देकर अपने लेखकों से प्राप्त विषय/मुद्दे पर रचनाओं की माँग करती हैं और स्वयं भी उन पर नवीनतम सामग्री परोस कर पत्रिका को सार्थक और संग्रहणीय बनाती हैं। समाज के उपेक्षित वर्ग—किन्नरों, आदिवासियों आदि पर केन्द्रित उनके अंक समाजशास्त्रीय दृष्टिकोण से लिखे गये हैं—उनके इतिहास, परम्पराओं, परिधान, साज-शृंगार, पेशे, मान्यताओं, प्रवृत्तियों, सामाजिक व्यवस्था, रिश्तों का स्वरूप, वैवाहिक स्थिति, विवाह-विच्छेद, क्षेत्र में प्रचलित बीमारियाँ तथा जन्म-मृत्यु-जनसंख्या के नवीनतम आँकड़े, सब कुछ उनमें मिलेगा। उन्होंने अनेक ग्रन्थों का भी सम्पादन किया है जिनमें अभिनन्दन ग्रन्थ भी सम्मिलित हैं।

अनुवाद के क्षेत्र में उनकी दुहरी उपलब्धियाँ हैं—स्वयं द्वारा किए गये तथा उनकी कृतियों के दूसरों के द्वारा किए गये। उन्होंने हिन्दी से पंजाबी में और पंजाबी से हिन्दी में पुस्तकों के अनुवाद किए हैं तो उनके ग्रन्थों के अनुवाद तमिल, तेलुगु, अंग्रेज़ी तथा मलयालम में हुए हैं।

मौलिक लेखक के क्षेत्र में उन्होंने स्वयं तो विपुल साहित्य लिखा ही है, छह कार्यशालाएँ आयोजित करा कर लघुकथा, कहानी, कविता, ललित निबन्ध तथा प्रकाशन आदि की बारीकियों को समझाया है तथा प्रेरणा देकर नये लेखक भी तैयार किए हैं। उनका लेखन भी सामाजिक सरोकार से सम्पृक्त है। उनकी

गिरती दीवारों से लगी चोटें
सहते हैं वही अक्सर
जिन्होंने इक-इक ईंट चुन कर
रिश्तों के मीठे दृश्य बुन कर
दी थीं उन्हें साँसें।

(दुनिया की रीत)

जैसी छोटी-छोटी क्षणिकाएँ भी गहरे तक मार करती हैं और पाठक को झकझोर कर रख देती हैं। उनका 'साइबर माँ' उपन्यास बाल मनोविज्ञान के एक विस्तृत फलक को अनावृत्त करता है और

साइबर युग में माँ की बढ़ती एवं महती भूमिका को रेखांकित करता है। माँ की महत्ता अनादिकाल से कवियों, रचनाकारों, उपदेशकों, धर्माचार्यों, समाजशास्त्रियों एवं मनोवैज्ञानिकों की कृतज्ञता एवं प्रशंसा का विषय रही है। वैदिक वाङ्गमय में पहले 'मातृ देवो भव' कहा है और बाद में 'पितृ देवो भव' तथा 'आचार्य देवो भव' कह कर माँ के स्थान को सर्वोपरि रखा है और पिता से दस गुना ऊँचा उसका महत्त्व प्रतिपादित किया है। डॉ. मधुजी ने और भी आगे बढ़ कर आज के समाज के बदलते हुए परिवेश में बालकों/बालिकाओं तथा किशोरों की समस्याओं को उभारा है तथा उनका तर्कसंगत समाधान भी सुझाया है। उनके इस उपन्यास में पाँच माएँ हैं जो पूरे समाज के एक-एक अंग तथा विचारधारा की प्रतीक हैं। उनके माध्यम से मधुजी ने माता-पिताओं तथा अभिभावकों को अपनी लीक छोड़ कर नयी लीक को स्वीकारने और उस पर चलने का सामयिक परामर्श दिया है। अपने उपन्यास की एक बाल चिकित्सक एवं बाल मनोवैज्ञानिक माँ डॉ. महक के प्रति उसके मनोचिकित्सक पति डॉ. रजत की स्वीकारोक्ति बड़ी समीचीन है—"साइबर युग में माँ की सतर्कता, माँ का वाक्चातुर्य, बुद्धि कौशल, ग्राह्यशक्ति—सबके चलते ही हमारे बच्चे सफल हो पाये हैं।" क्या आश्चर्य कि ऐसी मर्मज्ञ विदुषी की प्रतिभा का सदुपयोग शिक्षा-परिषदों, महाविद्यालयों तथा विश्वविद्यालयों ने अपने पाठ्यक्रम-लेखन-समितियों में परामर्शदात्री बना कर किया। आश्चर्य तो तब होता जब वे ऐसान करते।

अन्ना वि.वि. से फ़िल्म निर्देशन का डिप्लोमा प्राप्त करने वाली डॉ. मधुजी ने अपनी इस साहित्येतर प्रतिभा का भी सदुपयोग किया और विज्ञापन कला, भाषान्तरण कला, लोकरंजन कला तथा पर्यटन के जैसे मानक ग्रन्थ दिये। उनके अवदान पर हुए और हो रहे एम.फिल. और पीएच.डी. के शोध कार्य उनके मन्तव्य और स्पष्ट करके उनकी रचनाओं को कालजयी बनायेंगे। उनके सहस्रों छात्रों, प्रशंसकों एवं शुभाकांक्षियों के स्वर-में-स्वर मिला कर मैं भी उनके शतायु होने की कामना करता हूँ। उनका संकल्प यशस्वी हो, उनकी कीर्त्ति अक्षुण्ण बनी रहे, यही शुभकामना है।

क्रान्तसृजका : मधु धवन

•

रामशरण के.बी. युयुत्सु

समाचार प्राप्त कर आनन्द का अनुभव हुआ कि आदरणीया डॉ. मधु धवनजी के सम्मान में एक अभिनन्दन-ग्रन्थ का प्रकाशन योजनाधीन है। मेरी ओर से साधुवाद।

आदिकाल से ही भारतीय समाज में नारी की विद्वत्ता का सम्मान सुरक्षित रहा है। प्राचीन काल में भी गार्गी, विद्योत्मा, सीता, सावित्री आदि कई विदुषी नारियाँ हुई हैं जिससे नारी ही नहीं, पूरे राष्ट्र का सम्मान बना रहा है।

इतिहास प्रसिद्ध है कि मण्डन मिश्र की पत्नी ने आदि शंकराचार्य से शास्त्रार्थ करके उनको हराया था। इसको पुरुष के समान विद्वत्ता का प्रमाण कहा जा सकता है।

इसी परम्परा के चलते-चलते बीसवीं शताब्दी के प्रारम्भिक वर्षों में महादेवी वर्मा, सुभद्रा कुमारी चौहान, महाश्वेता देवी, कृष्णा सोबती, मन्नू भण्डारी, उषा प्रियंवदा, चित्रा मुद्‌गिल, ममता कालिया, मृदुला गर्ग, राजी सेठ, पद्‌मा सचदेव, मृणाल पाण्डे, नासिरा शर्मा ने साहित्य सृजन में योगदान दिया है, जिससे भारतीय साहित्य का गौरव बढ़ा है।

साहित्य सृजन के इसी प्रवाह में एक साहित्य सरिता हिमालय की तराई व पंजाब के प्रांगण तरनतारन से चल कर चेन्नई के समुद्र तट तक पहुँच गयी जिसका नाम है, डॉ. मधु धवन तथा पहचान है, उच्चकोटि की शिक्षाविद् एवं प्रतिष्ठित साहित्य साधिका।

साहित्य सृजना में महिलाओं की भागीदारी कहीं कुछ कम नहीं है परन्तु नारी वर्ग के संकोच तथा पुरुष वर्ग के प्रदर्शन की होड़ में उनका लेखन ओझल रह गया। अब मधु धवन जैसी कलम वीरांगना ने इस वातावरण को बदला है। अब वह साहित्य के क्षेत्र में सजग खड़ी हैं।

डॉ. मधु धवन को मैंने सर्वप्रथम प्रयाग (उ.प्र.) में श्रद्धेय श्रीधर शास्त्री, महामन्त्री द्वारा आयोजित भारती परिषद्, प्रयाग के अभिनन्दन समारोह में देखा था। जुलाई 2007 को आयोजित इस समारोह में विदुषी मधु का शुभाभिनन्दन किया गया था। उन दिनों ये चेन्नई के स्टेल्ला मॉरिस कॉलेज में हिन्दी आचार्या के पद पर कार्यरत थीं। डॉ. मधु धवन पेशे से प्राध्यापक, साहित्य के क्षेत्र में क्रान्तिवृत्ता सृजक रही हैं। साहित्य सागर में डुबकी लगा कर रत्न खोजना इनका अभिहित कर्म है।

मधु धवन बहुआयामी कवयित्री हैं। भावयित्री प्रतिभा की सुप्रतिष्ठित लेखिका हैं। साहित्य की अनेक विधाओं की एक समुच्चय विग्रह हैं। इनकी रचना दृष्टि दिगान्तिक है। एक प्रतिभा सम्पन्न शब्द साधिका हैं। हिन्दी संसार की सशक्त हस्ताक्षर हैं। कुशल सम्पादक हैं। इनके द्वारा सम्पादित

'तमिलनाडु साहित्य बुलेटिन' पत्रिका के दो अंक बानगी के रूप में मुझे पढ़ने का अवसर मिला है।

अहिन्दी भाषी तमिलनाडु प्रदेश में हिन्दी भाषा तथा हिन्दी साहित्य के विशाल यज्ञ की ज्वाला से क्षेत्र को प्रकाशमान कराती सरस्वती वीणा से वहाँ स्नेह, सहयोग, सद्भाव के स्वर प्रसारित करती आ रही हैं। विशाल साहित्य यज्ञ-स्वामिनी डॉ. मधु धवन का अभिनन्दन ग्रन्थ प्रकाशित कर उनका सौष्ठव-पूजन करना वास्तव में आयोजनकर्त्ताओं तथा सहभागियों का स्वयं में सम्मानित होना है।

इस शुभ यज्ञ में मैं भी आपकी हार्दिक शुभ कामनाएँ प्रेषित करता हूँ।

मो. : 9416387432,
9034704360

सृजन का उच्च शिखर : डॉ. मधु धवन

•

प्रो. (डॉ.) शरद नारायण खरे

वे ज्ञान की निर्झरिणी हैं, विवेक का निर्बाध प्रवाह हैं, चेतना का पर्वत हैं, सृजन का महासागर हैं, चिन्तन का विस्तीर्ण आकाश हैं, तो जीवन मूल्यों की भगीरथी हैं। जी हाँ! मैं किसी और की नहीं, बल्कि सरस्वती की वरद् सुता डॉ. मधु धवन की बात कर रहा हूँ।

डॉ. मधु धवन साहित्य जगत का एक जाजवल्यमान नक्षत्र हैं। वे विविध आयामी विचारक, सृजक, वक्ता व व्यक्तित्व हैं। जीवन मूल्यों को जीने वाली कलमकार डॉ. मधु धवन की दैदीप्यमानता निर्विवाद है। वे और उनका सृजन चर्चित व प्रतिष्ठित है। वे सच्ची अक्षर साधिका हैं। वे शोधार्थी, शिक्षाशास्त्री, कवयित्री, लेखिका, निबन्धकार व सम्पादक हैं। उनके सृजन के विविध स्वरूप न केवल अभिनन्दनीय हैं, बल्कि अभिवन्दनीय भी हैं। वे एक ऐसी साहित्य सेविका हैं जिसने अपना सारा जीवन ही साहित्य के लिए समर्पित कर दिया है। वे शिक्षा स्तम्भ बन कर ज्ञान का आलोक प्रसारित कर रही हैं, तो अन्तर्निहित चेतना को विविध विधाओं के माध्यम से अभिव्यक्त कर संस्कारों का रोपण-प्रसारण भी करने में रत हैं। उनकी कृतित्व की आभा देखते ही बनती है।

निश्चित रूप से डॉ. मधु धवन एक आलोक स्तम्भ हैं, जिनके ज्ञान रूपी उजियार से सारा देश आलोकित हो रहा है। उनकी कृतियाँ गुरु बन कर समाज का पथ-प्रदर्शन कर रही हैं। उनका शोध अध्येताओं को एक नवीन दृष्टि प्रदान कर रहा है। संस्कारों, मूल्यों व नवजीवन शैली का सृजन करने में रत शिक्षाविद्, साहित्यकार, प्राध्यापक, मार्गदर्शक, समाज-सुधारक व विचारक डॉ. मधु धवन पूर्णरूपेण समाज की दशा-दिशा में परिमार्जन कर रही हैं। उनका हर कार्य उत्कृष्ट व विशिष्ट है। वे एक स्वस्थ मानसिकता व सकारात्मक दृष्टि लेकर काम कर रही हैं। उनका लेखन, उनके लिए पूजा है। वे सरस्वती के पावन मन्दिर की पुजारी हैं, साधिका हैं। वे तपस्विनी बन कर साहित्य-सदन में दीप प्रज्वलित करने में लीन हैं।

इसमें किंचित भी सन्देह नहीं कि डॉ. मधु-धवन अत्यन्त ऊर्जस्वी व ओजस्वी हैं। वे गतिशील हैं, व्यापक अर्थों में क्रियाशील हैं, तो वे समग्रता के साथ रचना-धर्म का निर्वाह करने वाली एक अद्वितीय विभूति भी हैं। उनके कार्यों में आभा है, व्यक्तित्व में आभा है, तो कृतित्व में आभा है। हर कार्य को मौलिकता के साथ कुछ अनूठे, कुछ नये, कुल विशेष ढंग से सम्पादित करना ही उनकी ख़ासियत है। मैं तो डॉ. मधु धवन के लिए यही कहूँगा कि,

आप सरीखा दूसरा, नहीं 'शरद' है और।
मधुजी आया आपसे, सद्लेखन का दौर।।

डॉ. मधु धवन—एक सुविख्यात नाम, साहित्यरत्न, प्रखर वक्ता, समर्पित प्राध्यापक, संस्कृति-संरक्षक, सारस्वत रत्न, साहित्य भूषण, कलमकार व जीवन्त-व्यक्तित्व का मूल्यांकन कर पाना कोई सहज-सरल नहीं है, क्योंकि उनका काम असीमित है, पर उनके हर सृजन /हर कृति में गुणवत्ता है, विशिष्टता है।

विपुल साहित्य सृजित करने वाली विदुषी डॉ. मधु धवन ने अपने सृजन, रचनाधर्मिता व हिन्दी-सेवा से सम्पूर्ण दक्षिण भारत को ही नहीं, बल्कि पूरे देश को धन्य व गौरवान्वित किया है। साहित्य की हर विधा—कहानी, निबन्ध, साक्षात्कार, समीक्षा, संस्मरण, नाटक, जीवनी, शोध आलेख, प्राक्कथन, गीत, नवगीत, दोहा, उपन्यास, नयी कविता, छन्दबद्ध व मुक्त छन्द की रचनाएँ सृजित करने में डॉ. मधु धवन जी सिद्धहस्त हैं। एक कुशल सम्पादक, शोध मार्गदर्शक, संयोजक, संचालक व व्याख्यानकर्त्ता के रूप में डॉ. मधुजी की ख्याति दूर-दूर है। अनगिनत राष्ट्रीय व अन्तरराष्ट्रीय अवॉर्डों, सम्मानों से विभूषित डॉ. मधुजी अत्यन्त परिपक्व, संवेदनशील व भावुक रचनाकार हैं, पर उनकी भावुकता सकारात्मक है, नकारात्मक कदापि नहीं। वे आशावादी हैं। विसंगतियों व विद्रूपताओं पर वे प्रहार अवश्य करती हैं, पर कहीं से भी उनके भीतर मायूसी, हताशा या अवसाद नहीं है। वे व्याप्त विकारों से आहत अवश्य हैं, पर जीवन्तता व जिजीविषा उनमें कूट-कूटकर भरी गयी है। वे एक आदर्श साहित्य सेविका हैं।

मानवीय मूल्यों के आदर्श, संस्कारों का प्रवाह, अनुशासन की ऊर्जा, मौलिकता का शंखनाद, सामाजिक समरसता का उद्घोष, भारतीयता का बोध, आदर्शवादिता की अनुगूंज, सदाचार की प्रतिध्वनि— ये समस्त विशिष्टताएँ हमें डॉ. मधु धवन जी की कृतियों में विशिष्टता व उत्कृष्टता के साथ परिलक्षित होती हैं।

उन्होंने शालेय व महाविद्यालयीन पाठ्यक्रमों के लेखन, कार्यशालाओं व परिचर्चाओं के आयोजन, अध्यापन विधियों व शैलियों के विकास में भी महत्त्वपूर्ण योगदान दिया है। डॉ. मधुजी ने खण्डकाव्य, महाकाव्य, पत्रकारिता केन्द्रित कृतियाँ, उपन्यास, पाठ्य सामग्री, प्रयोजनमूलक साहित्य—सब कुछ मिला कर एक सैंकड़ा कृतियों की रचना की है। अनेक संस्थाओं की सलाहकार, संरक्षक, मार्गदर्शक, चिन्तक, डॉ. धवन हिन्दी की श्रीवृद्धि व समृद्धि तथा प्रसार हेतु सतत् समर्पित हैं। ओजस्वी व्याख्यान देने की अपूर्व क्षमता से परिपूर्ण डॉ. मधु धवन अपनी वाणी से अमृतरस वर्षा करने में सिद्धहस्त हैं। वे ओजस्वी हैं, तेजस्वी हैं, प्रखर हैं, ऊर्जस्वी हैं। उनकी एक अलग आन-बान-शान है। डॉ. मधु धवन की साहित्य साधना समग्र अर्थों में असाधारण व उत्कृष्ट है। सृजन के लिए उनकायोगदान अत्यन्त श्लाघनीय है।

डॉ. मधु धवन का अभिनन्दन वस्तुतः हिन्दी का अभिनन्दन है, हिन्दी सेवकों/हिन्दी साधकों का अभिनन्दन है। जीवन मूल्यों के सरोकारों को संजो कर/पिरो कर, सांस्कृतिक चेतना का प्रसारण करने में सतत् संलग्न डॉ. मधु धवन का व्यक्तित्व-कृतित्व प्रणभ्य है। उनकी कृतियाँ/उनमें समाहित ज्ञान/जानकारियाँ नव जागरण का प्रसारण करती हैं। उनकी कृतियाँ अपनी विविधता व गुणवत्ता के कारण अत्यन्त लोकप्रिय हैं। विभिन्न शोधार्थियों, विद्यार्थियों के द्वारा देश के लगभग समस्त विश्वविद्यालयों में डॉ. मधु धवन की कृतियाँ सराही व समादृत की जाती हैं। मैं डॉ. मधु धवन जी से वर्ष 2000 में इलाहाबाद में हिन्दी साहित्य सम्मेलन, प्रयाग के समारोह में व्यक्तिगत रूप से मिला हूँ और उनकी सादगी, सरलता, प्रखरता, मृदुलता व परिपक्वता से गहन प्रभावित हुआ हूँ। उस समारोह में उनकी

विद्वता का हर कोई प्रशंसक हो गया था। भोपाल में दसवें विश्व हिन्दी सम्मेलन में भी, जब उन्हें गृहमन्त्री राजनाथ सिंह जी के कर कमलों से सम्मानित किया गया था, मैं साक्षी रहा हूँ। डॉ. मधु धवन जी को नमन निवेदित करते हुए यही कहना चाहूँगा कि–

सदा रहेगा उच्चतम, है चोखा साहित्य।
चमकेंगी नभ पर सदा, बन कर के आदित्य।।
मधुजी सचमुच आप तो, निश्चित ही उत्कृष्ट।
कहता सारा देश यह, सच में आप विशिष्ट।।

मो. : 9425484382

शाश्वत मूल्यों की हस्ताक्षर : डॉ. मधु धवन

•

रामेश्वर प्रसाद गुप्ता 'इन्दु'

अध्ययन, अध्यापन, पत्रकारिता, साहित्य साधना में अपना जीवन गुज़ारने वाली डॉ. मधु धवन की साहित्य साधना ने साहित्य के माध्यम से अनुभवों व अभिव्यक्ति को नयी धार दी है। जीवन के समस्त उतार-चढ़ाव व बदलते परिवेश आपने आत्मसात कर नये-नये आयामों के झण्डे गाड़े हैं। डॉ. मधु धवन में गहन ज्ञान। अनूठी चेतनशक्ति एवं अद्वितीय प्रतिभा का हर पाठक कायल है। आपके उच्च विचारों व अनुभूति ने साहित्य को सबल बनाया है। डॉ. मधु धवन की लेखनी हिन्दी साहित्य की अनेक विधाओं में गतिशील रही है। यही कारण है उन्होंने विभिन्न विधाओं में महाकाव्य, खण्डकाव्य, काव्य संग्रह, उपन्यास, कहानी, नाटक, नाटक संग्रह, एकांकी संग्रह, साक्षात्कार, प्रयोजनमूलक, पत्रकारिता, समीक्षा, डिक्शनरी कार्य, कॉलेजों के पाठ्यक्रम चयन व लेखन, लोकजन मंच कला, स्कूलों के लिए पाठ्यक्रम, अनुवाद, सिद्ध औषध सहित अन्य पर अपनी पुस्तकें प्रकाशित की हैं।

पत्रकारिता के क्षेत्र में पत्रकारिता एवं जन संचार, पत्रकारिता एक परिचय भी दिये हैं। समय-समय पर आपके संग्रहों के प्रकाशित होने के साथ-साथ इनको पुरस्कृत भी किया गया है। हमेशा स्वस्थ मन से विशुद्ध साहित्य को उपलब्ध कराना आपका उद्देश्य रहा है तथा नये साहित्यकारों का मार्गदर्शन करना तथा साहित्य क्षेत्र में उनको बढ़ाने का मन बना रहा है।

हमारे देश में तमाम प्रबुद्ध महिला लेखिकाएँ हैं जिन्होंने साहित्य के क्षेत्र में इतिहास रचा है। उसी तरह डॉ. मधु धवन जी ने अपनी रचनाधर्मिता के माध्यम से हर वर्ग को जोड़ने का प्रयास किया है। आप साहित्य क्षेत्र में पूर्णिमा के चन्द्रमा के समान हैं। आपका प्रयास सतुल्य एवं अभिनन्दनीय हैं। इसी कामना के साथ आपको कोटिशः बधाई। स्वीकार करें।

शेष शुभ मंगलकामनाओं सहित।

बहुमुखी प्रतिभा की धनी : मधु धवन

•

डॉ. मुनिराम सकलानी

डॉ. मधु धवन से मेरा कई साहित्यिक समारोहों में परिचय हुआ, विशेषकर विदेश मन्त्रालय द्वारा सितम्बर 2015 में आयोजित 10वें विश्व हिन्दी सम्मेलन भोपाल में, जहाँ उन्हें अहिन्दी भाषी क्षेत्रों में हिन्दी के प्रचार-प्रसार के लिए सम्मानित किया गया।

बहुमुखी प्रतिभा की धनी डॉ. मधु धवन जहाँ एक ओर एक लेखिका, शिक्षिका व साहित्यकार हैं, वहीं दूसरी ओर वह राजभाषा हिन्दी की विशेषज्ञ भी हैं। उन्होंने साहित्य की हर विधा पर अपनी लेखनी चलाई है। साथ ही, हिन्दी के उन्नयन और अहिन्दी भाषी राज्यों में हिन्दी के विकास व प्रसार-प्रसार में उल्लेखनीय कार्य किया है। सरकारी कार्यालयों में राजभाषा हिन्दी के श्रेष्ठ कार्य निष्पादन के लिए उन्होंने राजभाषा नीति, प्रयोजनमूलक हिन्दी पत्राचार, पारिभाषिक शब्दावली व टिप्पण, प्रयोगात्मक व्याकरण, मीठी हिन्दी आदि कई महत्त्वपूर्ण पुस्तकों का लेखन किया है। साथ ही, कई हिन्दी कार्यशालाओं में अपने सारगर्भित व्याख्यानों से प्रतिभागियों का कुशल मार्गदर्शन किया है। इसके अतिरिक्त डॉ. धवन ने पत्रकारिता के उन्नयन व विकास की दिशा में कई पुस्तकें लिखी हैं और कई कार्यशालाओं का आयोजन किया है।

डॉ. धवन ने सर्जनात्मक/मौलिक साहित्य लेखन के क्षेत्र में कई खण्ड काव्य, काव्य संग्रह, उपन्यास, कहानी, नाटक आदि लिखे हैं। उनकी भाषा, शैली और प्रस्तुतीकरण बहुत ही अद्भुत है। उनके शब्द व भाव अनुपम हैं और संवेदनशील प्रवृत्ति उनकी कविताओं में परिलक्षित होती है। उन्होंने कई वरिष्ठ साहित्यकारों का साक्षात्कार लेकर हिन्दी साहित्य की संवृद्धि की है। डॉ. धवन ने अंग्रेज़ी-हिन्दी, तमिल फ्रेंच में हिन्दी-अंग्रेज़ी शब्दकोश निर्माण का भी सराहनीय कार्य किया है। वे कई स्कूल/कॉलेजों के पाठ्यक्रम-चयन व लेखन की सम्मनीय सदस्य रही हैं और उन्होंने कई पुस्तकों का अनुवाद किया है, साथ ही, उनकी कई पुस्तकों का कई भाषाओं में अनुवाद हुआ है। पत्र-पत्रिकाओं के सम्पादन व लेखन कार्य में भी उनको महारथ हासिल है। वे हिन्दी भाषा व साहित्य के पुरोधा हैं। उनके व्यक्तित्व एवं कृतित्व पर आधारित बनने वाले 'अभिनन्दन-ग्रन्थ' के लिए मेरी हार्दिक बधाई व शुभकामनाएँ। यह आपके प्रयास का सराहनीय कदम है।

मो. : 9411767006

चिन्तनशील मनीषी : डॉ. मधु धवन

●

डॉ. कमला विश्वनाथन

ऊपर का विस्तृत नभ प्रकाश पिण्डों से पूर्ण और आकर्षक दिखता है, परन्तु उसके पीछे अनन्त रहस्य छिपे हुए हैं। रहस्य भी ऐसे जिन्हें एक नज़र में कोई नहीं समझ सकता। इस गम्भीरता के पीछे बड़ी भारी जटिलता है। ऐसी ही हैं डॉ. मधु धवन। पहली बार मुलाक़ात होने पर ऐसा लगता है जैसे ये अपने अहं में डूबी हुई हों। अपने आस-पास के वातावरण के प्रति अत्यन्त सजग। ऐसा लगता है कि वे बताना चाहती हैं कि मुझे इसके बारे में सब कुछ पता है।

मधु धवन अहंकारी नहीं हैं। वे अत्यन्त सरल एवं भावुक हैं। किसी का दुःख-दर्द उनसे बिल्कुल सहन नहीं होता। अपने सामर्थ्य से सदा लोगों की मदद करती हैं। मैंने कुछ लोगों को उनकी इस उदारता का फ़ायदा उठाते भी देखा है।

रहन-सहन एवं वेश-भूषा का बेहद ध्यान रखती हैं। उन्हें हमेशा आकर्षक, सजे-सँवरे रहना अच्छा लगता है। उन्हें देख सहज ही लोग धारणा बना लेते हैं कि उनके करीब जाना, आत्मीयता जताना कठिन है, परन्तु यह नज़रों का धोखा है। वे इसके बिल्कुल विपरीत सब पर अपना स्नेह बरसाती हैं, लोगों की समस्याएँ सुलझाती हैं।

मधुजी से मेरा प्रथम परिचय स्टेल्ला मॉरिस कॉलेज के प्रांगण में आज से चौंतीस साल पूर्व हुआ था। आज तक हम दोनों के रिश्तों में वही गहराई और अपनापन है, जो उस समय था।

उनके व्यक्तित्व में एक सहज संवेदना एवं ऐसी आत्मीयता है जो प्रत्येक साहित्यकार का उत्तराधिकार होने पर भी उसे प्राप्त नहीं होता। अपनी गम्भीर मर्मस्पर्शी दृष्टि से मधुजी ने जीवन के गम्भीर सत्यों, मूल्यों का अनुसन्धान किया है और सहज-सरलता एवं आत्मीयता से दूर-दूर तक पहुँचाया है। उन्हीं की बदौलत देश-विदेश से साहित्यकार चेन्नई आते हैं और काव्य गोष्ठी एवं साहित्यिक चर्चाओं में भाग लेते हैं। वे लोगों को साथ जोड़ कर काम करना पसन्द करती हैं। सोलह साल उनके सामीप्य में रह कर काम करने के कारण उनके व्यक्तित्व एवं कृतित्व का प्रभाव मुझ पर काफ़ी पड़ा। जब भी किसी कार्यक्रम, वर्कशॉप, सम्मेलन या काव्य गोष्ठी में जाना होता था, तो मुझे ज़रूर अपने साथ ले जातीं। उनका कहना है कि उन गोष्ठियों में भाग लेने पर ही साहित्यिक प्रतिभा का विकास होगा। मैंने उनके संसर्ग में रह कर अपनी साहित्यिक प्रतिभा का काफ़ी विकास किया है। हिन्दी साहित्य में नारी के पदार्पण को उन्होंने विशेष महत्त्व दिया है।

मधुजी का व्यक्तित्व उसकी रचना में साकार होकर बोलता है। जैसा चेखव ने एक बार कहा था कि कुछ लोग जीवन में बहुत भोगते, सहते हैं—ऐसे लोग बाहर से बिल्कुल हल्के एवं हँसमुख दिखाई देते हैं। वे अपनी पीड़ा दूसरों पर थोपते नहीं हैं क्योंकि उनकी शालीनता उन्हें पीड़ा प्रदर्शन करने से रोकती है। मधुजी का व्यक्तित्व भी कुछ ऐसा ही है। जीवन की चेतना एवं धरती की करुणा उनके हृदय में कूट-कूट कर भरी है। कॉलेज की छात्राएँ उन्हें अक्सर 'कामायनी की श्रद्धा' के नाम से स्मरण करती हैं।

उनके व्यक्तित्व में जादूभरा आकर्षण है। न जाने कितने कवि और कलाकारों ने उनसे प्रेरणा पाई है। मैं उनमें एक होने का गर्व अनुभव करती हूँ।

उनका स्वर विनम्र है और उनमें मानवीय उदारता से उपजी एक सहज सात्विक आस्था है। मन में भयंकर तूफान उठने पर भी चेहरे पर उसे प्रतिबिम्बित होने नहीं देतीं।

नारी के प्रति उनके मन में गहरी संवेदना है। वे कहती हैं कि नारी को अपनी पहचान बनानी चाहिए। वह उसे नर की सहचरी, सहभागी और अर्द्धांगिनी कहती हैं। उन्होंने अपने सम्पर्क में आयी सभी नारियों का विकास किया है। मैंने स्वयं उन्हें कई नारियों का विकास करते एवं उन्हें प्रतिष्ठा प्राप्त करने का अवसर उपलब्ध कराते देखा है। उन्होंने मुझसे हमेशा यही कहा कि नर-नारी दोनों को एक-दूसरे के गुणों की अवहेलना, उपेक्षा न कर उन्हें सम्मानित करना चाहिए जिससे सभ्य समाज का स्वस्थ, तन्दुरुस्त रूप बन सके। मुझे यह कहते हुए गर्व होता है कि मुझे पारिवारिक बन्धनों से बाहर निकाल कर उन्होंने मेरी अपनी अलग पहचान बनाई।

मुझे मधुजी के साथ अठारह वर्ष काम करने का सौभाग्य प्राप्त हुआ। इस बीच उन्होंने मुझे कई उपदेश दिये, आदेश दिये, सरस विनोद एवं झिड़कियाँ भी दीं। इन बातों की स्मृति आज भी मेरे मन में ताज़ी है। मुझे महसूस होता है कि वे साथ काम करने वालों को ठोक-पीट कर एक पहचान दिलाती हैं। अपने भीतर जिस योग्यता का हमें तनिक भी आभास नहीं होता, उसे मधुजी बाहर निकाल लाती हैं। यही उनकी महानता है जिसके लिए मैं उन्हें श्रद्धापूर्वक नमन करती हूँ।

इतनी महान, विश्वासी, दृढ़ एवं आत्म विश्वासी नारी मैंने पहले कभी नहीं देखी। उनका सम्पूर्ण व्यक्तित्व उनकी रचनाओं की ही तरह मनोहर, उद्‌बोधक एवं प्रेरणादायक है। मैंने उन्हें अनेक विचित्र एवं जटिल समस्याओं के भीतर निर्वात, निष्कम्प दीप शिखा की भाँति प्रशान्त तेज़ से जलते देखा हैं एक बार भी उन्हें अभिभूत होते नहीं देखा।

उनकी बड़ी-बड़ी आँखों से स्निग्ध प्रीति धारा झरती-सी रहती है। उनके चेहरे पर अजीब-सी कांति है, आँखों से स्नेह की पावन धारा बरसती रहती है। उनके विराट् मानस में ओदार्य तेज़ और प्रेम की त्रिवेणी लहराया करती है। उनकी कुशाग्र बुद्धि जगत की गूढ़ समस्याओं को अनायास भेद जाया करती है। उसका व्यक्तित्व अपूर्व है, अद्‌भुत है। ऐसी महान हस्ती का साथ मुझे मिला है, इसे मैं विधाता का वरदान मानती हूँ।

उनके चिरप्रबुद्ध स्वाभिमान ने उन्हें एक अपूर्व आत्मविश्वास से मण्डित कर दिया है। उनका अन्तर्वासी ब्रह्म सदा इतना प्रदीप्त रहता है कि पद या वैभव का प्रखर-से-प्रखर आलोक उनको हतप्रभ नहीं करता। मैं अकसर हैरान होकर देखती रहती हूँ कि बड़े-से-बड़े कार्यक्रमों के दौरान वे इतनी शान्त एवं निश्छल कैसे रह पाती हैं? उनके चरित्र में उदारता के अनेक रूप विद्यमान हैं। सदा सौजन्य एवं सद्‌भाव से सबकी सहायता करती हैं। अपने सहधर्मियों एवं समानधर्मियों की उपलब्धियों की मुक्त कंठ से प्रशंसा करती हैं। उदीयमान लेखक उनके आशीर्वाद के सहज अधिकारी बन जाते हैं। दूसरों

को समझने वरन् उससे भी आगे दूसरों को सराहने की ऐसी सहज वृत्ति का योग रहता है कि हर आदमी अनायास ही उनके अत्यन्त निकट आ जाता है।

उनका घर साहित्य प्रेमियों का तीर्थस्थान जैसा है। प्रसिद्ध साहित्यकारों से लेकर विद्यार्थियों तक के लिए उनके घर का द्वार सदा खुला रहता है। साहित्यकारों का वे सम्मान करती हैं। साहित्य प्रेमियों से खुल कर मिलती हैं। नयी पीढ़ी के लेखकों पर उनकी विशेष कृपा रहती है। उन्हें प्रोत्साहन देने में उनकी अपनी अलग टेकनीक ही है।

बहस करने में उन्हें बेहद आनन्द आता है। अपने सहज उदात्त स्वर में ही विरोधी के तर्कों को निरस्त कर देती हैं और बीच में हँसते हुए ऐसे बातें करने लगती हैं कि विरोधी अपने तर्कों को ही भूल जाता है।

उनकी रचनाओं में आधुनिक समाज की विसंगतियाँ, दर्द एवं नारी की पीड़ा का यथार्थ चित्रण मिलता है। उनके काव्यों में विस्तारगत विशालता और दर्शनागत गुरुत्व के साथ भावनाओं की गम्भीरता, अनुभूतियों की सूक्ष्मता, बिम्बों की स्पष्टता एवं कल्पना की कमनीयता के फलस्वरूप गाम्भीर्य और महत्ता है। उनके काव्य गहराई के काव्य हैं।

ऐसा कुछ नहीं है जिसके सम्बन्ध में मधुजी का निश्चित मत नहीं है। दर्शन, साहित्य, जीवन, राष्ट्र, साम्प्रदायिक एकता आदि सभी विषयों पर उन्होंने विचार किया है। जिस पर उन्होंने विश्वास किया। जिस सत्य को उनके जीवन ने, आत्मा ने स्वीकार किया, उसके अनुसार उन्होंने निरन्तर आचरण किया। इस प्रकार उनका जीवन और उनका स्वास्थ्य, दोनों खरे स्वर्ण भी हैं और स्वर्ण के खरेपन को जाँचने की कसौटी भी हैं।

उनका व्यवहार मेरे साथ हमेशा ऐसा रहा मानो वे मुझसे बड़ी हों। बड़ी बहन-सी आत्मीयता, छोटों-सा स्नेह एवं अपनापन मुझे गद्गद कर देता है। आज भी जब कभी मुलाक़ात होती है, तो गले लगती हैं। फिर झूठे गुस्से से कहती हैं, "मैं आपसे बात नहीं करूँगी... आप मेरी बिल्कुल परवाह नहीं करती हैं।" दो मिनट में गुस्सा गायब हो जाता है और प्रेम एवं स्नेह की वर्षा होने लगती है। अपने साथ जुड़े कवि, चित्रकार, नाटककार, संगीतज्ञ और हिन्दी के प्रतिष्ठित लेखकों और कलाकारों को सम्मान देती हैं। अनजान कवियों की कविताएँ छाप कर उन्हें प्रसिद्धि दिलाती हैं। इसी चिन्तनशील मनीषी मधुजी के व्यक्तित्व में अद्भुत संघर्ष और तप है, जिसने उन्हें साहित्य में बहुत ऊपर उठाया है। व्यक्ति जब सब इन्द्रियों को सिकोड़ कर मस्तिष्क में केन्द्रित करके चलता है तब वह दार्शनिक बनता है। वहाँ वह केवल सोचता है। इसी कारण मधुजी की साहित्यिक प्रतिभा में एक अजीब दार्शनिक की-सी उलझन है। जो जीवन में है, उसे ही वे साहित्य में अभिव्यक्त करती हैं।

मधुजी की व्यावहारिक अकर्मण्यता के पीछे विचारों का नित नया सृजन है हर रचना में हम उनके नवीन विचारों का दर्शन करते हैं।

अद्भुत नारी, सीधी-सादी नारी। लोगों की दृष्टि में आचार की पोषिका, एक महान कलाकार।

विषम-से-विषम परिस्थितियों में भी उन्होंने हमें बहुत कुछ दिया है। उन्होंने घने अन्धकार को छेद-भेद कर हिन्दी का, हिन्दी वालों का मार्ग प्रशस्त किया है एवं युग को आत्मवाणी दी है।

मधु धवन ऐसी नारी हैं जिसके अन्तर में महामानव स्थित है। अपने उद्देश्यों की पूर्ति का मार्ग उन्हें स्वयं मिल जाता है। उनके मार्ग में आयी कठिनाइयों, बाधाओं एवं मुश्किलों की स्वयं परत-दर-परत उखड़ते एवं सुगम मार्ग बनते मैंने स्वयं अनुभव किया है। एक बार जब हम बोलचाल की हिन्दी का वीडियो कैसेट बना रहे थे, तब रात दो या तीन बजे तक काम करते थे। हमें कभी

समय अथवा देरी होने का उन्होंने एहसास ही नहीं होने दिया। समय-समय पर भोजन का इन्तज़ाम किया, मेरे पति को बुला कर मुझे सुरक्षित घर भेजने का प्रबन्ध किया। इतना सहृदय एवं स्नेही शायद ही कोई हो सकता है। ऐसी ही महान हैं हमारी मधुजी।

मधु धवन समन्वयकारी व्यक्तित्व की नारी हैं। उनमें बुद्धिजीवी लेखिका एवं शिक्षिका का, क्रान्तिकारी रचनाकार एवं भावुक सन्त हृदय का, वीरता एवं नारीजन्य सहजता का, भोगातुर एवं त्यागी कर्मठ नारी का अद्भुत समन्वय है। साथ ही सरलता, संकोच एवं स्पष्टवादिता की त्रिवेणी से उनका व्यक्तित्व अपनी निर्झर गति से सतत् प्रवहमानमान रहता है।

मधुजी के स्नेह एवं साहचर्य की उपलब्धि मुझे लगातार होती रही है। जितनी बड़ी साहित्यकार वे हैं, उतनी ही बड़ी मानव भी हैं। छोटों-बड़ों का सम्मान करना उनके बड़प्पन की सबसे बड़ी विशेषता है।

मो. : 7358663718

डॉ. मधु धवन का प्रयाग आगमन

•

डॉ. शिवगोपाल मिश्र

श्रीमती डॉ. मधु धवन बहुआयामी व्यक्तित्व वाली महिला हैं। उत्तर भारत में आपके समान किसी भी अन्य महिला ने इतने अधिक क्षेत्रों में अपनी उपस्थिति दर्ज नहीं कराई, न ही इतना व्यापक लेखन एवं भ्रमण किया है।

आपने कविता, कहानी तथा उपन्यास के क्षेत्र में समान रूप से लेखनी चलाई है और आपकी अनेक कृतियाँ पुरस्कृत हुई हैं। आपने कलकत्ता, बंगलुरु, बोकारो, दुर्गापुर में रह कर शिक्षा का प्रसार किया है। आपका जन्म तो पंजाब में हुआ किन्तु आपने हिन्दी में उच्चतम शिक्षा प्राप्त की और शोध-प्रबन्ध लिखा।

हिन्दीतर क्षेत्रों में हिन्दी शिक्षण-प्रशिक्षण कार्यशालाओं का आयोजन करती रही हैं और चेन्नई में आप रहते हुए भी उत्तर भारत की हिन्दी संस्थाओं से आपका सम्पर्क बराबर बना हुआ था।

इलाहाबाद में स्थापित 'भाषा संगम' का कार्यक्षेत्र दक्षिण भारत तक है। चेन्नई के डॉ. एन.सुन्दरम और डॉ. एम. गोविन्द राजन इलाहाबाद प्रायः आते रहे और 'भाषा संगम' की गोष्ठियाँ आयोजित की जाती रही हैं।

विगत 9 वर्षों से डॉ. एम. गोविन्द राजन इलाहाबाद में विज्ञान परिषद्, प्रयाग के परिसर में रह कर 'भाषा संगम' की गतिविधियों का संचालन महासचिव के रूप में करते आ रहे हैं। उन्हीं के प्रयास से 12 जून, 2012 को डॉ. मधु धवन इलाहाबाद पधारीं और उनके दर्शन हुए, उनसे बातें हुईं और उनके कृतित्व से परिचय हुआ। उस समय संगम साहित्य के पद्यानुवाद पर चर्चा हुई।

हमने देखा कि वे साठ वर्ष से अधिक आयु में भी काफ़ी सक्रिय थीं और साहित्यिक व्यक्तियों से मिलने के लिए उत्कंठित रहती थीं। उन्होंने विज्ञान के क्षेत्र में विज्ञान परिषद् द्वारा किये जा रहे हिन्दी कार्य का परिचय प्राप्त किया और उसकी सराहना भी की। ऐसी कर्मठ एवं मिलनसार महिला के लिए अनेकानेक सम्मानों से विभूषित होना स्वाभाविक है। आपके कई काव्य तथा उपन्यास इलाहाबाद से प्रकाशित हैं। अतः इलाहाबाद के लिए वे अज्ञात रचनाकार न थीं, न रहेंगी।

आपने अनेकानेक क्षेत्रों में अपनी विद्वत्ता का परिचय दिया है, अनेक समाजसेवी कार्य किये हैं, प्रशासनिक चयन में हिन्दी विशेष की भूमिका निभाई है। आपने तमिल के महाकाव्यों के देवनागरी

लिप्यन्तरण तथा अनुवाद में सराहनीय भूमिका निभाई। हिन्दी को बढ़ावा देने के लिए कई राष्ट्रीय तथा अन्तरराष्ट्रीय संगोष्ठियों का आयोजन भी किया। आपके उपन्यासों पर कई विश्वविद्यालयों में एम.फ़िल तथा पीएच.डी. के शोध कार्य सम्पन्न हो चुके हैं।

ऐसी प्रतिभाशाली महिला साहित्यकार के व्यक्तित्व एवं कृतित्व पर उनके हितैषियों द्वारा मूल्यांकन परक ग्रन्थ प्रकाशित करने की योजना सचमुच सराहनीय है।

फोन नं. : 0532-2460001

डॉ. मधु धवन : बहुमुखी व्यक्तित्व के आत्मीय आयाम

●

श्री प्रह्लाद श्रीमाली

डॉ. मधु धवन को पहली बार मैंने मद्रास यूनिवर्सिटी में सुना। वर्ष 1990 में एक साहित्यिक आयोजन में मन्नू भण्डारी जी और राजेन्द्र यादव जी चेन्नई आये थे। तब कहानियों पर चर्चा और संवाद में मधुजी के प्रश्नों और तर्कों से सभी के साथ मैं भी प्रभावित हुआ। मन्नू भण्डारी और राजेन्द्र यादव के साथ चेन्नई की इस सशक्त साहित्यिक हस्ती के दर्शन भी मेरी उस दिन की उपलब्धि रही। चेन्नई की साहित्यिक संस्था 'अनुभूति' के अध्यक्ष के रूप में मधु धवन का संस्था के प्रति समर्पण भाव प्रशंसनीय है। 'अनुभूति' का सदस्य होने के नाते उनकी सक्षम कार्यशैली देखने के अवसर मेरे लिए साहित्यिक कक्षा का महत्त्व रखते हैं। उनसे जुड़े अन्य ग्रहणशील शिक्षार्थी इस बात से सहमत होंगे। उन दिनों वे स्टेल्ला मॉरिस कॉलेज में हिन्दी विभागाध्यक्ष के पद पर थीं। कॉलेज की छात्राओं को साहित्य के विशेष संस्कार देने के लिए उन्होंने वहाँ 'अनुभूति क्लब' की स्थापना की। आज लगभग पच्चीस साल बाद भी डॉ. मधु धवन द्वारा स्थापित 'अनुभूति क्लब' की नियमित होने वाली उत्तम गतिविधियाँ हिन्दी साहित्य के माध्यम से चेन्नई, तमिलनाडु में छात्राओं के उज्ज्वल भविष्य के माध्यम से देश-प्रदेश का विकास करने के लिए मानवीय चेतना का संचार कर रही हैं।

अनुशासनप्रिय डॉ. मधु धवन छात्र-छात्राओं में भी बहुत लोकप्रिय हैं क्योंकि अनुशासन का अंकुश और आत्मीयता भरी मुस्कान, दोनों के सदुपयोग का अनुपम तालमेल उनकी अध्यापन क्षमता में है। कक्षा हो अथवा साहित्यिक आयोजन की सभा, डॉ. मधु धवन का प्रवेश छात्रों को सजग करने के साथ ही उनमें अतिरिक्त उत्साह, आत्मविश्वास भी भरता है। मधु मैडम अनगिनत छात्रों का आदर्श हैं। उनसे प्रेरित होना, उनका अनुकरण-अनुसरण करना विद्यार्थियों के लिए उतना ही सहज स्वाभाविक है, जितना पाठ्यक्रम को आत्मसात करना। युवा प्रतिभाओं को निखारने, प्रोत्साहित करने और समुचित अवसर प्रदान करने के लिए मधुजी की लगन, निष्ठा प्रणम्य है।

डॉ. मधु धवन चेन्नई के हिन्दी साहित्य जगत में बहुत महत्त्वपूर्ण स्थान पर सुशोभित हैं। यह उनकी क्षमता, प्रतिभा और साहित्य के प्रति समर्पण का प्रताप है। यथा समय उनमें एक श्रेष्ठ प्रशासक के आवश्यक गुण प्रकट हो जाते हैं जिसे देख कर लगता है कि मैडम यदि अध्यापन के क्षेत्र द्वारा हिन्दी साहित्य की सेवा नहीं करतीं तो सम्भव है, वे एक सफल चर्चित प्रशासकीय अधिकारी होतीं। अलबत्ता उनका प्रोफ़ेसर होना राष्ट्र की युवा पीढ़ी के लिए अधिक लाभदायक है। साहित्य के विशाल सार्थक आयोजनों में उन्हें महारथ हासिल है। तत्पर और तनाव मुक्त रहने की सिद्धि उनके

बड़े-से-बड़े साहित्यिक अनुष्ठानों को सफल बनाती है और इस क्षेत्र में रुचि रखने वालों को प्रेरित करती है, उनका मार्ग दर्शन करती है। 'तमिलनाडु हिन्दी साहित्य अकादेमी' द्वारा आयोजित पाँचवाँ अन्तरराष्ट्रीय साहित्यिक सम्मेलन इसका नया प्रमाण है। अकादेमी के महासचिव पद की गरिमा बढ़ाते हुए मधुजी ने इस सम्मेलन में मुख्य अतिथि के रूप में गोवा की महामहिम राज्यपाल, सुप्रसिद्ध साहित्यकार श्रीमती मृदुला सिन्हा जी और सम्मेलन में अध्यक्ष के रूप में पुदुचेरी की उपराज्यपाल, भारतीय पुलिस सेवा की प्रथम महिला अधिकारी रहीं, सुविख्यात लोकप्रिय, नारी शक्ति की प्रखर परिचायक डॉ. किरण बेदी जी को आमन्त्रित कर इस आयोजन को ऐतिहासिक बना दिया। तमिलनाडु में हिन्दी विरोध की राजनीति के गरम तवे पर अपने स्वार्थ की रोटी सेंकने की लत पुरानी है। सो, यहाँ की राजधानी चेन्नई में डॉ. मधु धवन के नेतृत्व में 'तमिलनाडु हिन्दी साहित्य अकादेमी' द्वारा हिन्दी को समर्पित ऐसा महान आयोजन हिन्दी के प्रति निष्ठा को सुदृढ़ करता है, जो देश की एकता के हित में महत्त्वपूर्ण है।

डॉ. मधु धवन की दूरदर्शी योजनानुसार इन अन्तरराष्ट्रीय सम्मेलनों में एक और विशेष महत्त्वपूर्ण कार्यक्रम का समावेश होता है। भव्य सम्मान समारोह इस सम्मेलन का एक बड़ा लोकप्रिय कार्यक्रम है। देश-विदेश के हिन्दी विद्वानों, हिन्दी की सेवा करने वालों और हिन्दी के साहित्यकारों की जिज्ञासा और उत्साह का केन्द्र है, यह कार्यक्रम। हिन्दी के साहित्यकारों, सम्पादकों, पत्रकारों, प्रकाशकों, शिक्षकों, अनुवादकों एवं विभिन्न क्षेत्रों में हिन्दी के प्रचार-प्रसार हेतु सेवा करने वालों के लिए यह आत्मीय सम्मान शृंखला निरन्तर ऊर्जा दायक सिद्ध हो रही है। प्रेरणा-प्रोत्साहन का यह दिव्य स्रोत डॉ. मधु धवन की सकारात्मक परिकल्पना का जनोपयोगी चेतना-प्रवाह है। साहित्य को समृद्ध करने वाले इस ज्ञान-यज्ञ के लिए मधुजी और उनके सहयोगी मंडल का हार्दिक अभिनन्दन, बहुत-बहुत बधाई एवं अनेक अनन्त शुभकामनाएँ।

सभा, समारोह एवं संगोष्ठी में डॉ. मधु धवन के सम्बोधन के प्रति श्रोतागण का विशेष आकर्षण उनकी वाक् दक्षता का परिचायक है। ज़िन्दादिल मधु मैडम जब प्रफुल्लित भाव से सम्बोधन का शुभारम्भ करती हैं तो श्रोता उत्साह के साथ ध्यान देते हैं। छात्र, शोधार्थी हों अथवा अन्य विद्वान, कुछ विशेष प्राप्त होने का विश्वास सभी के चेहरों पर लहरा जाता है। मूल विषय के साथ उनकी अनुभवी नज़र समसामयिक स्थिति और प्रसंग पर भी रहती है। चिन्तन की यह जागरूकता मधुजी के वक्तव्य को अधिक उपयोगी बनाती है। साथ ही, जीवन्त श्रोता में भी आदर्श वक्ता होने की सम्भावना, प्रेरणा भरती है। यहाँ एक समर्पित शिक्षक और सामान्य वक्ता के अन्तर को स्पष्ट देखा जा सकता है। जिस तरह कक्षा में समय के पाबन्द अध्यापक समय सीमा के अन्दर विद्यार्थियों को विषय का समुचित ज्ञान देने के साथ-साथ जीवन के व्यावहारिक संस्कार भी बातों-बातों में प्रदान कर जाते हैं, लगभग उसी तरह डॉ. मधु धवन के सारगर्भित सम्बोधन द्वारा विषय-वस्तु के साथ दुनियादारी की अन्य ज़रूरी बातों की जानकारी भी हो जाती है, रोचक तरीके से। इस लिहाज से मधु मैडम का वक्तव्य एक उच्च कोटि की कक्षा में शामिल होने जितना लाभदायक सिद्ध होता है।

बहुमुखी प्रतिभा की धनी डॉ. मधु धवन की विद्वता और अनुभव का फायदा उनके छात्रों, सहकर्मियों के साथ यहाँ के कई हिन्दी सेवी गणमान्य सज्जनों के भी मिल रहा है। चेन्नई के हिन्दी साहित्य प्रेमी वरिष्ठ विद्वानों को मधुजी उनकी आवश्यकतानुसार सृजन, आयोजन एवं अन्य साहित्यिक गतिविधियों के लिए समुचित मार्गदर्शन, सहयोग प्रदान करती रहती हैं। अपनी असुविधा की परवाह किए बिना हिन्दी की सेवा के लिए किसी की मदद करना मधु मैडम अपना कर्त्तव्य मानती हैं। जिस

तरह गाँव-देहात में कोई कुशल, परोपकारी अम्मा अपने स्वास्थ्यदायक नुस्ख़ों एवं पाक-शास्त्र के परिपक्व अनुभवों के बूते गाँव भर की श्रद्धा और आकर्षण का केन्द्र रहती हैं, लगभग वही महत्त्व चेन्नई महानगर के हिन्दी जगत में डॉ. मधु धवन को प्राप्त है। मैडम के सम्पर्क में आने वाला सहज ही उनकी हरफनमौला भूमिका का कायल हो जाता है।

डॉ. मधु धवन का सुन्दर घर भी उनके उदार मन जैसा विशाल है। बहुत से साहित्यिक आयोजनों, बैठकों, कवि-गोष्ठियों का आत्मीय अनुष्ठान यहाँ सोल्लास सम्पन्न होता आया है। चेन्नई पधारने वाली अनगिनत साहित्यिक हस्तियों की यहाँ भरपूर आवभगत होती रही है। अतएव उनकी प्रिय जगहों की सूची में डॉ. मधु धवन का निवास स्थान भी श्रद्धापूर्वक शामिल है। संस्था के किसी भी तत्काल आयोजित कार्यक्रम के लिए भी मधुजी सदैव अपने घर के द्वार खुले रखती हैं, उत्साह भरे स्वागत के साथ। डॉ. मधु धवन की यह आदत गम्भीर चिन्तन की माँग करती है। अपने खाने-पीने की उन्हें कभी परवाह नहीं होती, किन्तु अन्य सभी के लिए कोई कमी न रह जाए, इसके लिए उनकी सजगता, चेतना, तत्परता प्रणम्य है। चेन्नई के साहित्यिक परिवार में उनकी इस 'साइबर माँ' वाली भूमिका के लिए अपार सम्मान है।

डॉ. मधु धवन को नाराज़ देखने का रोमांचक अनुभव अद्‌भुत है। उनकी नाराज़गी अव्यवस्था, अनुशासन हीनता के प्रति एक सेना नायक जैसी होती है और छात्र द्वारा प्रस्तुति में कोर-कसर पर सलीके से खाना नहीं खाने वाले बच्चे पर होने वाली माँ जैसी नाराज़गी होती है। हद तो यह है कि उन्हें खुद पर भी नाराज़ होते देखा जा सकता है। ऐसा तब होता है जब वे अपने किसी संकल्प को पूरा करने में अपनी तरफ़ से कोई ढील महसूस करती हैं। समझदार छात्र प्रोफ़ेसर मधु धवन को नाराज़ करने की जोखिम उठाने से बचते हैं और नादान, मासूम छात्र पर नाराज़ होने का कष्ट करना मधु मैडम को गवारा नहीं। अलबत्ता यह लिखते हुए मेरे लिए यह जानना मुश्किल हो रहा है कि उनकी नज़र में मैं समझदार छात्र हूँ या मासूम नादान। लेकिन मैं यह अच्छी तरह जानता हूँ, मधु मैडम ज़्यादा देर तक नाराज़ नहीं रह सकतीं। यह उनकी कमज़ोरी है या ताक़त, पूछने के लिए हिम्मत जुटानी होगी।

डॉ. मधु धवन के बारे में लिखते हुए उनके पतिदेव श्रीमान् विजय धवनजी की याद आना सहज स्वाभाविक है। उनके घर आने वाला मेहमान विजय जी की आत्मीयता का कायल हुए बिना नहीं रह सकता। मिलनसार, सरल, निर्मल मन के धनी श्री विजय धवन जी के बारे में डॉ. मधु धवन के सन्दर्भ में विश्वास पूर्वक कहा जा सकता है—यही वह महान व्यक्तित्व है, जिनकी संगत, सहयोग, प्रेरणा, प्रोत्साहन से मधुजी के लिए बहुआयामी व्यक्तित्व का स्वामी होकर सफलता के उच्च सोपान तक पहुँचना सम्भव हुआ। श्रीमान् विजय धवन जी को सादर प्रणाम! विनम्र श्रद्धांजलि!

डॉ. मधु धवन के चर्चित उपन्यास 'साइबर माँ' का राजस्थानी भाषा में अनुवाद करने का सुअवसर प्रदान करने के लिए मैं उनका आभारी हूँ। इस उत्तम कार्य के लिए प्राप्त उनका आशीर्वाद मुझे निरन्तर धन्य कर रहा है। डॉ. मधु धवन को स्वस्थ, सक्रिय साहित्यिक जीवन के लिए हार्दिक शुभकामनाएँ!

मो. : 9445260463

बहुआयामी व्यक्तित्व की स्वामिनी : डॉ. मधु धवन

•

डॉ. सुषमा द्विवेदी
डॉ. ऋषि मुनि द्विवेदी

डॉ. मधु धवन एक बहुआयामी व्यक्तित्व की स्वामिनी है। उनका रचना संसार अत्यन्त व्यापक है जिसमें गद्य, पद्य, चित्रकला और बाल साहित्य आदि समाए हुए हैं। उनका रचनाकाल 40 से अधिक वर्षों तक का फैला हुआ है और वे हमेशा कुछ-न-कुछ नया करती ही रहती हैं।

डॉ. मधु धवन एक मितभाषी, बहु भाषा भाषी कवयित्री, लेखिका, नाटककार, पत्रकार, कहानीकार, निबन्धकार, शिक्षिका, सम्पादक, सामाजिक कार्यकर्ता, दूरदर्शन कार्यक्रम प्रस्तुतकर्ता आदि होने के साथ-ही-साथ एक कुशल प्रशासक भी हैं।

अपने विद्याध्ययन के समय उनको भारत के विभिन्न स्थानों में पठन-पाठन का सौभाग्य मिला जिससे उनको हिन्दी, संस्कृत, पंजाबी, अंग्रेज़ी आदि भाषाओं को सीखने का सुअवसर प्राप्त हुआ और तमिल तो अपनी है ही।

विभिन्न भाषाओं में विभिन्न विधाओं और विभिन्न विषयों पर सौ से अधिक पुस्तकों की रचना कोई आसान काम नहीं है, जो मधुजी ने अपने अथक परिश्रम और लगन से साबित कर दिखाया है।

नाम के अनुरूप ही उनके चेहरे पर हमेशा ही एक मधु, सौम्य मुस्कान रहती है। विभिन्न कार्यक्रमों को संचालित करते समय जब एक साथ बहुत से काम करने होते हैं और लोग हड़बड़ी में रहते हैं, मधुजी को हमेशा ही शान्तचित्त पाया।

'तमिलनाडु हिन्दी साहित्य अकादेमी' और 'तमिलनाडु बहुभाषी महिला लेखक संघ' के संस्थापक के रूप में उन्होंने विशेषकर हिन्दी व साथ-ही-साथ अन्य भाषाओं के साहित्य के विकास के लिए उन्होंने बहुत कार्य किया है। प्रमुख रूप से हिन्दी भाषा के समर्पित शिक्षण के साथ-ही-साथ उन्होंने इसके विकास हेतु प्रशिक्षण प्रबन्धन में भी एक महत्त्वपूर्ण भूमिका निभाई है।

डॉ. मधु धवन के लम्बे, स्वस्थ और सक्रिय जीवन हेतु बहुत-बहुत शुभकामनाएँ।

हिन्दी साहित्य का खिलता चमन : डॉ. मधु धवन

•

इन्द्र प्रसाद 'अकेला'

समय अपनी गति से सदैव चलता रहता है। समय कभी किसी का इन्तज़ार नहीं करता। मौसम समय आने पर बदल जाते हैं, वृक्षों पर पुराने पत्ते झड़ कर नये पत्ते आ जाते हैं। उसी प्रकार मनुष्य की विचारधाराएँ सदैव कुछ नया करने की सोचती रहती हैं। शब्द-शब्द परिवर्तित हो जाते हैं। साहित्य चाहे किसी भी भाषा का हो, वह गंगाजल की भाँति समाज का मार्गदर्शन करता आया है। कवि, साहित्यकार, सन्त, मुनि राजे-महाराजे सदैव धरा पर आते रहे जाते रहे और समाज अपने-अपने तरीके से उनके विचारों को ग्रहण करता रहा। सन् 1952, 22 फरवरी। तरनतारन (पंजाब) की धरती पर जन्म हुआ मधु धवन जी का। परिवार में कन्या आगमन पर खुशियाँ मनाई गयीं। भविष्य में यही बालिका डॉ. मधु धवन के नाम से विख्यात ख्यातिलब्ध कवयित्री, शिक्षाविद्, लेखिका, अनेक भाषाओं की ज्ञाता बनीं और तमिलनाडु में हिन्दी और हिन्दी साहित्य को आपने पूर्ण सम्मान दिलवाया। अनेक ग्रन्थों की आपने रचना की। लगभग पाँच दशकों से आप हिन्दी साहित्य की निरन्तर सेवा करती आ रही हैं।

यह जानकर अति हर्ष हुआ कि आपके साहित्य और आपके व्यक्तित्व-कृतित्व पर अभिनन्दन ग्रन्थ का प्रकाशन कार्य हो रहा है। कोटिश बधाई, साधुवाद।

डॉ. मधु धवन का रचना संसार:

साहित्य सृजन करने के साथ-साथ आप भाव सुभाव-प्रभाव से माँ वाणी का साक्षात् रूप लगती हैं। आपसे एक बार चेन्नई में एक हिन्दी सम्मेलन में भेंटवार्ता हुई थी। अपनत्व भावना, स्नेहित कुशल व्यवहार, वाणी में मृदुलता, हँसमुख स्वभाव, सबको सम्मोहित-सा करने वाला व्यक्तित्व आपका रहा। आपने अपने जीवन के 33 बसन्त स्टेल्ला मॉरिस कॉलेज को हिन्दी विभागाध्यक्ष के रूप में सौंप दिये। साथ-साथ ही आपने कविता, कहानी, उपन्यास, पत्रकारिता आदि क्षेत्रों में प्रशंसनीय कार्य किये हैं।

डॉ. मधु धवन जी ने अनेक ग्रन्थों की रचना की है। महाकाव्य 'कालचक्र' की आपने सन् 2005 में रचना की। अनेक 'खण्डकाव्य' –'हुतात्मा', 'भारत ललाट', 'कारगिल की ललकार', 'धरा पर खिला दिव्य फूल' आदि की रचना की। काव्य संग्रह–'स्वर्णिम भारत', 'अमृतमयी', 'तुम भी बदल गये' आपने रचे। 'करवट लेता वक़्त', 'जुर्माना', 'आकांक्षा', 'तूफानी झंझा का दीया', 'महासागर के शंख', 'शिखरों से ऊँचा', 'शक्ति पुंज', 'मैं सृष्टि की आत्मा हूँ', 'उस मोड़ पर', 'साइबर माँ', 'प्यार भरे दादाजी', 'तड़पती चाहतें', 'तमिल पुत्र कल्कि' आदि उपन्यास आपने रचे, जिनका रचना कार्यकाल सन् 1999 से लेकर 2017 तक का रहा है। आपकी रची हुई अनेक कहानियों ने ख़ूब

ख्याति प्राप्त की। अनेक कहानी संग्रहों ने हिन्छी साहित्य को सिंचित किया—'झरते अश्रु', 'इण्टरनेट का माउस', 'अमृत की बूँदें', 'ख़ौफ़', 'लक्ष्मी कहाँ रहती है'। सन् 2004 से 2015 तक आपने छह कहानी संग्रहों की रचना की।

हिन्दी साहित्य की प्रत्येक विधा में पूर्ण समर्पण भाव से आपने तपोसाधना की। आपके अनेक नाटक काफ़ी चर्चित हुए हैं। 'मैंने कब चाहा', 'भूल', 'भगत सिंह', 'भारत कहाँ जा रहा है', 'आज की पुकार' आदि नाटक संग्रह आपने सन् 1992 से 2017 तक रचे। एकांकी संग्रह 'बाल एकांकी' बहुत प्रसिद्ध हुए हैं। इनके अलावा हिन्दी साहित्य का संक्षिप्त इतिहास—2007, साहित्यिक विधाएँ—सैद्धान्तिक पक्ष—2007, हमारी भाषा हिन्दी—2013 वाणी प्रकाशन, दिल्ली से 2017 में प्रकाशित हो चुका है। पत्रकारिता के क्षेत्र में भी आपने अनेक साहित्यिक कृतियों की रचना की है—पत्रकारिता और जन संचार कृति पत्रकारिता जगत में सराहनीय रही है। आपने अनेक ग्रन्थों की समीक्षा की। तमिल-फ्रेंच में हिन्दी-अंग्रेज़ी शब्दकोश आपने रचा। आपकी कविताओं, कहानियों, नाटकों का कॉलेज स्तर के अनेक पाठ्यक्रमों में समावेश हुआ है। इनके अतिरिक्त आपने अनेक संग्रहों की रचना की है। भारती काव्य-संग्रह, कहानी-संग्रह, भारती गद्य-संग्रह, काव्यांग, बोलचाल की हिन्दी, मंथन, पर्यटन, पर्यटन : एक परिचय, मदुरै कामराज विश्वविद्यालय के लिए बी.ए. तथा एम.ए. का पाठ्यक्रम लेखन आपने किया है। स्कूलों के पाठ्यक्रमों को आपने तैयार किया। अनेक पुस्तकों का आपने हिन्दी में अनुवाद किया है। सम्पादन कार्य, जीवनियाँ तथा अभिनन्दन ग्रन्थों की रचना भी आपने की है।

सैंकड़ों छात्र-छात्राओं ने आपके साहित्य पर एम.फिल. और पीएच.डी. भी की है। सन् 1998 से लेकर सन् 2017 तक देश-विदेश में अनेक हिन्दी-गैर हिन्दी साहित्य मंचों पर आपको सम्मानित, अभिनन्दित किया गया। अनेक सम्मेलनों में आपको गौरव सम्मान मिला। इनके साथ-साथ समाज सेवा के क्षेत्र में आपके कार्यों पर अनेक संस्थाओं ने आपको सम्मानित किया। तमिलनाडु सरकार ने प्रशासनिक स्तर पर आपको हिन्दी विशेषज्ञ, केन्द्रीय विद्यालय बोर्ड मेम्बर स्टेल्ला मॉरिस कॉलेज में डीन और परीक्षा नियन्त्रक मद्रास विश्वविद्यालय के हिन्दी डिग्रियों की परीक्षाओं की मुख्य चेयरपर्सन आपको नियुक्त किया।

हिन्दी भाषा को बढ़ावा देने के लिए राष्ट्रीय-अन्तरराष्ट्रीय स्तर की संगोष्ठियों के आयोजन आपने आदरणीय राज्यपाल महोदय के सान्निध्य में पूर्ण कराए। तमिलनाडु हिन्दी साहित्य बुलेटिन पत्रिका का प्रकाशन आप अनेक वर्षों से कर रही हैं। आप अनेक विश्वविद्यालयों, विद्यालयों, कॉलेजों, संस्थाओं की वर्तमान में गौरव-गरिमा बढ़ा रही हैं।

डॉ. मधु धवन हिन्दी साहित्य जगत का गौरव हैं। अपना पूरा जीवन हिन्दी साहित्य, हिन्दी सेवा को आपने अर्पित किया। आपको पंच तत्वों के रूप में माँ वाणी की वरद सुपुत्री कहा जाये तो कोई अतिश्योक्ति नहीं होगी। मधु धवन में भी पाँच अक्षर (मात्राएँ) हैं जो पंच तत्वों का ही विराट् रूप है। आदरणीय डॉ. मधु धवन एक चलता-फिरता पुस्तकालय है। आपका साहित्य समाज का मार्गदर्शन, नयी प्रेरणा शक्ति, नयी दिशा शिक्षा, साहित्य जगत को प्रदान कर रहा है। आप सदैव स्वस्थ रहें, शतायु हों, हिन्दी का परचम सम्पूर्ण विश्व में फहराती रहें।

वन्दन, अभिनन्दन, साधुवाद, बधाई।

हिन्दी साहित्य जगत पर, अब आपकी छाया सघन है।
दो कवि को आशीष श्रद्धेय, आपको कोटिश नमन है।

सादर नमन!

मो. : 9457671705

दक्षिण में हिन्दी की ध्वजवाहिका : डॉ. मधु धवन

•

विजय चितौरी

डॉ. मधु धवन जी से मेरी पहली मुलाकाम 20 जून, 2013 को चेन्नई में डॉ. सुन्दरम् जी के आवास पर हुई थी। मैं और मेरे चार अन्य साथी उसी दिन डॉ. एम. गोविन्द राजन जी के साथ दक्षिण भारत भ्रमण के लिए वहाँ पहुँचे थे। हम इलाहाबादियों के स्वागत में उस दिन वहाँ पर चेन्नई के हिन्दी प्रेमियों द्वारा एक स्वागत समारोह आयोजित था। वहाँ उपस्थित करीब दो दर्जन विद्वानों और विदुषियों में मैं केवल डॉ. सुन्दरम् से ही पूर्व परिचित था। शेष सभी मेरे लिये अपरिचित थे। कार्यक्रम में हम पाँचों साथियों को क्रमशः एक-एक विद्वान् या विदुषी द्वारा सम्मानित किया गया। मुझे सम्मानित करने के लिए जो विदुषी आगे आयीं, वे थीं, तमिलनाडु हिन्दी एकेडेमी की अध्यक्ष डॉ. मधु धवन जी। अत्यन्त ऊर्जावान और आकर्षक व्यक्तित्व की धनी डॉ. मधुजी के एक प्रस्ताव ने तब हम सभी को चौंकाया था। उन्होंने हम लोगों के सम्मान में अपने आवास पर एक कवि सम्मेलन के आयोजन का प्रस्ताव रखा, जिसका वहाँ उपस्थित सभी साहित्यकारों ने तालियों की गड़गड़ाहट के साथ समर्थन किया। उस समय हमें इतना संकोच हुआ कि उसे हम शब्दों में व्यक्त नहीं कर सकते। खैर, 26 जून, 2013 को मधुजी के आवास पर लॉन में कवि सम्मेलन आयोजित हुआ। यहाँ हम पाँचों का पुनः सम्मान हुआ। इस सम्मान में हमें तो शॉल मिला ही, हम लोगों की पत्नियों के लिए साड़ियाँ भी भेंट की गयीं। ऐसा अनोखा सम्मान, जिसमें पत्नियों के प्रति ऐसा आदर हो, कहीं देखने-सुनने को नहीं मिलता।

उक्त यात्रा के बाद यद्यपि डॉ. मधुजी से भेंट तो नहीं हुई लेकिन उनकी पत्रिका 'तमिलनाडु साहित्य बुलेटिन, मुझे लगातार मिल रही है। बुलेटिन में खोजपरक लेख तो होते ही हैं, देश-विदेश में आयोजित होने वाले हिन्दी सम्मेलनों और गतिविधियों की रिपोर्ट भी होती है। बुलेटिन से डॉ. मधुजी के संघर्षशील, अध्ययनशील और हिन्दी प्रेमी व्यक्तित्व को जानकारी मिलती रहती है। अहिन्दी भाषी प्रदेश में रहकर हिन्दी के लिए डॉ. मधु धवन जी जितना कुछ अकेले कर रही हैं, उतना तो साहित्य अकादमियों और राज्य सरकारें भी नहीं कर पा रही हैं। निश्चय ही आप दक्षिण में हिन्दी की ध्वजवाहिका हैं।

हार्दिक शुभकामनाएँ।

मो. : 9792862303

मधु धवन और उनका साहित्य

•

जमुना कृष्णराज

महोदया,

हमें यह ज्ञात होकर बड़ी ख़ुशी हुई कि डॉ. मधु धवन के व्यक्तित्व-कृतित्व पर एक अन्तरराष्ट्रीय स्तर का मूल्यांकनपरक ग्रन्थ प्रकाशित होने जा रहा है।

हाथ कंगन को आरसी क्या? चेन्नई के अनेक हिन्दी छात्र-छात्राएँ डॉ. मधु धवन से निश्चय ही परिचित होंगे—ऐसा व्यक्तित्व, जिन्होंने 33 वर्ष अध्यापन का कार्य करते-करते प्रत्येक का दिल जीत लिया।

डॉ. मधु धवन से मेरा प्रथम परिचय तब हुआ जब मैंने अपने दूरसंचार विभाग के कार्यालय का प्रतिनिधित्व करते हुए एक वरिष्ठ हिन्दी अनुवादक की हैसियत से हमारे यहाँ आयोजित हिन्दी कार्यशाला के प्रवक्ता के रूप में उन्हें आमन्त्रित किया। उनकी प्यार भरी दृष्टि और सहज स्वभाव से मैं तुरन्त आकृष्ट हुई।

अपने कार्यालय की गृह पत्रिका 'चेन्नई वाणी' में जब-तब प्रकाशित मेरी कविताओं को पढ़ कर मधु धवन मैडम खूब सराहतीं, जो मेरी रचनाधर्मिता का प्रेरणा स्रोत बनता। यही नहीं, उन्होंने 'अनुभूति' नामक हिन्दी साहित्य संस्था से मुझे जोड़ कर उमसें संचालित हिन्दी साहित्य की अनेक विधाओं के रसास्वादन का अवसर प्रदान किया।

मेरी पहली पुस्तक 'शब्द संगम'—तमिल और हिन्दी के समानान्तर शब्दों का संकलन—से वे इतनी प्रभावित हुईं कि उन्होंने अपने कॉलेज में संचालित तकनीकी शब्दावली की कार्यशाला के लिए इसकी प्रतियों की ख़रीद और वितरण का तुरन्त निर्णय लिया।

तमिल के मशहूर लेखक व कवि मु.मेत्ता के काव्य संग्रह—'मनिदनैत्तेडी' की मेरी अनूदित कृति—'मानव की खोज में' का सम्पादन और प्रकाशन डॉ. मधु धवन द्वारा उनकी महिला लेखिका संघ के माध्यम से ही हुआ। इसका विमोचन एक भव्य समारोह में किया गया, जिसके मुख्य अतिथि के रूप में कांची मठ के पूज्य गुरुजी श्री जयेन्द्र सरस्वती स्वामी जी पधारे और अपने कर कमलों से इसे लोकार्पित किया तो यही मेरे जीवन का एक अविस्मरणीय क्षण बन गया।

एक बार मधु धवन मैडम हम सभी हिन्दी प्रेमियों को चित्रकूट में आयोजित रामायण मेले में ले गयीं। उनके संग यात्रा करना एक सुखद अनुभव रहा। वे ताजे फल से लेकर बहुत कुछ पौष्टिक आहार हम सब के लिए ले आईं और बड़े प्यार से यात्रा के दौरान हमें खिलाती रहीं। चित्रकूट का

दर्शन, सरयू नदी की आरती, नौका विहार और रामायण मेले में प्रतिभागी बनने का सौभाग्य—सब मधु धवन जी के सौजन्य से ही हमें प्राप्त हुआ, जिसे हम आजीवन नहीं भूल पाएँगे।

मद्रास विश्वविद्यालय में अपने अंशकालिक शोध के दौरान मुझे अनेक यातनाएँ झेलनी पड़ीं। इस विषय में जब मैं मधु धवन जी की सलाह लेती तो उनके सांत्वना भरे शब्द मुझमें स्फूर्ति भर देते और मैं डिग्री हासिल करने में कोई कसर न छोड़ने की ठान लेती। मेरी मौखिक परीक्षा में आमन्त्रित मैडम ने मेरी हाज़िर जवाबी से प्रभावित होकर डिग्री हासिल करने के तुरन्त बाद आयोजित एक भव्य हिन्दी समारोह में मुझे गौरवान्वित किया।

मेरी चौथी पुस्तक तमिलनाडु के स्वतन्त्रता सेनानियों पर रचित थी, जिसका विमोचन भी मधु धवन मैडम जी की संस्था 'तमिलनाडु हिन्दी साहित्य अकादेमी' द्वारा आयोजित एक भव्य समारोह में गोवा की राज्यपाल महामहिम मृदुला सिन्हा के कर कमलों से हुआ, जिसे मैं अपने जीवन में एक परम सौभाग्य का क्षण मानती हूँ।

इस वर्ष भी हिन्दी दिवस समारोह में मधु धवन मैडम जी के नेतृत्व में संचालित 'तमिलनाडु हिन्दी साहित्य अकादेमी' ने मुझे अनूदित कृति सम्मान प्रदान कर गौरवान्वित किया, जिसके लिए मैं आजीवन कृतार्थ रहूँगी। इस समारोह में दो राज्यपाल विशिष्ट अतिथि के रूप में शामिल थे।

मैडम जी की हर कार्य को सुनियोजित ढंग से करने की प्रवृत्ति, लगन और परिश्रम, अपनी अस्वस्थता के चलते भी उठाए कार्य की पूर्ति के लिए कोई कसर न छोड़ने की मनोवृत्ति जैसे उत्कृष्ट गुण हर किसी को प्रभावित कर देते हैं।

सरस्वती और लक्ष्मी देवियों की अकूत कृपा की धनी मधु धवन जी इतनी उदार चित्त प्रवृत्ति की हैं कि वे अपने निजी पैसों को बेहिचक ख़र्च कर हिन्दी सेवियों को सम्मानित करना अपना जीवन लक्ष्य मानती हैं।

हिन्दी की हर विधा और विषय पर अपनी लेखनी चला कर इन्होंने अनेक कृतियाँ सृजित की हैं और हिन्दी के साहित्य जगत को समृद्ध बनाया है। यहाँ तक कि इनकी कृतियों पर अनेक शोध किए जा चुके हैं।

ऐसे विशिष्ट व्यक्तित्व की धनी और मेरे प्रोत्साहन की स्रोत बनी डॉ. मधु धवन को मेरा सादर अभिनन्दन। उनके प्रति अपनी हार्दिक कृतज्ञता प्रकट करती हूँ। वे अपनी लेखनी से हिन्दी साहित्य जगत को इसी प्रकार समृद्ध बनाती रहें, स्वस्थ और सुखी जीवन जिएँ, ईश्वर उन्हें हर ख़ुशी से नवाज़ें—हमारी हार्दिक शुभकामनाएँ!

मो. : 9444400820

विराट व्यक्तित्व की स्वामिनी : डॉ. मधु धवन

शशिलेन्द्र कुमार गुप्ता

डॉ. मधु धवन का नाम सुनते ही सबके मन में एक ताज़गी, सदाबहार अनुभूति, एक महानायिका का रूप सामने आता है। जिस प्रकार हमारे देवी-देवताओं तथा महापुरुषों का व्यक्तित्व भले ही उनके विग्रह वपु की सीमाओं में सिमटा दिखाई देता है, किन्तु उनका आभा-मण्डल अपरिमित होता है, उसी प्रकार डॉ. मधु धवनजी का जीवन वृत्त जगमग ज्योतिर्मय करता है। मैडम बहुमुखी प्रतिभा की धनी हैं। अंग्रेज़ी, हिन्दी, तमिल, संस्कृत व अन्य भाषाओं की ज्ञाता हैं। एक मिशनरी की भाँति हिन्दी के अध्ययन-अध्यापन एवं प्रचार-प्रसार में पूरी तरह से समर्पित डॉ. मधु धवन जी को मैं किसी सन्त से कम नहीं आँकता। ज्ञानी, अध्येता, साहित्य-साधक, साहित्यविद् व भाषाविद् बहुतेरे देखे किन्तु इतनी सादगी, सज्जनता, लोक-सुलभता और सौन्दर्य का अनूठा संगम जो मुझे उनमें देखने को मिला, तो ऐसा प्रतीत होता है कि मानो मैं खुली आँखों से स्वप्न देख रहा हूँ। देश, तमिलनाडु या चेन्नई नगर के किसी भी कोने में हिन्दी भाषा व साहित्य से जुड़े किसी भी आयोजन-प्रायोजन के मंच पर आपको देखा जा सकता है। साहित्य लेखन, पत्रकारिता, प्रकाशन, सांस्कृतिक कार्यक्रम, काव्य पाठ, कवि गोष्ठी जैसे जितने भी पहलू हो सकते हैं, डॉ. मधु धवनजी की विशेष दखल होती है, मार्गदर्शन होता है।

'तमिलनाडु हिन्दी साहित्य अकादेमी' की मीटिंग दौरान मुझे उनके घर जाने का अवसर मिला। वहाँ का दृश्य देख कर मैं सदा संज्ञाशून्य-सा हो जाता हूँ क्योंकि उनका आत्मीय प्रेम, स्वागत अतुल्य है। उनकी सेवा में सदैव अनेक हिन्दी सेवियों को तैयार व तत्पर देखा है। उनके घर के ऊपरी तल (मंज़िल) में पूरा ग्रन्थालय है जहाँ ऐसा कोई विषय न होगा जिस पर उनके पास कोई किताब न हो। संक्षेप में कहूँ तो इस विराट् महासागर की थाह भला किसने पाई है? मैंने तो बस इसके कुछ मनोरम तटों का अनुभव, जिसका सौभाग्य मुझे मिला, बस आप सभी के साथ बाँट रहा हूँ।

डॉ. मधु धवन जी के सम्मान में इस अभिनन्दन ग्रन्थ के प्रकाशन के लिए मेरी हार्दिक शुभकामनाएँ।

मैडम डॉ. मधु धवनजी का चिरकाल तक हम हिन्दी सेवियों को मार्गदर्शन, दिशा-निर्देशन मिलता रहे, यही मेरी आकांक्षा है। प्रभु से प्रार्थना है कि आप सेवा करते-करते दीर्घकाल तक सुखी रहें। आपकी सेवाओं द्वारा सदा की तरह पूरा भारत देश, विशेषकर तमिलनाडु व चेन्नई लाभान्वित होता रहे।

मो. : 9710467460

बहुआयामी प्रतिभा की धनी : डॉ. मधु धवन

•

नरेश सैन

मैं माननीया प्रोफ़ेसर (डॉ.) श्रीमती मधु धवन को सन् 2010 से जानता हूँ। आपकी कृतियों तथा पत्र-पत्रिकाओं में प्रकाशित आपके लेखों को पढ़ कर जितना मैंने देखा और समझा है, उसके अनुसार आपका व्यक्तित्व बहुआयामी और कृतित्व विस्तृत है।

आप में संगठन एवं समन्वयन की अद्भुत क्षमता है। इसका दिग्दर्शन आपके द्वारा प्रति वर्ष आयोजित अन्तरराष्ट्रीय सम्मेलनों में होता है। चेन्नई में सबको साथ लेकर प्रतिवर्ष नये विषय और उद्देश्य से राष्ट्रीय गौरव से सराबोर इस उत्सव का आयोजन कर आप हिन्दी के प्रचार-प्रसार में रचनात्मक तथा उल्लेखनीय योगदान देती हैं। अहिन्दी क्षेत्र में आपके भगीरथ प्रयास से यह हिन्दीमय धारा हमेशा बहेगी और एक दिन सबको अपने साथ जोड़ कर रहेगी। दक्षिण भारत, विशेषकर तमिलनाडु में हिदी प्रचार-प्रसार के कार्य-क्षेत्र में आपका क्रान्तिकारी योगदान अवर्णनीय रहा है। आपने यहाँ हिन्दी के अनुकूल वातावरण तैयार कर इसके कार्यान्वयन की राह को अकेले अपने दम पर आसान बनाया है। तात्कालिक विषम परिस्थितियों का सामना करके आपने तमिलनाडु में हिन्दी के प्रचार-प्रसार की ऐसी लीक बनाई है जिस पर आसानी से चल कर सब अपना विकास कर सकते हैं और समाज व देश की सेवा भी कर सकते हैं। इस उद्देश्य से आप अभी तक 16 राष्ट्रीय और 5 अन्तरराष्ट्रीय साहित्यिक सम्मेलनों का आयोजन कर चुकी हैं। इन मंचों से पात्र हिन्दी सेवियों और विद्वानों को सम्मानित भी करती व करवाती रहती हैं। बातचीत और गीतों के माध्यम से हिन्दी सीखने के लिए वीडियो कैसेट्स का निर्माण आपकी सराहनीय पहल है।

आप हिन्दी के वरिष्ठ साहित्यकारों में एक सशक्त हस्ताक्षर हैं। आपने काव्य की सभी विधाओं में रचनाएँ की हैं। महाकाव्य, खण्डकाव्य, कविता, उपन्यास, कहानी, नाटक, एकांकी, समीक्षा में लगभग तीन दर्जन से अधिक कृतियों की रचना कर हिन्दी साहित्य को विस्तृत आयाम दिया है। इनके अलावा आपने दो दर्जन से अधिक प्रयोजनमूलक कृतियाँ, पत्रकारिता पर तीन कृतियाँ, विश्वविद्यालय पाठ्यक्रय की दो दर्जन पुस्तकें, विद्यालय पाठ्यक्रम की दस पुस्तकें और विविध विषयों पर अनेक अनूदित पुस्तकें एवं फ़िल्में दी हैं। अनेक ग्रन्थों, जीवनियों ओर अभिनन्दन-ग्रन्थों का सम्पादन-कार्य तथा भूमिका-लेखन भी आपकी लेखनी द्वारा हुआ है। आपका कृतित्व फुलवाड़ी की विभिन्न पंखुड़ियों की तरह रंग बिखेर रहा है और आज के दूषित समाज को सही दिशा दिखाता है। आपका साहित्य विभिन्न सामाजिक सरोकारों से गुँथा हुआ है। समाज में इसकी महत्ता है। इसलिए आपके साहित्य का

दूसरी कई भाषाओं में अनुवाद भी हुआ है। आपके साहित्य पर एम.फिल. और पीएच.डी. उपाधियों के लिए अनेक शोध कार्य भी हो चुके हैं। हिन्दी साहित्य का इतिहास आपके अवदान के उल्लेख के बिना अधूरा रहेगा।

वर्तमान युग की सामाजिक और पारिवारिक समस्याओं पर आपकी बराबर दृष्टि रहती है। सामाजिक पीड़ाएँ आपको कचोटती हैं जो आपकी लेखनी से बेबाक प्रस्फुटित होता रहा है। परिवार और दाम्पत्य जीवन पर आपका मौलिक लेखन समाज को बदलते सामाजिक मूल्यों पर पुनर्विचार करने के लिए विवश करता है। कुछेक दृष्टान्त, 'दाम्पत्य में सच्चे प्रेम के स्थान पर लोकनीति—दुनियादारी सम्बन्धों में घर कर गयी है।', 'उच्च शिक्षा चरित्र-निर्माण की अपेक्षा सबको आत्मसीमित, चतुर बनाने में अव्वल है।', 'कैरियर को ऊँचाई पर ले जाने के लिए यौन सम्बन्धों को सीढ़ी बनाना फैशन-सा हो गया है। अब इसे अनैतिकता की कोटि में नहीं लाया जाता अपितु प्रगति का लेबल शान से लगाया जाता है।', अस्तु आप दूषित होते समाज को जाग्रत करने का निरन्तर प्रयास करती रहती हैं।

आप में विषय की तह तक जाने का माद्दा है। अनेक लेख इसका प्रमाण हैं। लेख 'योगः स्वरूप और सन्दर्भ' में योग की विभिन्न दृष्टिकोणों और 'श्रीमदभगवद्गीता' आधारित व्याख्या आपके गहन गीता ज्ञान की द्योतक है। आप योग को सम्पूर्ण स्वास्थ्य के राजमार्ग की संज्ञा देती हैं। लैंगिक विकलांगता और समलैंगिक समाज का सम्पूर्ण विवेचन-विश्लेषण प्रस्तुत कर आपने सदियों से पीड़ित समाज के इस अंग के उत्थान का उल्लेखनीय प्रयास किया है। खोजपरक लेख 'नीलगिरि की जनजातिः टोडा' में आपने इस समुदाय की सम्पूर्ण रीति-रिवाजों पर तो विश्लेषण प्रस्तुत किया ही हैं, साथ ही उनके रहन-सहन, व्यवसाय और महिलाओं की दयनीय पीड़ाओं को भी अभिव्यक्ति दी हैं लेख 'लिव इन रिलेशनशिप बनाम राधा-कृष्ण प्रेम' में विनयशीलता के साथ न्यायालय की व्याख्या का सप्रमाण प्रतिकार प्रशंसनीय है, अन्यथा न जाने विश्व में कितनों का विश्वास खंडित होता। यहाँ आपने भारतीय संस्कृति की मर्यादा और अस्मिता को साक्ष्य देकर प्रबल किया है तथा ऐसे-ऐसे प्रमाण प्रस्तुत किए हैं जिन्हें प्रायः लोग नहीं जानते।

स्टेल्ला मॉरिस महाविद्यालय, चेन्नई की हिन्दी विभागाध्यक्ष, शिक्षा के क्षेत्र में 33 वर्षों तक शिक्षण-कार्य, विद्यालय से लेकर विश्वविद्यालय तक के पाठ्यक्रमों की निर्माता तथा पाठ्य-पुस्तकों की रचनाकार, शिक्षकों के लिए बच्चों को पढ़ाने की विधियों पर कार्यशालाओं का आयोजन, लेखकों के लिए कार्यशालाओं का आयोजन, शब्दकोश का निर्माण आदि आपके अविस्मरणीय योगदान हैं। नवाचार के क्षेत्र में पत्रकारिता-लेखन, विज्ञापन-कला, प्रयोजनमूलक हिन्दी, अनुवाद कार्य, फ़िल्म-निर्देशन एवं लोकमंच कला लेखन आपके नवीन और प्रिय कार्यकलाप हैं। आप हिन्दी के शोध-छात्रों के लाभार्थ शोध पत्रिका 'तमिलनाडु साहित्य बुलेटिन' का त्रैमासिक प्रकाशन भी नियमित करती हैं। इससे हिन्दीतर क्षेत्र, विशेषकर दक्षिण भारत के शोधार्थियों को विशेष सहयोग और आलम्बन मिलता है।

आप बहुभाषाविज्ञ हैं और पत्रकारिता, कला, दार्शनिक, वरिष्ठ शिक्षाविद्, मीडिया, समीक्षक, भूमिका लेखन, शब्दकोश निर्माता, पाठ्यक्रम निर्माता, अनुवाद कार्य, सम्पादन के रूप में बराबर योगदान देती रहती हैं। प्रतिभाओं की परख और पकड़ आपका शौक़ है। आपके द्वारा आयोजित सभी मंचों पर आपकी सक्षम टीम की भूरि-भूरि प्रशंसा होती रहती है। विभिन्न क्षेत्रों, विशेषकर शिक्षा

और साहित्य जगत की प्रतिभाओं को आपसे बराबर सम्मान मिलता रहता है। इसीलिए आपके द्वारा आयोजित सम्मेलनों में देश-विदेशों के अनेक बुद्धिजीवी, विद्वान और महामहिम भी शिरकत करते हैं। बच्चों और युवाओं में प्रतिभाओं का निर्माण तथा उनकी प्रतिभाओं को सक्रिय रूप से प्रस्फुटित होने का मौक़ा देने में आप हमेशा तत्पर रहती हैं। आपका कुशल मार्गदर्शन पाकर न जाने कितनों ने सफलता का फल चखा है। आपका जीवन सहज और सरल है लेकिन प्रतिभा विलक्षण है। आपसे कोई भी आसानी से मिल सकता है।

आपने विभिन्न साहित्यिक संघों, विद्यालयों, विश्वविद्यालयों, महिला छात्रावासों में अध्यक्ष/महासचिव/ सलाहकार/बोर्ड-सदस्य/संस्थापिका के रूप में योगदान देकर इनको सशक्त बनाया है। प्रशासनिक उत्तरदायित्वों के क्षेत्र में आपने हिन्दी विशेषज्ञ, महाविद्यालयों की निरीक्षक, विभागाध्यक्ष, परीक्षा-नियंत्रक, केन्द्रीय विद्यालय की बोर्ड-सदस्य के रूप में योगदान दिया है। भाषाओं और साहित्य के क्षेत्र में संलग्न विभिन्न संस्थाओं में आप हिन्दी सलाहकार एवं संशोधन सहायक के रूप में अपनी सक्रिय सेवाएँ देती हैं।

आपके उल्लेखनीय योगदान के फलस्वरूप अनेक राष्ट्रीय और अन्तरराष्ट्रीय ग्रन्थों में वर्षों से आपका नाम सूचीबद्ध होता आया है। आपको अनेक राष्ट्रीय अन्तरराष्ट्रीय मंचों पर दर्जनों पुरस्कारों से सम्मानित भी किया जा चुका है। हालाँकि ये सम्मान आपकी उपलब्धियों के समक्ष बौने हैं। आप किसी भी शीर्ष सम्मान के योग्य हैं।

आप उदारमना हैं, कभी किसी को निराश नहीं होने देती हैं। जो कहती हैं और वचन देती हैं, उसे अवश्य निभाती हैं। दूसरों को ख़ुशियाँ बाँटने में ही सुख का अनुभव करती हैं। बड़े-बड़े सम्मेलनों का आयोजन स्वयं करती हैं लेकिन स्वयं आगे न रह कर दूसरों को मान-सम्मान के लिए आगे करती हैं। सम्मेलनों में विदेशी हो या भारतीय, साहित्यकार हो या आमजन, सभी आपका हिन्दी के प्रति समर्पण, योगदान, मिलनसार स्वभाव, निःस्वार्थ सहयोग-भावना और मानवीय गुणों की सराहना करते नहीं थकते। यह एक सच्चे साहित्यकार की सहृदयता और आपके जीवनभर के त्याग एवं तपस्या का ही प्रतिफल है। डॉ. श्रीराम परिहार के शब्दों में, "लेखक को लेखक बनने से पहले मनुष्य बनना ज़रूरी है। साहित्य के मूल में करुणा का वास है। करुणा संवेदना की भंगिनी है।" ये मानवीय गुण आपके व्यक्तित्व के मूल में दृष्टिगोचर हैं।

आपके विचार, कार्यकलाप और आपका व्यक्तित्व राष्ट्रनायक सरीखे हैं। संसार में वर्षों बाद और लाखों में कोई एक महापुरुष पैदा होता है। आप ऐसी ही एक शख़्सियत हैं। समाज सुधारकों की तरह आपके भी इतने अनुयायी होंगे जो आपके कार्य-कलापों को आगे बढ़ाते रहेंगे। आपके व्यक्तित्व से साहित्यकारों तथा विद्वानों को कुछ कर गुजरने के लिए मार्गदर्शन, प्रोत्साहन, साहस और सम्बल मिलता है।

आपके व्यक्तित्व और कृतित्व की वैश्विक पहचान है। इसका वैश्विक स्तर पर मूल्यांकन और प्रतिष्ठापन हो। आपके व्यक्तित्व-कृतित्व पर अन्तरराष्ट्रीय स्तर पर मूल्यांकनपरक अभिनन्दन ग्रन्थ के प्रकाशन पर हार्दिक बधाई। सम्पादक-मंडल को इस महत्त्वपूर्ण कार्य के लिए बहुत-बहुत शुभकामनाएँ तथा डॉ. मधुजी के सुदीर्घ एवं स्वस्थ की हार्दिक मंगलकामनाएँ।

सन्दर्भ

1. लक्ष्मी कहाँ रहती है, वाणी प्रकाशन, नयी दिल्ली, 2015
2. साइबर माँ, नेशनल पब्लिशिंग हाउस, नयी दिल्ली, 2014
3. इण्टरनेट का माउस, क्लासिकल, नयी दिल्ली, 2006
4. तमिलनाडु साहित्य बुलेटिन, अंक-3, 2014
5. तमिलनाडु साहित्य बुलेटिन, अंक-3, 2016
6. तमिलनाडु साहित्य बुलेटिन, अंक-4, 2015
7. तमिलनाडु साहित्य बुलेटिन, अंक-2, 2016
8. तमिलनाडु साहत्य बुलेटिन, अंक-4, 2016

मो. : 8144079363

प्रोफ़ेसर डॉ. धवन जी : मेरी प्रेरणास्रोत

●

डॉ. अइनापुरपु रामलिंगेश्वर राव

हिन्दी साहित्य के इतिहास में दक्षिण भारत के, मुख्यतः चेन्नई के हिन्दी साहित्यकारों का विशेष स्थान है। हिन्देतर प्रान्त होने पर भी राष्ट्रभाषा हिन्दी का प्रचार और प्रसार जितने ज़ोर से चेन्नई में हो रहा है, उतने ज़ोर से उत्तर भारत में किसी भी शहर में नहीं होता है। देश के विभिन्न प्रान्तों से, मुख्यतः उत्तर भारत से आये हुए अनेक हिन्दी साहित्यकार यहाँ के दक्षिण भारत के हिन्दी साहित्यकारों के साथ मिल जुल कर साहित्यिक सेवा करते हुए हिन्दी की प्रगति में अपना योगदान दे रहे हैं। उनके द्वारा आयोजित हिन्दी साहित्यिक कार्यक्रमों के द्वारा उत्तर और दक्षिण भारत के बीच मैत्री, सहयोग भावना ही नहीं, राष्ट्रीय एकता भी पनप रही है।

साहित्यकार के लिए प्रान्त, भाषा, जाति या धर्म आदि भेदभाव नहीं होते। सहित्यिक सृजन करते हुए समाज को सही रास्ते पर ले जाना ही उनका एक मात्र कर्तव्य होता है। साहित्यकार समाज के लिए अमूल्य निधि है। बहुत-से साहित्यकार अपनी प्रगति पर ही अधिक दृष्टि डालते हैं। वे साहित्य शिखर पर चढ़ कर सबको अपनी महानता दिखाने में ही अपना बहुत समय ख़र्च करते हैं, लेकिन बहुत कम साहित्यकार ऐसे होते हैं कि वे आगे बढ़ने के साथ-साथ अपने साथ अनेक वरिष्ठ साहित्यकारों को ही नहीं, नव औत्साहिक साहित्यकारों को प्रगति पथ पर ले जाकर अपनी महानता दिखाते हैं। वे साहित्यकारों में उत्तम साहित्यकार बन जाते हैं।

वर्तमान स्वार्थी संसार में ऐसे महान साहित्यकार बहुत कम दिखाई देते हैं। मेरे सौभाग्य से ऐसे एक महान व्यक्तित्व से मेरा परिचय हुआ। उस परिचय से मुझे एक अनमोल साहित्यिक रत्न मिल गया है। सच कहें तो मैं उस महान व्यक्तित्व से परिचय पाने योग्य भी नहीं हूँ। मेरे जैसे छोटे व्यक्ति को प्रेरित करके, प्रोत्साहन देकर हिन्दी साहित्य सेवा करने में मुझे भी मौक़ा देने वाली वह महान् देवी कौन हो सकती हैं? वही हैं, प्रमुख विदुषी डॉ. मधु धवन।

डॉ. मधु धवन जी का मेरा परिचय बहुत विचित्र परिस्थितियों में हुआ। मैंने अपने दोस्त डॉ. वेंकटेश्वरराव, हिन्दी अधिकारी के साथ चेन्नई में आयोजित एक हिन्दी कवि सम्मेलन में और एक पुस्तक विमोचन कार्यक्रम में भाग लिया था। दोनों सन्दर्भों में हमारे बातचीत में डॉ. मधु धवन जी का प्रस्ताव आया। कारण, हम दोनों जब मिलते थे तब अपनी पीएच.डी. में और अपने-अपने प्रोफ़ेसरों के बारे में बातचीत किया करते थे। मित्रों द्वारा डॉ. मधुजी के बारे में मैंने बहुत सुना था। सौभाग्यवश उसी सन्दर्भ में मुझे उनकी दो रचनाएँ 'अमृत बूँदें', 'लक्ष्मी कहाँ रहती है'—देखने का

सौभाग्य मिला। घर आकर मैंने डॉ. मधु धवन का परिचय 'अन्तरजाल' में देखा। तभी मुझे मालूम हुआ कि डॉ. मधुजी असाधारण महिला हैं। मैंने अपने दोस्त को फ़ोन करके बताया कि मैं डॉ. मधु धवन से मिलना चाहता हूँ। मौक़ा मिलने पर मुझे उनसे मिलवाने की कोशिश कीजिए। पाँच-छह महीने बीत गये। डॉ. मधुजी से मिलने के सुअवसर का इन्तज़ार करता रहा। बीच में अनेक बार चेन्नई में सांस्कृतिक और साहित्यिक कार्यक्रमों में भाग लेने आया था, लेकिन डॉ. मधु धवन से भेंट नहीं कर पाया।

अचानक एक दिन मुझे कॉल आयी। "मैं मधु धवन बोल रही हूँ।" मेरे आनन्द का ठिकाना न रहा। डॉ. मधुजी ने बताया, "एक किताब का हिन्दी से तेलुगु में अनुवाद करना है। आपका नाम मुझे मिला। यदि आप करना चाहें तो...।" बिना हिचके मैंने मैडम को 'हाँ' कह दिया। समय के अन्दर पूरा करना, मैडम की रुचि के अनुसार अनुवाद करके भेजना—ये दोनों मेरे टार्गेट बन गये। काम में व्यस्त रहने पर भी मैंने तय समय के अन्दर ही अनवुाद करके टाइप की गयी स्क्रिप्ट भेज दी। मुझे डर लगने लगा कि डॉ. मधुजी को मेरा अनुवाद ठीक लगेगा या नहीं। मैडम के फ़ोन का इन्तज़ार करता रहा। एक दिन फिर उनका फ़ोन आया।

"नमस्कार, मैडम" मैं ठीक से बोल नहीं पाया। मैं मैडम से काम के बारे में जानने को उत्सुक था।

"मिस्टर राव, बहुत धन्यवाद। आपने बहुत अच्छा काम किया। कल ही आपको चेक भेज रही हूँ। "हिन्दी में काम करते रहिए। ऑल द बेस्ट।" डॉ. मधु की आवाज़ मेरे कानों में गूँज उठी। उनसे प्राप्त प्रोत्साहन ने मुझे और पाँच किताबों का अनुवाद (हिन्दी से तेलुगु और तेलुगु से हिन्दी) करने की प्रेरणा दी। मेरे अन्दर के अनुवादक को जगा कर हिन्दी साहित्य के क्षेत्र में कदम रखने के लिए प्रोत्साहित करने वाली डॉ. मधुजी को मैं कैसा भूलता हूँ?

तब तक डॉ. मधुजी से मेरा परिचय केवल फ़ोन पर ही था। एक दिन मुझे तमिलनाडु हिन्दी साहित्य अकादेमी की ओर से एक अन्तरराष्ट्रीय हिन्दी सम्मेलन में भाग लेने का निमन्त्रण मिला। निमन्त्रण पत्र को देखते समय मेरी दृष्टि अचानक डॉ. गधु धवन के नाम पर रुक गयी। सम्मेलन की मुख्य आयोजिका डॉ. मधु धवन जी थीं। मैंने तुरन्त मैडम को फ़ोन किया। मैंने डॉ. मधुजी को जानकारी दी कि मैं विशेष रूप से मिमिक्री और जादू के द्वारा हिन्दी भाषा का प्रचार-प्रसार कर रहा हूँ। सम्मेलन में पेपर प्रजेंटेशन के लिए भी लेख भेजा। सम्मेलन के पहले मुझे मैडम से फ़ोन आया कि सम्मेलन में मेरे विशेष कार्यक्रम का इन्तज़ाम किया गया है। अपनी ओर से आधा घण्टे का कार्यक्रम तैयार करने को कहा। सम्मेलन में जाने के बाद ही मुझे डॉ. मधुजी को प्रत्यक्ष रूप से देखने का सौभाग्य मिला। डॉ. मधुजी को देखने के बाद मेरा आश्चर्य का ठिकाना न रहा। कारण, मैं सोच रहा था कि मैडम की आयु 40-45 साल होगी, लेकिन वहाँ जाने के बाद, कार्यकलाप देखने के बाद मुझे मालूम हुआ कि मैडम एक साधारण प्रोफसर नहीं बल्कि एक व्यवस्था हैं, एक मिशन हैं और सबको प्रेरित करने वाली शक्ति हैं। वहाँ लगभग चालीस से पचास कार्यकर्ता अपने-अपने कामों में तल्लीन थे। सबको अपनी सूचनाओं के द्वारा कार्योन्मुख करती हुई, आनेवाले अतिथि का स्वागत करती हुई सेंटर ऑफ अट्रेक्शन बनी डॉ. मधु धवन जी का विराट् रूप वहीं देखने को मिला। अन्तरराष्ट्रीय सम्मेलन का आयोजन जिस तरीके से मैडम ने किया, वह अवर्णनीय है। सभी साहित्यकारों का सम्मान करना, समय तालिका के अनुसार कार्यक्रम को चलाना, सबके साथ सहयोग और संयोजन करना...इस प्रकार उस सफल सम्मेलन ने मुझे बहुत संवारा।

सांस्कृतिक कार्यक्रम में मेरा जो परिचय डॉ. मधुजी ने सभा को दिया, वह मैं कभी भी भूल

नहीं सकता। सम्मेलन में मेरी भागीदारी तो बहुत कम थी, लेकिन डॉ. मधुजी के द्वारा मिला सम्मान, उनके द्वारा मिला प्रोत्साहन मैं कभी भी नहीं भूल सकता हूँ। अन्तरराष्ट्रीय साहित्यकारों के सामने प्रदर्शित मेरे ज़ादू और मिमिक्री द्वारा हिन्दी प्रचार और प्रसार के विशेष कार्यक्रम के द्वारा मुझे जो यश मिला, उसका श्रेय केवल डॉ. मधु धवन जी को ही जाता है।

भगवान की कृपा से गत वर्ष आयुष संस्थान, चेन्नई के हिन्दी दिवस समारोह में डॉ. मधु धवन जी के साथ अतिथि के रूप में भाग लेने का सौभाग्य मुझे मिला। 'व्यक्तित्व विकास और हिन्दी विषय पर' एक विशेष भाषण मैंने उस सन्दर्भ में दिया था। मेरे बाद डॉ. मधुजी का भाषण था। मुझे बहुत डर था कि डॉ. मधुजी मेरे कार्यक्रम के बारे में क्या कहेंगी, लेकिन डॉ. मधुजी ने मेरे बारे में बताया कि डॉ. राव श्रीहरिकोटा के इसरो में काम करते हैं। वे बहुत अच्छे साहित्यकार हैं। तीन भाषाओं में वे साहित्य सृजन कर रहे हैं। हिन्दी प्रचार और प्रसार के लिए बहुत काम कर रहे हैं। उनकी प्यार भरी शुभ आशीषों से मैं नत हो गया। उस सन्दर्भ ने मुझे डॉ. मधुजी के विराट् व्यक्तित्व का परिचय दिया। ऐसे अनेक सन्दर्भों में डॉ. धवन जी के व्यक्तित्व का बहुमुखी परिचय का सौभाग्य मुझे प्राप्त हुआ।

डॉ. मधुजी के कृतित्व के बारे में लिखने का सामर्थ्य या योग्यता मुझमें नहीं है। डॉ. मधुजी विदुषी हैं। उनके असंख्य ग्रन्थ और विभिन्न विषयों पर लिखी गयी पुस्तकें उनकी बहुमुखी प्रतिभा का परिचय देती हैं। उनके द्वारा आयोजित अनेक कार्यक्रमों को देखने और उनका विश्लेषण करने के बाद उनके नेतृत्व करने की प्रतिभा का परिचय मिलता है। हँसमुख स्वभाव, विनम्रता और सहनशीलता डॉ. मधुजी के आभूषण हैं। डॉ. मधुजी बेमिसाल हैं।

एक-दो रचनाओं से ही घमण्ड के जाल में फँस कर अपने को हीरो मानने वाले अनेक झूठे साहित्यकारों के लिए डॉ. मधु धवन जी का व्यक्तित्व एक बेजोड़ उदाहरण बन जाता है। सभी साहित्यकारों के लिए उनका व्यक्तित्व प्रेरणादायक है। जिओ और जीने दो—लिखो और लिखने दो—ये सन्देश डॉ. मधु के साहित्यिक जीवन से हमें मिलते हैं।

जीवन में मेरे छोटे से अनुभव से मैं कह सकता हूँ कि काम करते रहने से सम्मान और पुरस्कार अपने आप आ जाते हैं। डॉ. मधु धवन जैसी विदुषी महिला को अन्तरराष्ट्रीय स्तर पर जो सम्मान मिल रहा है, वह स्वाभाविक प्रोत्साहन ही है। डॉ. मधुजी के व्यक्तित्व-कृतित्व पर अन्तरराष्ट्रीय स्तर के मूल्यांकनपरक ग्रन्थ का प्रकाशन होने के इस शुभ सन्दर्भ में उनका तहे दिल से मैं अपना अभिनन्दन दे रहा हूँ।

आशा करता हूँ कि आने वाले दिनों में डॉ. मधु धवन जी का यश और कीर्ति राष्ट्रीय और अन्तरराष्ट्रीय स्तर पर फैलेगी और हिन्दी साहित्य के मानचित्र पर उनका नाम स्वर्ण अक्षरों में अंकित होगा।

एक पत्र दीदी के नाम

●

रेखा राय

आदरणीय मधु दीदी,

प्रणाम।

हम तहे दिल से आपका अभिनन्दन करते हैं। दीदी, आप सबकी प्रेरणा हैं। पहली बार जब आप हमारे घर में कृष्ण जन्माष्टमी के अवसर पर मुख्य अतिथि के रूप में आयी थीं तो हम आपकी प्रतिभा और व्यक्तित्व से बहुत प्रभावित हुए थे। कार्यक्रम के अन्त में आपने हमारे कार्यक्रम की सराहना की और यह भी बताया कि धार्मिक और सामाजिक कार्य एक तरह से यज्ञ ही हैं। दीदी, उस दिन आपकी उपस्थिति से केवल हम ही नहीं बल्कि वहाँ उपस्थित सारी महिलाएँ प्रभावित हुईं। सबके चेहरे पर आपके आने से एक अलग-सी ख़ुशी की लहर दिखाई दी।

दूसरी बात, लेखन कार्य में मेरी रुचि होने के कारण मुझे आपका जो मार्गदर्शन मिला, उसका वर्णन कठिन है। जब पहली बार मुझे आपका फ़ोन आया तो मुझे बहुत .ख़ुशी हुई। आपको प्रणाम करने पर आपने मुझे .ख़ुश और सुखी रहने का आशीर्वाद दिया। फिर आपने मुझसे कहा, "रेखा, तुम्हें बैठना नहीं है, कुछ करना है। तुम्हारे लेख मैं पत्र-पत्रिकाओं में पढ़ती रहती हूँ। तुम्हें आगे भी लिखते रहना है। कल तुम मेरे घर आ जाओ, मैं तुम्हें कुछ लिखने का काम दूँगी। तुम्हारे लेख मैंने पढ़े हैं, तुम अच्छा लिखती हो।" मधु दीदी, आपके इन शब्दों से मुझे बहुत ख़ुशी मिली, प्रोत्साहन मिला। फिर क्या था? मेरी .ख़ुशियों की सीमा ही न थी। मैं मन-ही-मन बहुत .ख़ुश हुई कि इतनी बड़ी प्रोफ़ेसर, इतनी बड़ी हस्ती, बहुमुखी प्रतिभा की धनी ने मुझे याद किया और अपने पास बुलाया।

दूसरे दिन निर्धारित समय पर मैं आपके निवास पर गयी। वहाँ पहुँचकर मैंने देखा कि आप चश्मा लगाये हुए अपने ऑफ़िस के कम्प्यूटर पर किसी कार्य में व्यस्त थीं। उनका इस तरह से कर्तव्यनिष्ठ होना मेरे दिल को छू गया। फिर आपने ने पास बिठाकर मेरा मार्गदर्शन किया। हम और दीदी बहुत सारी बातें करते रहे।। अपने-अपने अनुभव हम एक-दूसरे से बाँटते रहे। फिर मुझे कई विषयों पर लिखने का कार्यभार सौंपा। आपके सान्निध्य में बिताए हुए हर पल ने मुझे ताक़त दी। मेरा हौसला बढ़ा। साथ ही, लेखन कार्य में रुचि बढ़ी। तमिलनाडु अकादेमी के आमन्त्रण मुझे मिलते रहे। जहाँ-जहाँ जिस जगह पर हिन्दी भाषा का कार्य होता, वहाँ-वहाँ मैंने अपना पूरा प्रयास लगा दिया।

मुझे इस बात का गर्व है कि आपकी की नज़र मुझ पर हमेशा रहती है। फिर आपने मुझे

तमिलनाडु साहित्य अकादमी की कार्यकारिणी का सदस्य चुना। यह मेरे लिए बेहद गौरवान्वित पल था। आपके निर्देशन में कार्य करते हुए हमें हमेशा ख़ुशी मिली। हिन्दी भाषा के लिए आप चेन्नई में अनेकानेक सराहनीय कार्य करती रही हैं। आपने सैकड़ों लोगों को जोड़ा है, खासकर महिलाओं को आगे बढ़ाने में हमेशा उनका बहुत बड़ा योगदान रहा है। मधु दीदी, आप हम महिलाओं की प्रेरणा स्रोत हैं। उम्मीद है, आगे भी दीदी हम सबकी मार्गदर्शन बनेंगी। चेन्नई में महिलाओं और हिन्दी के उत्थान लिए आप हमेशा समर्पित हैं।

मो. : 9884766950,
9840056446

हिन्दी भाषा को समर्पित व्यक्तित्व : डॉ. मधु धवन

•

डॉ. कुलजीत कौर

डॉ. मधु धवन मैडम से मेरा परिचय 2011 में हुआ, जब मुझे 'तमिलनाडु हिन्दी साहित्य अकादेमी' की एक सभा में जाने का मौक़ा मिला। कोमलता एवं स्नेह से परिपूर्ण मधु मैडम ने मुझे चेन्नई शहर में एक और परिवार दिया—अकादेमी का सदस्य बना कर। हिन्दी साहित्य में मेरे प्रथम प्रपत्र-वाचन का श्रेय मधु मैडम को जाता है। उनके प्रति आदर और प्रेम को शब्दों में बाँधना मुश्किल है। एक ख्याति प्राप्त लेखिका, कई लेखकों की प्रेरणा-स्रोत उनकी शख़्सियत बेमिसाल है। ईश्वर से प्रार्थना है कि वे सदा स्वस्थ रहें और प्रसन्नचित रहें।

शुभकामनाओं सहित...

मो. : 9791019230

आदर्श जीवन की प्रेरणा : डॉ. मधु धवन

•

डॉ. एस. प्रीतिलता

विस्मृति की गह्वर से उठ कर मेरी स्मृति के झरोखे के सामने जो छवि खड़ी हो जाती है, वह है—स्नेहमयी मधु धवन जी। आत्मीयता से भरी मधुर मुस्कान के साथ उनका 'बेटा' शब्द मुझे बहुत कुछ लिख डालने को भावुक जगत में ले जाता है। भारत सरकार की 'बेटी बचाओ' योजना मधुजी के सामने शायद निष्फल हो जायेगी। यदि हर माँ अगर अपनी बेटी को 'बेटा' कह कर बुलाए तो आत्मविश्वास और आत्मसुरक्षा की भावना से बेटी बेटा जैसा बन पायेगी, जिससे 'बेटी बचाओ' योजना बनानी नहीं पड़ेगी।

साहित्यकार व्यक्ति और समाज का साथी होता है। मधुजी एक ऐसी साहित्यकार हैं जो नवोदित लेखकों के सुख-दुःख का साथी बन कर उन्हें लेखन कार्य में आगे बढ़ने को उत्साहित करती हैं। उनके घर में लेखकों और कवियों का जमघट पारिवारिक स्नेह-सौहार्द से परिपूरित होकर मुझ जैसी क्षुद्र लेखिका को साहित्याकाश के तारों को छूने में उत्साहित करता है। जाति, धर्म से परे मानवीय सम्बन्ध उनके लिए सर्वश्रेष्ठ हैं। अन्नामलै विश्वविद्यालय की संगोष्ठी का यह आत्मिक अनुभव मुझे अब भी याद है। मैं संगोष्ठी में प्रपत्र प्रस्तुत करने आयी थी और मधुजी विशेष अतिथि के रूप में आमन्त्रित थीं। गेस्ट हाउस में मेरे कमरे के बगलवाले कमरे में मैडम के रहने का प्रबन्ध था। मैं सुबह उठ कर चाय (बेड टी) पीती हूँ। ऐसे ही चाय पीने की आशा में जब मैं कमरे से बाहर निकली तो मधुजी का कमरा खुला था। मधुर मुस्कान के साथ मधुजी ने मुझे अपनी कमरे में बुला कर ग्रीन चाय का प्याला पकड़ा दिया। जैसे माँ अपनी बच्ची का चेहरा देख कर उसकी ज़रूरतें समझ जाती है, पता नहीं मधुजी को मेरी चाय पीने की इच्छा का भान हो गया था। अब भी कभी मैं ग्रीन चाय पीती हूँ तो मधुजी मेरे मनोजगत में प्रवेश करती हैं।

मधु धवन जी बुजुर्ग और नवोदित साहित्यकारों में फ़र्क़ नहीं रखतीं, परन्तु यह सच है कि बुजुर्ग साहित्यकारों के लिए उनके दिल में ख़ास आदर और सम्मान सदा मौजूद है। तमिलनाडु हिन्दी साहित्य अकादेमी के द्वारा सम्पूर्ण भारत को एक सूत्र में बाँधने की पूर्ण सफलता का श्रेय उन्हीं को जाता है। हिन्दी जगत के नवोदित लेखकों को अन्तरराष्ट्रीय संगोष्ठी में पुरस्कृत कर साहित्यिक मंच पर उन्हें पहचान दिलाने का काम अति उत्साह के साथ करती आ रही हैं।

सुधारवादी मधु धवन (साहित्य के पृष्ठों से)

दसवीं कक्षा के बच्चों के लिए उनके द्वारा लिखित नाटक 'अंधी खाई' में उन्होंने व्यक्ति और समाज को चेतावनी दी है। किशोरावस्था में बच्चे अत्यधिक जिज्ञासु होते हैं। इसलिए कभी-कभी सही पथ से भटक जाते हैं। शायद मधुजी ने सोचा होगा कि उचित उम्र में उन्हें जानलेवा ख़तरनाक बीमारी एड्स का पता हो ताकि बच्चे उसका सम्पूर्ण जानकारी प्राप्त कर बीमारी से दूर रहने के साथ-साथ अपना चारित्रिक गठन भी कर सकें। उनका मुख्य उद्देश्य स्वस्थ और आनन्दमय परिवेश सृष्टि करना है। वे जहाँ रहती हैं वहाँ खिलखिलाहट का माहौल बना रहता है।

युवा शक्ति देश की प्रधान शक्ति है। हर युग में साहित्यकारों की कलम देश को बचाती है। सच्चे साहित्यकार वे हैं जो मानवता की प्रतिष्ठा के साथ स्वस्थ समाज गठन के लिए लेखनी चलाएँ। वे अपने कर्म और कलम से सिर्फ़ साहित्य जगत नहीं, सम्पूर्ण समाज को बचाना चाहती हैं।

कहते हैं, जहाँ दो-चार औरतें साथ मिलती हैं वहाँ गप्पें मारने और चुगली की बातें होती है, परन्तु नाटक 'अंधी खाई' में मधुजी ने किटी पार्टी के द्वारा एड्स बीमारी की सम्पूर्ण जानकारी देकर मानवता को खाई में गिरने से बचाने के साथ भारतीय सभ्यता और संस्कृति को विकास की ओर उन्मुख किया है। व्यक्ति के नैतिक विकास से ही भारतीय संस्कृति का नैतिक विकास सम्भव है। नाटक में महिलाओं के निःसंकोच और मित्रतापूर्ण वार्तालाप से समस्याओं का समाधान दिखाया है। किटी पार्टी में बुजुर्ग महिला सुखदा मौसी द्वारा वर्तमान पीढ़ी को एड्स जैसी ख़तरनाक बीमारी से बचाने की चिन्ता प्रकट की गयी है। उन्होंने इसमें यह भी दिखाया है कि मिसेज चौधरी जैसे पढ़े-लिखे शिक्षित वर्ग का बेटा इस रोग का शिकार होता है। एड्स रोग के प्रभाव और निराकरण पर भी इस नाटक के द्वारा लेखिका ने जागरुकता फैलायी है।

आजकल युवक-युवतियों के सम्बन्धों में जो खुलापन है, उस पर लेखिका चिन्तित है। नाटक 'अंधी खाई' में उनकी यह चिन्ता प्रकट करते हुए रीता कहती है, "मुझे घबराहट हो रही है। मेरी लड़की तो सहेलियों की बाँहों में बाँहें डाले घूमती रहती है"। 1997 से लेकर अब तक कहीं न कहीं यह चिन्ता दिखाई पड़ती है। उन्होंने अपने *लिव इन रिलेशनशिप बनाम राधाकृष्ण* लेख में कहा है "नगरों-महानगरों में नौकरीपेशा युवक-युवतियाँ आज बड़ी तादाद में एक-दूसरे के साथ रह रहे हैं। एक साथ पढ़ाई करनेवाले भी इस प्रकार सम्बन्ध बना रहे हैं"। मधुजी उन्हें आदर्श जीवन का सही मार्ग बताती हैं। नाटक में एड्स रोग का कारण, लक्षण, रोग जाँच करने की तरीका और रोग से बचाव का उपाय बता कर एक साथ डॉक्टर, काउंसिलर और एक उत्तम दोस्त की ज़िम्मेदारी निभायी है। नाटक की रीता कहती है "मैं चाहती हूँ कि हमारी किटी पाटी केवल गप्पें मारने या किसी की खिल्ली उड़ाने की बजाय हर सप्ताह कहीं-न-कहीं एड्स जागरण का शिविर लगाए और युवावर्ग का भविष्य बनने से पहले नष्ट होने से रोके..."। मधुजी का मिलनसार स्वभाव व्यक्ति को जन जागरण के लिए उत्साहित करता है। वे भारतीय संस्कृति को पतन की खाई से बचाना चाहती हैं। इस नाटक के द्वारा समाज में सुधारात्मक विकास लाना उनका पूर्ण उद्देश्य है।

मधुजी व्यक्ति के चारित्रिक महत्त्व को सदा प्राथमिकता देती हैं क्योंकि इसी की नींव पर भारतीय संस्कृति खड़ी है। भगवान बुद्ध ने कहा है "कामनाओं के विनाश में दुःख का विनाश है।" दुःख दूर रहने के लिए लेखिका ने इच्छाओं पर नियन्त्रण रखने का इस नाटक में हमें उपदेश दिया है। वे चारित्रिक महत्त्व के साथ एक सुन्दर, स्वस्थ और सुखमय भारत का निर्माण करना चाहती हैं इसलिए

वे सब महिलाएँ एक साथ मिल कर मिसेज़ चौधरी के घर जाती हैं ताकि सहेलियों से मिसेज चौधरी को सान्त्वना और रोग निवारण का उपाय मिले।

मनुष्य दुःख सह कर अनुभवी होता हैं परन्तु ठोकरों से सीखता हैं। किसी की आग में घी न डाल कर दूसरों की ज़िन्दगी की समस्याओं से, ठोकरों से सीखें और दूसरों को जीने का मार्ग लेखिका ने दिखाया है। कहीं भी भीड़ हो, उसका कुछ पक्का उद्देश्य होना चाहिए। यह नाटक पढ़ने के बाद मुझे पता चला कि मधुजी के घर पर साहित्यकारों का आना-जाना, मिलना-मिलाना क्यों होता है। वह हिन्दी साहित्य को मज़बूत बनाने के साथ-साथ उन्नति के पथ ले जा रही हैं।

अनेक चुनौतियों का सामना करते हुए हिन्दीतर भाषी क्षेत्र तमिलनाडु में मधुजी की हिन्दी सेवा अत्यन्त प्रशंसनीय है। तमिलनाडु हिन्दी साहित्य अकादेमी की प्रतिष्ठाता और महानिदेशक के रूप में सिर्फ़ हिन्दी के साहित्यकार नहीं, हिन्दी कर्मियों को भी भारत के विभिन्न प्रान्तों से जोड़ने का महान कार्य वे करती आ रही हैं। इस क्षेत्र में उनका योगदान अतुलनीय है। समृद्ध और आदर्श व्यक्तित्व की धनी, प्रसिद्ध साहित्यकार डॉ. मधु धवन जी देश-विदेश के विभिन्न प्रान्तों के साहित्यकारों की कृतियों को सम्मानित कर सिर्फ़ हिन्दी भाषा नहीं, सम्पूर्ण भारतीय और अन्तरराष्ट्रीय साहित्य को हिन्दी के साथ जोड़ती हैं। भगवान से मेरी प्रार्थना है कि विश्वबन्धुत्व की भावना से उनकी यह उत्कृष्ट सेवा सदा बनी रहे।

मो. : 8903425029

स्नेही, सौजन्यमयी : डॉ. मधु धवन

●

के. सुलोचना

बड़े बढ़ाई न करैं, बड़े न बोलैं बोल।
रहिमन हीरा कब कहै, लाख टका मेरो मोल।।

डॉ. मधु धवनजी से मेरी पहली मुलाक़ात तमिलनाडु हिन्दी साहित्य अकादेमी की एक बैठक में हुई। तब मैं उस अकादेमी की सदस्या बन गयी। डॉ. मधु धवनजी के महान व्यक्तित्व के विषय में बहुत कुछ लिखना सम्भव नहीं। उनकी कार्यकुशलता और विशिष्ट व्यक्तित्व को आँकना भी असम्भव-सी बात है। आप एक अतुलनीय ज्ञान पिपासु, बहुभाषी, अविश्रान्त सेवा करनेवाली, सबकी शुभचिन्तक, साहित्यिक क्षेत्र में अपने को अर्पण करनेवाली तथा प्रेरणादायी देवी हैं। सर्वगुण सम्पन्नवाली ऐसे महान देवी का सान्निध्य पाकर मैं अपने को धन्य मानती हूँ। हिन्दी साहित्यिक क्षेत्र में एक कुशल लेखिका, अनुवादक तथा सम्पादक के रूप में मधु धवनजी अपना कार्य निभाती रही हैं। इनकी रचनाएँ हिन्दी साहित्यिक क्षेत्र के लिए अमूल्य देन हैं।

कुछ अविस्मरणीय यादें

पांडिचेरी विश्वविद्यालय में चलाई गयी संगोष्ठी में डॉ. मधु धवनजी ने मेरी पहली अनूदित किताब (हिन्दी से तमिल में) का विमोचन पांडिचेरी के राज्यपाल श्री इक़बाल सिंह के कर कमलों से करवाया। यह मेरे लिए बहुत सौभाग्य की बात है।

10 जनवरी, 2015 को 'विश्व हिन्दी दिवस' पर 'तमिलनाडु हिन्दी साहित्य अकादेमी' से मुझे 'हिन्दी प्रचारक परमहंस सम्मान' मिला। डॉ. धवनजी की अध्यक्षता में गोवा के राज्यपाल श्रीमती मृदुला सिन्हा के कर-कमलों से मैंने यह सम्मान प्राप्त किया। यह भी मेरे लिए परम सौभाग्य की बात है।

मार्च, 2017 में ऑर्थर्स गिल्ड ऑफ़ इण्डिया ने आगरा में एक संगोष्ठी का आयोजन किया था। उस संगोष्ठी में मधु धवनजी के साथ मैंने भाग लिया। चेन्नई से रेल की यात्रा करते समय बड़े प्यार से हम सबको खाना खिलाया। आगरा में हमें ताजमहल, वृन्दावन, मथुरा—इन जगहों को ले जाकर दर्शन कराए। अपनी तबीयत ठीक न होने पर भी उन्होंने उस पर ध्यान नहीं दिया। मुझे आप लोगों की ख़ुशी देखनी है—यही कहती रहीं। यह मेरे लिए अविस्मरणीय यात्रा रही।

मधु धवनजी के किए गये कार्य सर्वविदित हैं जिसके लिए इनको कई सम्मान और पुरस्कार मिले हैं। कई प्रतिष्ठित संस्थाओं ने इनकी महती सेवाओं के उपलक्ष्य में इन्हें कई उपाधियों और

पुरस्कारों से अलंकृत किया है। योजनाबद्ध कार्य करने में मधु धवनजी सिद्धहस्त हैं। वे अच्छी वक्ता हैं। सभी का कल्याण करना ही इनके जीवन का मूल मन्त्र है।

मधु धवनजी के आतिथ्य से मैं अचंभित हो जाती हूँ। जब भी मैं उनके घर जाती हूँ, वे मुस्कान से स्वागत करेंगी। बड़े प्यार से हमें कुछ खिलाएँगी-पिलाएँगी और मीठी-मीठी बातें करेंगी।

'तमिलनाडु हिन्दी साहित्य अकादेमी' में समय-समय पर साहित्यिक संगोष्ठियाँ आयोजित की जाती थीं जिनमें दक्षिण के साथ-साथ उत्तर भारत के लब्धप्रतिष्ठ विद्वानों को भी आमन्त्रित किया जाता था। इन संगोष्ठियों का आयोजन मधुजी बहुत अच्छे और सुनियोजित ढंग से करती थीं।

हिन्दी के प्रति उनकी अमूल्य सेवा एवं समर्पण को कदापि भुलाया नहीं जा सकता। मैं अपने आपको धन्य मानती हूँ कि ऐसी प्रेरणादायी एवं विदुषी का सान्निध्य मुझे प्राप्त हुआ। उनका हँसमुख चेहरा, प्रेरणादायी देवी के रूप में मेरे दिल में बसा है। श्रेष्ठ सृजनकार, शिक्षा प्रेमी, महान व्यक्तित्व की धनी डॉ. मधु धवनजी की इस बहुआयामी प्रतिभा एवं समर्पण भावना को मैं शत्-शत् नमन करती हूँ।

मो. : 9962320119

गागर में सागर भर देने वाली : डॉ. मधु धवन

•

के. तुलसी देवी

भारतीय सांस्कृतिक चेतना, श्रम के महत्त्व की पक्षधर, हिन्दी साहित्य जगत् की सशक्त कथाकार, एकांकीकार, नाटककार एवं कवयित्री डॉ. मधु धवन का जन्म तरनतारन, पंजाब में सन् 1952 में हुआ। माता श्री शकुन्तला रानी तथा पिता राजकुमार चोपड़ा अत्यन्त कर्मठ कट्टर धार्मिक विचारों के थे। पिता के सरल जीवन, उच्च विचार, स्पष्टवादिता धर्म निरपेक्षता और दिन-रात की निःस्वार्थ सेवा का आपके जीवन पर बहुत प्रभाव पड़ा। प्रकृति से आपको गहरा लगाव है। वन, पर्वत, निर्झर, घाटी एवं बीहड़ों में घूमने और उन्हें देखने का आपको बड़ा शौक़ है। आपके इसी प्रकृति प्रेम ने आपको कवयित्री बना दिया। 'भुट्टो' नामक कविता आपकी पहली कविता थी जो 'धर्मयुग' में 1970 में छपी। हर कठिन जटिल समस्याओं में शान्त और संयमित बने रहना आपके व्यक्तित्व की विशेषता है जो आपको अपने पिता से विरासत में मिली है।

आपकी रचनाओं में प्रकृति प्रेम, राष्ट्रीय मानवता तथा मानव मूल्यों के स्वर मुखरित हुए हैं। 'हुतात्मा' खण्डकाव्य में नारी की निर्भीकता और दृढ़ता का भाव अभिव्यक्त हुआ है जो आपके व्यक्तित्व को उजागर करता है। आपकी प्रबुद्ध चेतना आपको अपने परिवेश के प्रति सदा सजग रखती है। नैतिक मूल्यों के प्रति आपका अटूट विश्वास है। संस्कार पुरातन युग के होने पर भी आपकी विवेक दृष्टि वर्तमान पर केन्द्रित रहती है। आपने अपने आपको आत्मविश्वास, आत्मज्ञान और आत्मसंयम, इन तीनों गुणों से सम्पन्न किया है। जो भी आपके सम्पर्क में आता है, वह इन तीनों गुणों से प्रभावित ही नहीं होता अपितु ऊर्जा भी प्राप्त करता है।

हिन्दी साहित्य जगत में अपने सामाजिक-शैक्षणिक नाटक तथा एकांकियों द्वारा आप बहुचर्चित हैं। अपने नाटकों-एकांकियों में स्वदेशी की भावना, राष्ट्रीय चेतना, सांस्कृतिक चेतना तथा नैतिकता को मुखरित करने में आप सिद्धहस्त हैं। आपके नाटकों की भाषा सरल, साफ़-सुथरी तथा संवाद प्रभावोत्पादक रोचकता के साथ-साथ व्यावहारिक जीवन्तता लिये होते हैं। आपने अभी तक 'भूल', 'मैंने कब चाहा?', 'शहीद भगतसिंह', 'त्रास', 'भारत कहाँ जा रहा है?' नाटकों तथा 74 एकांकियों द्वारा साहित्य को समृद्ध किया है। आपके लिखे 14 उपन्यास, एक महाकाव्य तथा 3 खण्डकाव्य हैं जिनमें व्यक्ति चेतना के साथ-साथ संचार के इस युग में जीवन जीने की नयी शैली है। आपकी रचनाओं में इस तथ्य की पुष्टि बख़ूबी हुई है कि आज मनुष्य प्रकृति पर पूरी तरह विजय प्राप्त कर अपने में अधिक अधूरा हो गया है। आत्मा की

सहचर्या से वह दूर होता जा रहा है। आपने अपने गीतों में इन्सानियत की वास्तविकता को हँसते-सिसकते गाया है।

साहित्य रचनाकार के विषय में डॉ. रघुवंश का कथन है, "रचनाकार समाज की सम्पूर्ण व्यवस्था के विरुद्ध खड़े होकर, उसके समस्त मूल्यों को नकार कर, प्रतिष्ठित आदर्शों को चुनौती देकर भी अपनी रचना प्रक्रिया में किन्हीं-न-किन्हीं मूल्यों की भूमिका प्रस्तुत करता ही है।"

डॉ. मधु धवन ने अपने उपन्यासों में उपरोक्त स्थिति को स्पष्ट किया है। उनके उपन्यासों में आज के समाज तथा मानव जीवन से सम्बन्ध रखने वाले मूल्यों की अभिव्यक्ति हुई है। उन्होंने अपने उपन्यासों का मूल विषय नारी को ही बनाया है। नारी समस्या समाज की जीवन्त समस्या है जो नये-नये रूपों में सदा उभरती रहती है। डॉ. मधु धवन जी के उपन्यासों में इन समस्याओं का यथार्थ चित्रण देख सकते हैं। साथ ही, स्त्री-पुरुषों के मूल्यों को भी उन्होंने उजागर किया है।

डॉ. मधु धवन जी हिन्दी साहित्य का एक सशक्त हस्ताक्षर हैं। साहित्य को समर्पित उनके अभिनव और उल्लेखनीय अवदान को विस्मृत किया जाना सम्भव नहीं है। वास्तव में हिन्दी साहित्य के क्षेत्र गागर में सागर भर कर उन्होंने अपने नाम को श्रेष्ठ प्रमाणित किया है।

मो. : 9094566264

'तड़पती चाहतें' में माता-पिता की छटपटाहट

•

डॉ. अनीता पाटिल

'चाहा कि न चाहूँ तुझे, चाह कर भी तेरी चाहत को मिटा न पाया।
ख़ामोश होकर तेरी चाहत को मिल गयी मंज़िल,
मैं खड़ा अपनी चाहत में ही सिमट गया।'

'तड़पती चाहतें' मधु धवन जी का नया उपन्यास है। उपन्यास की भूमिका में ही मधु धवन जी लिखती हैं कि ज़माना बदल गया है, लेकिन स्त्रियों को अभी भी अपनी स्वछन्दता के लिए लड़ना पड़ रहा है। नियम अभी भी स्त्रियों के लिए ही मान्य हैं। यह सत्य भी है। औरतों के साथ कुछ भी गलत हो जाता है तो समाज थोड़ी देर के लिए तो उनके साथ सहानुभूति जताता है, बाद में उन्हीं में कमी निकालता है। अमीर हो या ग़रीब, किसी भी परिवार में लड़कियों को फूल की भाँति सम्भालकर पाला-पोसा जाता है। ऊँच-नीच, कायदे-कानून, सभी की शिक्षा अधिक से अधिक लड़कियों को ही दी जाती है। आज के पढ़े-लिखे माता-पिता बेटी के पैदा होने पर ख़ुश होते हैं। उसे उचित शिक्षा देते हैं और यथासमय उचित वर पसन्द कर उसके हाथ पीले कर देते हैं। प्रस्तुत उपन्यास एक अमीर ईसाई परिवार की सोफ़िया की कहानी है।

मिस्टर विलियम एक पाँच सितारा होटल के मालिक हैं। उन्हें अपनी बेटी और पत्नी से बहुत प्यार हैं। यही कारण है कि वह अपनी व्यस्तता के दौरान भी उनके लिए समय निकाल लेते हैं। मि. विलियम की बेटी का नमा सोफ़िया है। जैसे ही वह बी.ए. डिग्री में प्रवेश करती है, विलियम दम्पत्ति को उसके विवाह की चिन्ता सताने लगती है। अपनी हैसियत के अनुसार प्रत्येक माता-पिता अपनी बेटी के लिए अच्छा वर और घर ढूँढ़ने का प्रयास करते हैं। लेखिका विलियम परिवार की दुविधा को बड़े सरल शब्दों में व्यक्त करती है। मि. विलियम ने हमेशा ज़रूरतमन्द लोगों की आर्थिक मदद की थी। आज वे लोग सफल व्यवसायी बन गये थे। सोफ़िया की शादी ऐसे ही किसी घर में करने में उन्हें झिझक महसूस हो रही थी। वे अपनी बेटी से कहते हैं, "चर्च के लगभग सारे लोगों को मैंने आर्थिक सहायता कई बार दी हुई है वे सोचते हैं कि माँगने वाले कैसे मेरी बेटी को ब्याह सकते हैं? वे मेरा सामना नहीं करना चाहते और मैं भी उनको अपनी बेटी नहीं देना चाहता। जिनकी सहायता कदम-कदम पर की हो, भला उन परिवारों के लड़कों को अपने दामाद के रूप में कैसे देख पाऊँगा।" एक ग़रीब परिवार में आर्थिक तंगी के चलते बेटी की शादी करने में या उचित वर तलाशने में परेशानी होती है, किन्तु अमीर परिवारों के सम्बन्ध में यह धारणा एकदम विपरीत होती है। लोग

मानते हैं कि अमीरों के पास बहुत पैसा होता है। जिसे चाहे उसे अपने पैसों के दम पर हासिल कर सकते हैं। पैसों से वे सब कुछ ख़रीद सकते हैं। प्रस्तुत उपन्यास में मधु धवन जी इस धारणा से अलग एक अमीर परिवार को सामने लाती हैं, जो अपनी बेटी की शादी कराने के लिए चिन्तित है क्योंकि अच्छे और काबिल लड़के अपने से ज़्यादा अमीर लड़की से शादी नहीं करना चाहते। सोफ़िया सोचती है, "अमीर घर की लड़,की से शादी करने में हिचकिचा रहे हैं। स्वयं आगे आने में शादी में आनाकानी करते हैं।"[2] उच्चतर शिक्षा के पश्चात् सोफ़िया की एक कॉलेज में नियुक्ति हुई। भारतीय समाज में विवाह योग्य कन्या को कई तरह की परेशानियों से गुज़रना पड़ता है, जैसे पहले तो उसे देखने के लिए लड़केवालों की तरफ़ से रिश्तेदार आते हैं। कुछ सवाल लड़की से पूछे जाते हैं (गाँव में तो अंग्रेज़ी का पेपर लड़की के सामने रख कर पढ़ने को कहा जाता है और कुछ जगहों पर 'रामायण-भगवद्गीता' पढ़ने को कहा जाता है)। इसके पश्चात् लड़की की फ़ोटो की माँग की जाती है ताकि परिवार के अन्य सदस्य और लड़का उस फ़ोटो को देख लें। यदि फ़ोटो में लड़की उसे पसन्द आ जाती है तब लड़का उसे देखने आता है। ठीक इसी प्रकार सोफ़िया की तस्वीर जब लड़केवालों ने माँगी तो विलियम भड़क उठे, "इतने बड़े बाप की बेटी के लिए कोई काम का रिश्ता नहीं? ऊपर से लड़की की फ़ोटो माँगी जा रही है।" माँ समझाती कि यह दुनिया का दस्तूर है। अगर दुनिया का दस्तूर है तो लड़के की फ़ोटो भी आनी चाहिए। केवल लड़की की ही क्यों? बात में वजह तो ठीक थी। लड़के की फ़ोटो मँगवाने की बात पर पापा का मन कुछ शान्त हुआ। तीनों एक-दूसरे को किसी-न-किसी तरह समझा कर ख़ुश होने का दिखावा करते थे, किन्तु सोफ़िया की बढ़ती उम्र उसके चेहरे की चमक को ख़त्म कर रही थी। उसने भी सपने सजाए थे। उसका राजकुमार उसके माता-पिता की पसन्द का ही होगा, लेकिन अपनी शादी की चिन्ता में घुलते माता-पिता की किसी भी तरह सहायता करने में असहाय महसूस कर रही थी। दूसरी तरफ़, बढ़ती उम्र उसे डरा रही थी।

समाज में अविवाहित स्त्रियों के चाल-चलन पर अत्यधिक कड़ी नज़र रखी जाती है। जैसे ही उनसे कोई ग़लती होती है या उनके साथ कुछ अप्रिय घटित होता है, लोग अपनी बेटियों को समझाना शुरू कर देते हैं। प्रस्तुत उपन्यास में रूथ डिसूजा का वर्णन है जो अविवाहित है और किसी कम्पनी में डायरेक्टर है। एक और लड़की डायना ग्रेबियल सौन्दर्य प्रतियोगिताओं में भाग लेने के बहाने रोम चली गयी और वहीं पर रहने भी लगी। विलियम दोनों लड़कियों के परिवार से परिचित थे, इसलिए जानते थे कि डायना और रूथ मजबूरी में ऐसी ज़िन्दगी जी रहे हैं। वह नहीं चाहते थे कि समाज उनकी सोफ़िया के साथ भी ऐसा अभद्र व्यवहार करे। विलियम और उनकी पत्नी रात-दिन छटपटाते रहते। उन्हें किसी पल भी चैन नहीं था। वे लोग क्लब जाने लगे ताकि ज़्यादा-से-ज़्यादा लोगों से मिल सकें और कहीं से कोई अच्छा रिश्ता मिल जाए। अख़बारों में शादी के इश्तहारों को बड़े ग़ौर से देखते, उनकी तड़प को सोफेया कुछ इस प्रकार कहती है, "मैं चश्मदीद गवाह की तरह उनकी तड़प देख कर भी असमर्थ थी, जिसकी इकलौती बेटी हाइली क्वालिफाइड हो और उसकी उम्र छब्बीस पार हो गयी हो। जो सदा सिर ऊँचा कर जी रहा हो, उसके सारे काम उसके मनपसन्द तरीके से चुटकियों में हो जाते हों...जीवन में पहली बार हार, आत्मग्लानि और आत्मपीड़न के ज़ोरदार प्रहार से उनकी पीड़ा छटपटाहट में बदल गयी थी।"[4] संघर्ष हमेशा नहीं रहता। ख़ुशियाँ भी कौन-सी स्थिर होती हैं? संघर्ष कर जीतना और खुशियों को पाना ही जीवन है तो नयी चुनौतियों का निमन्त्रण पत्र भी इन्हीं ख़ुशियों के साथ जीवन में प्रवेश करता है। सोफ़िया के जीवन में मि. सैम फ़र्नांडिस के रूप में ख़ुशियों ने प्रवेश किया। सोफ़िया ने मन-ही-मन उसे 'चीता' का नाम दिया। उसके माता-पिता

की ख़ुशी का ठिकाना नहीं था। उन्होंने सगाई समारोह में दिल खोकर खर्च किया। उनके चेहरों पर अलौकिक ख़ुशी का नूर चमक रहा था। विलियम परिवार शादी की तैयारियों में व्यस्त हो गया और सैम दूसरे ही दिन कलकत्ता चला गया। अचानक एक दिन विलियम परिवार को ख़बर मिली कि सैम के किसी मुसलमान लड़की के साथ सम्बन्ध हैं। इस पर सोफ़िया कहती है "अगर यह सच हुआ तो क्या करेंगे? बेहतर है कि इस रिश्ते को मना कर दें।"[5] इसके बावजूद मि. विलियम दार्जिलिंग जाते हैं, तब उन्हें सच्चाई पता चलती है। सैम और मुसलमान लड़की कितने गहरे दोस्त हैं, इसका अन्दाज़ा वे लोग नहीं लगा पाते। इस उधेड़-बुन में या इस रिश्ते को अनदेखा करते हुए सैम के माता-पिता और विलियम दम्पति शादी की तारीख़ तय कर देते हैं। सोफ़िया और सैम की शादी 28 दिसम्बर को चर्च में हो जाती है। रात को रिसेप्शन के दौरान सैम सोफ़िया को मंच पर अकेला छोड़कर भाग जाता है। लेखिका ने विलियम परिवार की मानसिक और शारीरिक दशा का अत्यन्त सजीव चित्रण किया है। सोफ़िया घर पर आकर कराहती है। उसके लिए समय रुक गया है "समय की स्थिति फिसलते पानी की तरह है...अज्ञान का व्यवहार ज्ञानवान करेगा तो ऐसे ही विकृत फल निकलेंगे।"[6] कुछ दिनों बाद सैम अचानक सोफ़िया के घर आता है। तब विलियम उसे धक्के मारकर घर से बाहर निकाल देते हैं। उसके पश्चात विलियम को दिल का दौरा पड़ जाता है। सोफ़िया और उसकी माँ भी अस्वस्थ रहने लगे। सोफ़िया अपने आप को कॉलेज के कामों में व्यस्त रखने की कोशिश करने लगी। समाज की सहानुभूति भी सोफ़िया के साथ थी, लेकिन इस हादसे से घर की रौनक और परिवारवालों की ख़ुशी और सेहत, दोनों ही चली गयी थीं।

एक दिन सोनिया को पता चलता है सैम और वह लड़की (फ़रिश्ता) चेन्नई में ही एक होटल चला रहे हैं। चार महीनों की मेहनत के बाद आख़िर एक दिन वह उन दोनों के सामने जाकर खड़ी हो गयी। सैम को बुरा-भला कहने लगी। सैम एक बेशर्म की तरह सोफ़िया से कहता है, "मैं तुम्हें अपनी ज़िन्दगी में शामिल कर सकता हूँ.. दोनों को अपनी आग़ोश में लेता हूँ। ...मैंने आव देखा न ताव, खींच कर चार-पाँच ज़ोरदार तमाचे उसके गाल पर जड़ दिये।"[7] ये सोफ़िया के संस्कार ही थे कि सैम के आगे गिड़गिड़ाई नहीं, बल्कि उसे सही जवाब दिया। सैम के लिए जो थोड़ी-बहुत मोहब्बत और उम्मीद थी, वह भी उसके इस बेशर्मी भरे व्यवहार से सदा के लिए समाप्त हो गयी। इसके पश्चात् सोफ़िया ने उसे तलाक़ दे दिया। समय सदा एक-सा नहीं रहता। सोफ़िया के माता-पिता अपनी बेटी को ख़ुश देखना चाहते थे। उसके साथ हुए अन्याय का ज़िम्मेदार वे स्वयं को मानते थे। कुछ समय पश्चात उनकी मुलाक़ात विक्टर से होती है। विक्टर बहुत ही सुलझा हुआ युवक है। जीवन के प्रति उसकी ज़िन्दादिली और स्पष्ट सोच उसे दूसरों से अलग करती है। उसका परिवार भी स्वच्छन्द ख़यालों वाला है। विक्टर सोफ़िया से शादी करने के लिए तैयार हो जाता है। सोफ़िया को इस सत्य को स्वीकारने में थोड़ा समय लगता है क्योंकि सैम के द्वारा दिये गये धोखे ने उसके मानसिक रूप से कमज़ोर कर दिया था, जिसकी वजह से वह शारीरिक रूप से भी अस्वस्थ हो गयी थी। सोफ़िया पहले तो दूसरे विवाह के लिए तैयार नहीं होती है। वह विक्टर को बलि का बकरा समझती है, जो किसी मजबूरी के कारण या उसके लिए सहानुभूति जता कर उससे विवाह करने के लिए तैयार हो गया है। विक्टर सोफ़िया को समझाता है कि मानसिक स्थिति का प्रभाव मनुष्य के शरीर पर भी पड़ता है, "हमें अतीत से ही चिपके नहीं रहना चाहिए। एक रास्ता बन्द होने पर कोशिश करने पर कई रास्ते खुल सकते हैं।... सोफ़िया जी, इस बात को समझने की कोशिश कीजिए कि हम बाईसवीं सदी की ओर बढ़ रहे हैं। यह संस्कार की नहीं, अधिकार की सदी है। मान की नहीं, सम्मान की

सदी है। सद्गुणों की नहीं, स्वच्छन्दता की सदी है।"[8] विक्टर और उसके माता-पिता के सौहार्दपूर्ण व्यवहार और उनके समझाने पर सोफ़िया मान जाती है। विक्टर और सोफ़िया की शादी बड़े साधारण तरीक़े से चर्च में की जाती है। हनीमून के लिए दोनों बॉली जाते हैं। सोफ़िया को लगता है कि उसने जो भी सपने देखे थे, विक्टर के प्यार ने उन सभी को हक़ीक़त का रूप दे दिया। कुछ समय पश्चात दोनों दार्जिलिंग पहुँचते हैं, जहाँ इत्तेफ़ाक़ से सैम के होटल में ही ठहरते हैं। विक्टर और सैम एक-दूसरे को पहले से ही जानते थे। विक्टर को सैम और फ़रिश्ता की प्रेम कहानी पता थी, लेकिन सैम की वास्तविकता का ज्ञान नहीं था। आपस में बातें करते समय विक्टर को पता चलता है कि सैम की पिता बनने कोशिशें लगातार नाकाम हो रही हैं। फ़रिश्ता अपने मुगल खानदान के लिए वारिस चाहती है और साथ ही साथ अपने दादा की सम्पत्ति को सम्भाल रही है। औलाद नहीं होने के कारण फ़रिश्ता से उसका वैवाहिक जीवन निराशा से भर गया है। अब वह अपनी अधूरी चाहतों को पूरी करने की तड़प में छटपटाने लगा है। सैम और फ़रिश्ता ने अपने प्रेम को हासिल करने के लिए सोफ़िया और उसके माता-पिता को धोखा दिया। कुछ समय पश्चात् फ़रिश्ता स्वयं इस बात को स्वीकार करते हुए सोचती है, "स्वार्थों के चलते अपनी इच्छा से किए गये समझौते धीरे-धीरे विवाह की गन्ध को दुर्गन्ध में बदलने लगे हैं और ख़ुशियों का गला घोंट रहे हैं...पति के लिए आसान नहीं होता कि पत्नी की अलग पहचान, उसका स्वच्छन्द व्यक्तित्व और आर्थिक आत्मनिर्भरता दे। विवाह का बन्धन हम दोनों के जी का जंजाल बनता जा रहा है।" जब सोफ़िया को यह सब पता चलता है तो उसे भगवान के न्याय पर यक़ीन होता है। उस बेकसूर की ज़िन्दगी को बर्बाद करनेवालों को ज़िन्दगी ने धर्म और प्रेम, दोनों से दूर कर दिया।

निष्कर्ष

अभिभावक हमेशा अपने बच्चों का भला चाहते हैं, किन्तु विवाह के सम्बन्ध में वे अपने बच्चों से अधिक समाज के बारे में क्यों सोचते हैं? जैसे मि. विलियम ऐसा रिश्ता चाहते हैं जो उनके बराबर की हैसियत रखता हो। अपने से कम स्तर के घर में बेटी की शादी करने पर वे शर्माते हैं (यदि लड़की में कोई कमी या खोट होती है तभी कम स्तर के घर में लड़की की शादी की जाती है)। सैम और फ़रिश्ता के सम्बन्धों की बात सामने आने पर सोफ़िया रिश्ते को तोड़ने की बात करती है, परन्तु उसके माता-पिता को इस रिश्ते में कुछ उम्मीद दिखाई देती है। नतीजा, सैम रिसेप्शन से भाग जाता है और पूरे परिवार को जीवन का सबसे बड़ा धोखा मिलता है। इसके पश्चात् भी मि. विलियम सैम के विरुद्ध कोई कानूनी कार्यवाही नहीं करते। वे चाहते तो उसको धोखाधड़ी के मामले में जेल भेज सकते थे। उस विवाह में ख़र्च की गयी पाई-पाई वसूल कर उसे दिवालिया कर सकते थे। सैम के साथ फ़रिश्ता पर भी कानूनी कार्यवाही की जा सकती थी, परन्तु मि. विलियम ऐसा कुछ नहीं करते क्योंकि ऐसा करने से समाज में उनका नाम ख़राब होता और उससे ज़्यादा सोफ़िया की बदनामी होती। बदनामी के कारण शायद दूसरा विवाह भी सम्भव न हो पाता। अपनी बेटी के सुखद और सम्मानजनक भविष्य के लिए वे ख़ून के घूँट पीकर रह जाते हैं। सोफ़िया की माँ भी मानती है, "सामाजिकों की समस्याओं का हल समाज को ही निकालना चाहिए। कानून का सहारा कुछ हद तक ही काम आता है। अब हमें धैर्य से ही काम लेना चाहिए।"[10] चर्च के फ़ादर विलियम को यही समझाते हैं, "व्यक्तिगत झगड़ों को मोल लेने से बेटी का या तुम्हारा जीवन सुखी नहीं हो जाएगा। ऐसी प्रवृतिवाले अपराधी मानव जीवन के प्रति समादर नहीं होते। एक चुप सौ को

हराए"[11] दूसरी तरफ़ सैम के माता-पिता उसकी भावनाओं को अनदेखा कर ज़बरदस्ती उसकी शादी सोफ़िया से करा देते हैं। सैम के अभिभावकों ने समाज में अपनी इज्ज़त बनाये रखने के लिए उस पर दबाव डाला। नतीजा, पाँच लोगों की ज़िन्दगी बर्बाद हो गयी। अभिभावकों को चाहिए कि बच्चों की शादी के सम्बन्ध में थोड़ी-बहुत स्वतन्त्रता वे अपने बच्चों को भी दें, जिससे वे उचित निर्णय ले सके और भविष्य में किसी भी तरह की परिस्थितियाँ उत्पन्न होने पर एक-दूसरे पर दोषारोपण न करें। भारत पूरे विश्व में अपनी पारिवारिक संस्कृति के कारण ही प्रसिद्ध है। समय के साथ-साथ इसमें भी नये विचारों का आगमन करना होगा। सोफ़िया भाग्यशाली थी जिसे विक्टर जैसा हमसफ़र मिला, जिसकी स्वतन्त्र सोच ने दोनों के जीवन को सुधार दिया। आज की युवा पीढ़ी भी इसी प्रकार सोचने लगे और नारी को सम्मान दे तो सही अर्थों में नवीन भारत का निर्माण होगा क्योंकि सुखी परिवार ही स्वस्थ देश का निर्माण में सहायक होता है।

सन्दर्भ

1. तड़पती चाहतें, वाणी प्रकाशन, नयी दिल्ली, 2017, पृ. 9
2. वही, पृ. 6
3. वही, पृ. 7
4. वही, पृ. 11
5. वही, पृ. 27
6. वही, पृ. 36
7. वही
8. वही, पृ. 78
9. वही, पृ. 92
10. वही, पृ. 47
11. वही, पृ. 47

मो. : 9884749285

मेरी मधु : मेरी शक्ति

●

अवतार कौर विरदी

प्रिय मधु,

तुम मेरी छोटी बहन के रूप में हमेशा मेरे साथ खड़ी रहीं। मेरे सबसे कठिन समय में सिर्फ़ तुम मेरा सहारा बनीं। मैं पूरी तरह टूट चुकी थी, लेकिन तुमने मुझमें जान डाली। आज मैं तुम्हारी बदौलत खड़ी हूँ। हिन्दी और पंजाबी भाषाओं में अनुवाद के काम द्वारा आज मेरा अस्तित्व बना है। अपनी ज़िन्दगी के हर दुख से उभरने का और इस मुकाम तक पहुँचने का श्रेय मैं तुम्हें देती हूँ। बहुत बहुत प्यार।

तुम्हारी विरदी

थमे हुए पल...

उनकी याद में थमे पल

(डॉ. मधु धवन का चेन्नई में दुःखद निधन)

●

प्रदीप गौतम

26 जून 2017 की रात्रि बड़ी दुःखद ख़बर ले कर आयी जब सूचना मिली की साहित्य जगत की चितेरी, साहित्यकारों की मार्गदर्शक, तमिलनाडु साहित्य एकेडमी की महासचिव डॉ. मधु धवन ने इस दुनिया को छोड़ दिया। चेन्नई के अपोलो अस्पताल में उन्होंने अन्तिम साँसें लीं। उनके परिवार में एक पुत्र एवं एक पुत्री है। तमिलभाषी क्षेत्र में हिन्दी को राष्ट्रभाषा बनाने में उन्होंने अथक परिश्रम किया। भारत के अनेक मन्त्रालयों में राजभाषा सलाहकार समितियों में सदस्य के साथ-साथ उन्होंने अनेक अन्तरराष्ट्रीय हिन्दी सम्मेलनों का आयोजन चेन्नई महानगर में किया था। स्टेल्ला मॉरिस कॉलेज, चेन्नई से सेवानिवृत्त होने के बाद से ही उन्होंने हिन्दी को समृद्ध बनाने के लिए अपना अधिकतम समय लगाया। 'तमिलनाडु साहित्य बुलेटिन' का नियमित प्रकाशन करना उनका हिन्दी के प्रति प्रबल समर्पण को दर्शाता है। उन्हें अनेक राष्ट्रीय एवं अन्तरराष्ट्रीय सम्मान प्राप्त हुए हैं तथा उन्होंने हिन्दी की अनेक पत्रिकाओं में अतिथि सम्पादक के रूप में भी कार्य किया तथा अनेक पुस्तकें भी लिखीं। डॉ. मधु धवन का व्यक्तित्व बहुआयामी था तथा स्वभाव में निर्मलता, व्यवहार में सज्जनता कूट-कूट कर भरी हुई थी। उभरते साहित्यकारों के लिए वह बिल्कुल माँ जैसी सहयोगी व पालनहार थीं। नवोदित हिन्दी रचनाकारों को निजी जीवन से समय निकाल कर उन्हें निखारा। हिन्दी सेवी, हिन्दी सिपाही बनाया। दक्षिण भारत से हिन्दी को जिया और हिन्दी को जीने की सलाह दी। बड़ी से बड़ी राजनीतिक हस्तियों को हिन्दी के मैदान में उतार कर लोहा मनवाया। उनका सारा जीवन हिन्दी के लिए समर्पित रहा। वे हिन्दी की महान तपस्विनी, कर्मयोगी बन चेन्नई में उभरीं। जनवरी 2017 में अन्तरराष्ट्रीय हिन्दी सम्मेलन स्टेल्ला मॉरिस कॉलेज में आयोजित कर सबको अचरज में डाल दिया। बड़ा सम्मेलन, बड़ी ज़िम्मेवारी लेकिन बहुत सफल आयोजन। सभी का सम्मान, सभी को लेख पढ़ने की सुविधा। आयोजन की अन्तिम कड़ी में अपने निज निवास में प्रीतिभोज का आयोजन कर सभी साहित्य प्रेमियों का मान बढ़ाया। सभी ख़ुश, उत्साहित एवं ताज़गी से भरे रहे। साहित्य की महान हस्ताक्षर डॉ. मधु धवन को भारत के साहित्य प्रेमी कैसे भूल पाएँगे, उनकी स्मृति सभी के ज़हन में सदैव रहेंगी। उनके जैसा व्यक्तित्व अब पृथ्वी में खोज पाना मुश्किल है। उनके जाने की कमी कभी भरी न जा सकेगी। हाल ही में उनके व्यक्तित्व एवं कृतित्व पर अन्तरराष्ट्रीय स्तर के मूल्यांकनपरक

बृहद् ग्रन्थ के प्रकाशन का कार्य चल रहा हैं। उनकी प्रमुख मौलिक रचनाएँ—**महाकाव्य** (कालचक्र), **खण्डकाव्य**—हुतात्मा, भरत ललाट, कारगिल की ललकार, धरा पर खिला दिव्य फूल। **काव्य संग्रह**—स्वर्णिम भारत, अमृतमयी, तुम भी बदल गये। **समीक्षा**—मैथिलीशरण गुप्त का नहुष, वारी वरन् खोल दो, धरती का आर्तनाद, हमारे सपनों के भारत का निर्माण। **डिक्शनरी कार्य**—लिंक नामक पारिभाषिक शब्दावली—इंग्लिश-हिन्दी-तमिल-फ्रेंच में हिन्दी-अंग्रेज़ी शब्दकोश।

सम्पादन तथा लेखन—महिला, लेखन एवं समसामयिक समाज 2011, भारत दर्शन 2000, जगद्गुरु की नगरी कांचीपुरम् (आध्यात्मिक दर्शन), समरसता गवाक्ष के पार 2013, कर्म एवं कलम के उपासक—गुलाबचन्द्र कोटडिया 2012, भारतीय भाषाओं में राष्ट्रीय चेतना 2017, हिन्दी का बदलता स्वरूप 2017।

उपन्यास—करवट लेता वक़्त, जुर्माना, आकांक्षा, महासागर के शंख, शिखरों से ऊँचा, शक्तिपुंज, मैं सृष्टि की आत्मा हूँ, उस मोड़ पर, साइबर माँ, प्यार भरे दादाजी, तड़पती चाहतें, तमिल का वीर पुरुष कल्कि।

कहानी—झरते अश्रु, इण्टरनेट का माउस, अमृत की बूँदे, ख़ौफ़, लक्ष्मी कहाँ रहती है।

नाटक—मैंने कब चाहा, भूल, भगत सिंह, भारत कहाँ जा रहा है, आज की पुकार।

नाटक संग्रह—चिंगारियाँ 2017।

उन्हें आगम सोची परिवार की ओर से भावभीनी श्रद्धांजलि।

उत्तरार्द्ध
क्षितिज के उस पार

डॉ. मधु धवन जी के साथ बिताये अविस्मरणीय क्षण

•

डॉ. राजलक्ष्मी कृष्णन

आज मधु जी हमारे साथ नहीं हैं, यह अविश्वसनीय है, परन्तु सत्य को कोई भी टाल नहीं सकता। वे इस जगत से हमें छोड़कर हमेशा के लिए चली गयीं, परन्तु उनके विचार, उनके उपदेश और मार्गदर्शन हमेशा-हमेशा हमारे साथ ही रहेगा। 26 जून को वे हमेशा के लिए अलविदा कह कर चली गयीं।

24 जून को दूरभाष पर मेरी उनसे बातचीत हुई। बातचीत के दौरान मैंने उनसे कहा कि आपका अभिनन्दन ग्रन्थ तैयार हो रहा है यह जानकर मुझे अपार प्रसन्नता का अनुभव हो रहा है। मैंने लेख तैयार कर लिगा है उसे भेज रही हूँ। उन्होंने कहा कि बहुत प्रसन्नता हो रही है, अपने पति से भी कहना कि वे भी अंग्रेजी में लगभग चार पृष्ठ लिखें और अभी मैं राजस्थान में हूँ, आप जून अन्त तक मेरे ई-मेल पते पर भेज देना।

इसके ठीक तीन दिन बाद ही मुझे वॉट्स-एप पर दुःखद समाचार मिला कि मधु जी हमेशा के लिए हमें छोड़कर चली गयीं। यह न केवल हमारे लिए परन्तु उनके सभी मित्रों, रिश्तेदारों तथा हितैषियों के लिए एक भारी सदमा है। इस क्षति को कोई भी पूर्ण नहीं कर सकता।

तमिलनाडु चेन्नई की वे एक सुप्रसिद्ध विदुषी महिला लेखिका हैं। सौ से भी अधिक कहानियाँ, निबन्ध, नाटक और साहित्य की अनेक विधाओं पर अपनी कलम चलाकर सफलता हासिल की है, परन्तु उन्हें गर्व छू तक नहीं गया। लगातार चालीस वर्षों से न केवल भारत में परन्तु अन्तरराष्ट्रीय स्तर पर हिन्दी भाषा का प्रचार-प्रसार किया है। उनका प्रमुख उद्देश्य महिला लेखिकाओं को उन्नति के शिखर पर ले जाना था, जो बहुत ही सराहनीय विषय है। उनका व्यक्तित्व बहुत ही आकर्षक था। 'मधु' नाम के अनुरूप वे अपने मधुर स्वर और अपने व्यवहार से सबको प्रभावित करती थीं। वे न केवल मेरे लिए 'रोल मॉडल' हैं परन्तु अनेक लोगों के हृदय में बसी हुई हैं।

जब कभी भी मैं उनके घर जाती तो वे मुझे स्नेह के साथ अपने पास बिठाकर बातें करतीं और मेरे लिखने में जो भी त्रुटियाँ होतीं, उसे सुधारकर मुझे उचित मार्ग में जाने के लिए प्रेरित करतीं। यह मेरे लिए बहुत ही गर्व का विषय है क्योंकि आज तक मेरे जीवन में ऐसा कोई मार्गदर्शक नहीं आया। निश्चय रूप से वे मेरे लिए प्रेरणादायी हैं और हमेशा रहेंगी।

वे हमेशा यही कहती थीं कि, "राजलक्ष्मी आपको अभी बहुत काम करना है। लिखना है, लिखना है और लिखना है।" उनके मार्गदर्शन और प्रेरणा से ही मैंने अब तक पाँच पुस्तकें प्रकाशित की हैं।

तमिलनाडु हिन्दी साहित्य अकादेमी की वे संस्थापिका हैं। जनवरी 2017 विश्व हिन्दी साहित्य सम्मेलन में उपराज्यपाल डॉ. किरण बेदी और गोवा की राज्यपाल श्रीमती मृदुला सिन्हा द्वारा मेरी 'चिर-प्रतीक्षा' कहानी संग्रह का लोकार्पण हुआ इसका सारा श्रेय मधु जी को ही जाता है। इसके लिए मैं उनकी बहुत आभारी हूँ।

तमिलनाडु हिन्दी साहित्य अकादमी द्वारा उन्होंने अनेकानेक पुरस्कारों द्वारा मौलिक लेखकों, अनुवादकों और हिन्दी प्रचारकों तथा शिक्षा के क्षेत्र में जुड़े अनेक लोगों का मनोबल बढ़ाने का कार्य किया और उन्हें सम्मानित किया। इसके लिए मैं भी बहुत भाग्यशाली हूँ। मैं और मेरे पति श्री आर. कृष्णन उनसे कई वर्षों से परिचित हैं, परन्तु सन् 2013 से मैं उनके अधिक निकट सम्पर्क में आयी जब उन्होंने 'भाषा संगम' इलाहाबाद द्वारा मुझे 'हिन्दी प्रचार सेवा भारती' की उपाधि से सम्मानित किया।

10 जनवरी, 2016 को विश्व हिन्दी दिवस के दिन 'हिन्दी प्रचारक परमहंस सम्मान' से सम्मानित किया। आज तमिलनाडु में ही नहीं सम्पूर्ण भारत में हिन्दी लेखिकाओं में उनका महत्त्वपूर्ण स्थान है। उन्होंने विद्यालय और महाविद्यालय के छात्र-छात्राओं के लिए अनेक नाटक और एकांकी का सृजन किया जो आसानी से रंगमंच पर खेले जा सकते हैं। इस कार्य के लिए वे अनेक बार सम्मानित भी हो चुकी हैं।

मधु जी हिन्दी साहित्य जगत में एक अच्छी मार्गदर्शिका, अध्यापिका, प्राध्यापिका, गुणवक्ता और निपुण कार्यकर्ता भी थीं। आधुनिक नारी समस्या को लेकर उन्होंने अनेक कहानियाँ भी लिखी हैं। राजभाषा हिन्दी को राष्ट्रभाषा बनाने के लिए उन्होंने अथक प्रयास किया। पिछले पाँच वर्षों से उन्होंने अन्तरराष्ट्रीय स्तर पर तमिलनाडु हिन्दी साहित्य अकादेमी को व्यवस्थित एवं अनुशासित ढंग से सफलतापूर्वक सम्पन्न किया है। इसके लिए वे सचमुच बधाई की पात्रा हैं।

आज वे हमारे बीच नहीं हैं, इसका हमें अत्यन्त खेद है। ईश्वर से मैं उनकी पुण्यात्मा की शान्ति के लिए प्रार्थना करती हूँ।

मधुजी ने मुझे और मेरे पति को हमेशा ही प्रोत्साहित किया। इसके लिए वे हमेशा हमारे हृदय और मन में विद्यमान रहेंगी, इसमें लेशमात्र भी सन्देह नहीं है। भविष्य के नवलेखक और लेखिकाएँ उनके कार्यों से प्रेरणा लें, यही मेरा सन्देश है।

मधु और मैं

डॉ. बीना बुदकी

मधु धवन अपने आप में हिन्दी साहित्य का एक ख़ज़ाना थीं। पंजाब में जन्मी और यौवन का निखार चेन्नई में हुआ। दक्षिण के उस क्षेत्र में जहाँ हिन्दी के प्रति लोगों में प्रेम नहीं था, वहाँ उन्होंने हिन्दी को उनकी रोज़मर्रा का अभिन्न अंग बना दिया। मेरी उसकी मुलाक़ात बहुत पुरानी नहीं। वर्ष 2013 मैंने श्रीनगर, कश्मीर में संगोष्ठी 'भाषा संगम' के तत्वावधान में आयोजित की थी। 'भाषा संगम' के सचिव डॉ. गोविन्दराजन जी के मुख से पहली बार उनका नाम सुना। उन्होंने बताया कि दक्षिण में मधु धवन और कश्मीर में बीना बुदकी, दोनों ने हिन्दी की सत्ता की बागडोर सम्भाल रखी है। वर्ष 2015 में उनका निमन्त्रण चेन्नई में संगोष्ठी के लिए आया। मैं गयी थी, लेकिन कुछ खट्टी-मीठी यादें लेकर वापस आ गयी। वर्ष 2016 में मैंने मधुजी को कश्मीर संगोष्ठी के लिए आमन्त्रित किया। वह आयी थीं। उस वर्ष कश्मीर में 5 महीने से क़र्फ़्यू चल रहा था, लेकिन मैंने अपनी संगोष्ठी को नहीं बदला। राष्ट्रीय और अन्तरराष्ट्रीय साहित्यकार भी कश्मीर पहुँच गये थे। मॉरीशस से डॉ. अलका धनपत, ओस्लो से डॉ. सुरेश चन्द, सिक्किम से डॉ. बीरभद्र, दुबई से डॉ. कृष्णा दुरानी और पूरे भारत से साहित्यकार भी पहुँच गये।

समय और वक़्त की नज़ाक़त को देखते हुए वह संगोष्ठी राजभवन, श्रीनगर में आयोजित हुई, जिसके लिए मैं जीवन पर्यंत राज्यपाल श्री एन.एन. वोहरा जी की आभारी रहूँगी, जिन्होंने राजभवन में संगोष्ठी के साथ-साथ खाने की भी व्यवस्था की थी और 3 घंटे तक संगोष्ठी वहाँ पर हुई।

दूसरे दिन शिक्षा मन्त्री श्री अख़्तर नईम के निवास पर संगोष्ठी हुई। वहाँ भी उन्होंने साहित्यकारों के लिए कश्मीरी कहवा और खान-पान का बन्दोबस्त किया था। 'धन्यवाद' छोटा-सा शब्द है, पर उनकी मेहमानवाज़ी के लिए मेरे पास शब्द नहीं। सिर्फ़ तहे दिल से आभार व्यक्त कर सकती हूँ।

बहुत सारी ख़रीददारी मधुजी ने की। वे अपनी बहू के लिए कश्मीरी कुण्डल लेना चाहती थीं, क़र्फ़्यू के कारण दूकानें बन्द थीं जिसका उन्हें मलाल रहा। हम घूमने-फिरने भी गये, लेकिन जब कुछ करने का हौसला हो तो परेशानियाँ बौनी पड़ जाती हैं।

वहाँ से आकर मधुजी ने कई लोगों से बताया कि मुझे लगता था कि मैं ही हिन्दी की सेवा कर रही हूँ, लेकिन कश्मीर में बीना ने मेरा भ्रम तोड़ दिया। मुझे उससे बहुत कुछ सीखना है। मेरे लिए ये शब्द अनमोल थे।

वर्ष 2017 में फिर से उन्होंने मुझे आमन्त्रित किया और मेरी बड़ी आवभगत की। वापस आने

से पहले अपने घर में बहुत सी बातें कीं। मैंने भी उनको बहुत कुछ बताया। बहुत कुछ सावधान भी किया, पर यह नहीं पता था कि मधु बहुत जल्द हम सबसे दूर चली जाएँगी।

काम की लगन, सब कुछ पाने की लालसा उनमें अदम्य थी। वे महत्वाकांक्षी महिला थीं, लेकिन कब, कहाँ, किसकी, नज़र लग जाती है, पता नहीं चलता। बस, यही दुआ है कि वह उस दुनिया में सुकून से रहें, उसका आशीर्वाद बच्चों पर बना रहे। पूजा-विशाल उसकी कोख के अनमोल फूल हैं। अपनी माँ को इस पुस्तक के रूप में श्रद्धांजलि देकर उन्होंने एक महान काम दिया है।

मो. : 8169320171

हृदय की अनुकृति बाह्य उदार : डॉ. मधु धवन

●

डॉ. ऋषभदेव शर्मा

डॉ. मधु धवन, अर्थात् एक ऊर्जावान व्यक्तित्व की पर्यायवाची संज्ञा। नाम के अनुरूप उनके भीतरी-बाहरी अस्तित्व में माधुर्य गुण का प्राचुर्य था। अपने पंचवर्षीय चेन्नई प्रवास के दौरान विभिन्न साहित्यिक गतिविधियों के सिलसिले में उनसे परिचय हुआ और धीरे-धीरे पकता गया, प्रगाढ़ होता गया। आरम्भ से ही उनकी कविताओं और वार्तालाप की शैली में मुझे कुछ ऐसा वैशिष्ट्य प्रतीत हुआ जो उन्हें औरों से अलग करता था। प्रायः वरिष्ठ गीतकार रमेश गुप्त नीरद और साहित्यप्रेमी जीव गोविन्द मून्दड़ा के साथ मधुजी का सान्निध्य कई बार मिला। मैंने पाया कि मधुजी सबसे घुल-मिल कर आत्मीयतापूर्वक व्यवहार करती थीं, लेकिन एक दूरी भी बना कर रखती थीं। उनके व्यवहार से शालीनता, शिष्टाचार और सम्भ्रान्तता झलकती थी। वे दृढ़ और अनुशासनप्रिय थीं, लेकिन बड़ों के प्रति वे सदा विनीत बनी रहती थीं। मैंने बहुत बार महसूस किया कि जिन्हें भी उन्होंने गुरु या गुरुतुल्य माना, उनके प्रति आजीवन शिष्य-धर्म का निर्वाह किया। अपने वरिष्ठों के प्रति उनका यह सम्मान भाव देख कर स्वयं उनके प्रति श्रद्धा उत्पन्न होती थी।

हाँ, मधुजी बहुतों के लिए श्रद्धेय थीं। यह श्रद्धा भी उन्होंने अपने मधुर व्यवहार से ही अर्जित की थी। नये रचनाकारों और छात्र-छात्राओं के प्रति उनके मन में अपार स्नेह था। वे किसी भी युवक-युवती में प्रतिभा का तनिक-सा भी प्रकाश देखतीं तो अपनी सारी ममता उस पर उंडेल देतीं। जिस प्रकार वे अपनी वरिष्ठ पीढ़ी को आगे रख कर स्वयं पीछे हो जाती थीं, कई बार मैंने देखा कि उसी प्रकार वे नयी पीढ़ी को भी आगे आने देने के लिए खुद पीछे हट जाती थीं। शायद यही कारण है कि उनके कनिष्ठ मित्र और शिष्य-शिष्याएँ उन पर जान छिड़कते थे। यदि यह कहा जाए कि डॉ. मधु धवन ने अपने निकट विद्यमान और आने वाले सभी जन को बड़प्पन देकर ही अपना बड़प्पन अर्जित किया, तो उचित ही होगा। सम्मान देना उनके शिष्ट आचरण की उदात्त अभिव्यक्ति थी और सम्मान प्राप्ति इस शिष्टाचार का फलागम। उनका अन्तर-बाह्य एक जैसा उदार था—'हृदय की अनुकृति बाह्य उदार' (कामायनी)।

याद आते हैं वर्ष 1990-95 के वे मधुर दिन, जो सचमुच 'कितने सुन्दर' थे। प्रायः डॉ. दिनेश प्रताप तोमर और डॉ. निर्मला एस. मौर्य के साथ डॉ. मधु धवन की साहित्य-संगति का अवसर मिलता रहता। कुछ गपशप होती, कुछ काव्यशास्त्र विनोद। परस्पर रचनाएँ सुनी-सुनाई जातीं। सद्भावनापूर्ण टिप्पणियाँ भी होतीं, हास-परिहास भी। 'दक्षिण भारत हिन्दी प्रचार सभा' से लेकर स्टेल्ला मॉरिस कॉलेज तक में कई बार अनौपचारिक और औपचारिक काव्य गोष्ठियाँ और चर्चा-परिचर्चा उनके संयोजन में

सम्पन्न हुईं। कभी-कभी उनकी सुपुत्री भी आती थीं। मधुजी विधिवत डायरी के साथ आया करतीं, रचनाएँ सुनातीं और कभी-कभी तो विनम्रतापूर्वक सुझाव भी माँगतीं। ऐसे अवसरों पर मैं संकोच में पड़ जाता। मैं उन्हें जो सम्मान देता था, उसमें इसकी गुंजाइश नहीं थी कि मैं उनकी कविताओं का छिद्रान्वेषण करूँ या उन पर टीका-टिप्पणी करूँ, पर वे मुझे जो सम्मान देती थीं, उसमें उनके लिए यह अवश्य सम्भव था कि वे आग्रहपूर्वक अपनी रचना पर चर्चा चाहें। उनकी वह विनम्रता और निरभिमानता उनके कद को और भी बढ़ा देती थी—'झुक जाती है मन की डाली अपनी फलभरता के डर में' (कामायनी)। प्रायः देखने में यह आता है कि चार अच्छर लिख लेने भर से कई हस्ताक्षर स्वयं को बृहस्पति समझने लगते हैं। ऐसे लोगों को मधुजी से सीखना चाहिए कि शताधिक पुस्तकों की रचनाकार होने पर भी वे अपनी परिपक्व आयु में भी उसी छात्र-सुलभ विनम्रता को अपने व्यवहार में जीती थीं। मैं मानता हूँ कि 'विद्या ददाति विनयम्' की इस चरितार्थता के कारण ही वे हर बार कुछ नया करने के लिए तत्पर मिलतीं। प्रायः देखा जाता है कि कुछ आदर-सम्मान आदि मिल जाने पर लोगों की रचनात्मकता मन्द पड़ जाती है, या फिर एक ऐसा ठहराव आ जाता है जिसमें वे अपने आपको दुहराने लगते हैं, अतीत की जुगाली करने लगते हैं। डॉ. मधु धवन इसका अपवाद थीं। हर उपलब्धि को वे नये दायित्व की तरह स्वीकार करती थीं। एक जगह ठहर जाना उनके स्वभाव में नहीं था। वे तो ऐसी 'संचारिणी दीपशिखा' थीं जो स्वयं तो प्रकाशित होती ही है, सम्पूर्ण परिवेश को भी आलोकित करती है। यह प्रकाश निरन्तर नये दायित्व स्वीकार करने की आन्तरिक ऊर्जा से उत्पन्न होता था। मैं बताना चाहूँगा कि पिछले कई दशकों में जब मीडिया जगत में अनेक परिवर्तन तेज़ी से घटित हुए तो उन्होंने बदलाव को कोसने की वृद्ध मानसिकता नहीं अपनाई बल्कि पत्रकारिता, टेलीविज़न, थियेटर और फ़िल्म के क्षेत्र में आ रहे तकनीकी बदलावों को आत्मसात किया तथा अपने मित्रों और छात्रों को नये मीडिया से जुड़ने के लिए प्रेरित किया।

मधुजी जिन कुछ विषयों पर निरन्तर चिन्तन-मनन करती रहती थीं, उनमें हिन्दी भाषा और साहित्य पढ़ने-पढ़ाने वालों के लिए रोज़गार की सम्भावनाओं की तलाश का मुद्दा मुख्य था। इसी प्रकार वे स्त्री सशक्तीकरण के प्रति भी मन, वचन और कर्म से निरन्तर सक्रिय रहती थीं। मैंने बहुत बार देखा कि वे अपने समवयस्कों से लेकर नन्ही बालिकाओं तक को छोटी-छोटी बातों में आत्मविश्वास, आत्मनिर्णय और आत्मसम्मान का पाठ पढ़ाती रहती थीं—भाषण देकर नहीं, इशारों-इशारों में उदाहरण देकर। इसलिए यदि अपनी बहुत-सी छात्राओं के लिए वे चरित नायिका बन गयी थीं, तो यह उचित ही था।

हमें यह नहीं भूलना चाहिए कि तमिलनाडु के प्रतिकूल वातावरण में हिन्दी की फसल लहलहाने की सफल ज़िद करने वाली हिन्दी-सेवी डॉ. मधु धवन की जड़ें पंजाब में थीं। पंजाबी मिट्टी और पंजाबी भाषा की जीवन्तता उनके जीवन की मूल प्रेरक शक्ति थी। ये उनके पंजाबी संस्कार ही थे कि वे हर आयु के स्त्री-पुरुषों के साथ घुल-मिल जाती थीं। कभी भी मौक़ा मिलते ही गुनगुनाने और गाने से नहीं चूकती थीं। पंजाबी की लोकोक्तियाँ और गीतों की पंक्तियाँ मौक़े-बेमौक़े उद्धृत करना उनकी आदत थी। साठोत्तर वय में भी मधुजी के भीतर एक अल्हड़ पंजाबी किशोरी छलांगें मारती थी। इसे मैंने वर्ष 2015 और 2016 के 'तमिलनाडु हिन्दी साहित्य अकादेमी' के अन्तरराष्ट्रीय सम्मेलनों के अवसर पर तब महसूस किया जब दोनों ही बार पंजाब का कोई प्रसंग आने पर उन्होंने हाथ नचा-नचा कर कई पंजाबी गीतों के टुकड़े सस्वर सुना डाले। अभिप्राय यह है कि मधुजी जीवनी शक्ति से रोम-रोम भरपूर थीं। उन्हें अभी नहीं जाना चाहिए था...

मो. : 08074742572

चिट्ठी न कोई सन्देश कौन-सा ऐसा देश जहाँ आप चले गये

(दक्षिण भारत में हिन्दी प्रचार-प्रसार की स्तम्भ : डॉ. मधु धवन को सादर श्रद्धांजलि)

●

डॉ. मुकेश मिश्र

(संस्मरण)

कहाँ से शुरू करूँ, कुछ समझ में नहीं आता। जो आया है इस संसार में, उसका जाना निश्चित है, पर ऐसा चला जाएगा, बिना आहट के, बिना बताए या सूचना के तो अटपटा-सा लगता है पर ईश्वरीय काल सर्प मृत्यु के आगे किसकी चली है? हिन्दी साहित्य एवं भाषा की एक ऐसी ही विदुषी महिला डॉ. गधु धवन का जाना ऐसा ही है। दक्षिण भारत के प्रान्तों में उन्होंने जो कार्य हिन्दी के लिए किया, वह अविस्मरणीय है। जीवन की परिधि में हम इतनी व्यस्तता में रहते हैं। मधुजी भी परिवार की व्यस्तताओं के बावजूद अपना मूल धर्म हिन्दी की सेवा करना कभी नहीं भूलीं। मैं उन्हें लगभग काफ़ी पहले से जानता था। मुझे याद है, अक्टूबर 1995 में शिवहर्ष किसान इण्टर कॉलेज, बस्ती के हॉल में 'मनुष्य प्रकृति और देश' विषय पर एक राष्ट्रीय संगोष्ठी आयोजित थी। अकविता के जनक स्व. डॉ. जगदीश चतुर्वेदी, स्व. श्री लक्ष्मीकान्त वर्मा, स्व. एन. सुन्दरम, विमल, एन. सुन्दरम, डॉ. एन.जी. देवकी, स्व. डॉ. मधु धवन सहित देश के विभिन्न कोनों से अनेक विचारक एवं श्रोतागण उपस्थित थे। सत्र के उद्घाटन की शुरुआत स्व. जगदीश चतुर्वेदी ने की। तत्पश्चात् द्वितीय सत्र के द्वितीय वक्ता के रूप में मुझे उन्हें सुनने का अवसर मिला, क्योंकि संयोजक डॉ. मधु नारायण ने मुझे वॉलेण्टियर के रूप में उस कार्यक्रम में मेरा उपयोग किया था। बस, इतना समझ में आया कि उन्होंने अच्छा बोला क्योंकि जब ज़्यादा संख्या में तालियाँ बजीं, तो लगा कि उन्होंने कुछ अच्छा कहा होगा, तभी लोगों ने प्रसन्न हो कर तालियाँ बजायी होंगी। उस समय मैं इतना ही समझ सका। कुछ वर्ष बीते, मैं बड़ा होता गया। पिता के सान्निध्य में साहित्य की कविता विधा का ककहरा सीख रहा था फिर पाँच वर्ष के पश्चात् वर्ष 2000 मैं पिताजी के साथ कालीकट विश्वविद्यालय में हिन्दी विभाग द्वारा यू.जी.सी. के सहयोग से रिफ्रेशर कोर्स में पिताजी रिसोर्स पर्सन और हिन्दी सेवी डॉ. मधु धवन जी प्रतिभागी के रूप में उपस्थित थी। रिसोर्स पर्सन के उद्‌बोधन के उपरान्त सायं में वह पिताजी से मिलने विश्वविद्यालय गेस्ट हाउस में आयीं। मैंने कमरे का दरवाज़ा खोला और पैर छूकर उनका अभिवादन किया। पिताजी ने कहा कि यह तुम्हारी बुआ जैसी हैं और फिर चल पड़ी सम्बन्धों की एक नाव और फिर 18 अक्टूबर, 2003 को पिताजी की मृत्यु पर उनका एक पत्र आया। फिर एक लम्बा अन्तराल हो गया क्योंकि मैं अपने कैरियर एवं जीवन के

संघर्ष में इतना व्यस्त हो गया कि सम्पर्क फिर टूटने लगे। पिता जी द्वारा स्थापित समेकित भारतीय साहित्य संस्थान, बस्ती की ज़िम्मेदारी और उसे आगे बढ़ाना, कैरियर सब एक साथ चलने लगे थे। फिर एक दिन मेरे घर में लैंडलाइन पर फ़ोन आया, "मैं डॉ. मधु धवन। क्या चेन्नई से मुकेश बोल रहे हो?" मैंने कहा, "हाँ।" उन्होंने कहा, " 'मिडिम विमेश' पर एक संगोष्ठी स्टेल्ला मॉरिस कॉलेज में आयोजित है और तुम्हें आमन्त्रित कर रही हूँ।" मैं फिर जीवन के पिछले 9 वर्ष पीछे चला गया। मैं उत्साहित होकर पत्नी और बेटे हैप्पी के साथ चेन्नई के लिए चल पड़ा। पहुँचा तो सर्वप्रथम निर्मला जी के यहाँ पहुँचा। वह मूलतः बनारस की हैं और मेरे घर के परामर्श दाताओं में उनकी भी एक जगह है। शाम को मैं डॉ. मधुजी के आवास पर पहुँचा। उन्होंने इतनी आत्मीयता का परिचय दिया। बोलीं, "अरे, तू इतना बड़ा हो गया, साहित्य की समझ हो गयी। मेरे बहू और बेटे को कहाँ छोड़ आया?" मैंने कहा, ''निर्मला जी के घर।'' हाँ, भाई साहब का निर्मला जी से भी भाई-बहन का रिश्ता है। मैंने कहा, ''हाँ, लेकिन जाने के पहले अवश्य आप से मिलाऊँगा।'' फिर घर-परिवार, पिता जी, बहुत-सी बातों को साझा करती रहीं जो मुझे नहीं मालूम थीं। फिर खाना खाकर मैं उनकी गाड़ी से निर्मला जी के निवास 3rd Cross आ गया। फिर दूसरे दिन अचानक निर्मला जी के वहाँ पहुँच गयीं। फिर उन्होंने पत्नी और बच्चों को आशीर्वाद दिया। बातें कीं। कहा, ''मैरीन बीच ज़रूर चले जाना, पत्नी-बच्चों को लेकर।'' जैसे लगा, घर का अपना बड़े अधिकार से कह रहा हो। फिर धीरे-धीरे उनके प्रति आत्मीयता और सम्मान बढ़ता गया। फिर 'तमिलनाडु हिन्दी साहित्य अकादेमी' के कार्यक्रमों में आना-जाना बढ़ता गया। बड़े-बड़े लोगों को सुनना और उनसे बात करना तथा कुछ सीखने का अवसर मिलता गया। डॉ. सुधा त्रिवेदी से मेरी मुलाक़ात उनके कार्यक्रम के आयोजन का हिस्सा था। वह मेरी बड़ी बहन जैसी बन गयीं। गंगा प्रसाद विमल, पूरन चन्द्र टण्डन, डॉ. शेषन, डॉ. सुरेन्द्रन, डॉ. शौरिराजन आदि विद्वान् को सुनने और मिलने का अवसर मिला। वह उनके सान्निध्य का ही परिणाम था। 'तमिलनाडु हिन्दी साहित्य अकादेमी' के पाँचवें सम्मेलन में ताज़िक ओपन विश्वविद्यालय, तजाकिस्तान के हिन्दी विभागाध्यक्ष श्री हबीबुल्लाह रज्बोब और हेमराज आदि से मिलने का अवसर मिला। वह तुलसी के एक वाक्य 'समरथ के हि नहि दोष गोसाईं', उनपर बराबर सटीक बैठती है। फिर चेन्नई आना-जाना जैसे घर हो गया था। फिर एक समय आया कि नौकरी की तलाश में मैं चेन्नई आया और कुछ लिखने-पढ़ने के प्लेटफ़ॉर्म की खोज में अग्रसेन कॉलेज में माधवाम में हिन्दी अध्यापक नियुक्त हुआ। दो महीने निर्मला जी के घर रहा, फिर कमरा मिला तो वहाँ रहने लगा। हफ़्ते का शनिवार मधुजी एवं रविवार निर्मला जी के यहाँ बीतता। कुछ करेक्शन, तो कुछ ज्ञान बराबर मिलता रहा। लोगों को जोड़ने और तोड़ने में उनको महारत हासिल थी। विभिन्न अकादमियों के उन्हें अनेकों सम्मान मिले। मध्य प्रदेश साहित्य अकादेमी और विश्व हिन्दी सम्मेलन, भोपाल में उन्हें हिन्दी सेवा के लिए पुरस्कृत किया था। मैं चेन्नई अब जाता तो बाला जी के शरण में तो निर्मला जी एवं मधुजी की शरण में भी जाता हूँ। इन सभी का स्नेह बराबर मिलता रहा। 23-24 अक्टूबर, 2016 को कश्मीर हिन्दी संगम के कार्यक्रम में मैं उनके साथ तीन दिन रहा। कपड़ों और किताबों की वह बेहद शौक़ीन रहीं। कश्मीर के श्रीनगर में मेरी पत्नी के लिए एक त्रिभुजा रूप का शॉल ख़रीदा और एक गाउन उपहार में भेंट किया। कार्यक्रम के समापन पर श्रीनगर एयरपोर्ट तक उनका मेरा साथ बना रहा। फिर बस्ती लौट कर मैं व्यस्त हो गया, पर समय-समय पर उन्हें कर उनके कुशल-क्षेम पूछता और इसी वर्ष जनवरी 2017 को 'तमिलनाडु हिन्दी साहित्य अकादमी' का हिन्दी शिक्षण सम्मान मुझे उनके हाथों ही मिला। किसी की व्यक्ति की काव्य कृतियाँ मनुष्य को महान बनाती हैं, लेकिन व्यवाहारिकता का रूप उन्हें एक विशिष्ट स्थान प्रदान करता है। यहाँ मैं उनके कृतियों

का उल्लेख इसलिए नहीं कर रहा हूँ, क्योंकि उनके व्यक्तित्व को किताबों में नहीं आँका जा सकता। उनकी रचनाएँ साहित्य में उनकी उपस्थिति दर्ज करा सकती हैं, किन्तु उनका मूल्यांकन उनके व्यक्तित्व से किया जा सकता है। उन्होंने हिन्दी सीखने के लिए कई पुस्तकें लिखीं जिनमें से हिन्दी भाषा एवं पत्रकारिता पर रमेश गुप्त नीरद के साथ प्रकाशित पुस्तक विशिष्ट है। संक्षिप्त पत्रकारिता को समझने के लिए यह पुस्तक अत्यन्त उपयोगी है। हिन्दी साहित्य का संक्षिप्त इतिहास, वाणी प्रकाशन की महत्त्वपूर्ण कृति है। उनके उपन्यास 'अमृतमयी' काव्य संग्रह साइबर माँ' बेहद उल्लेखनीय हैं। उनके प्रपत्रों एवं सम्पादन की एक लम्बी लिस्ट है। बड़े लेखकों के पत्र-व्यवहार उनकी प्रमाणिकता के दस्तावेज़ हैं, 'हम एक हैं एक रहेंगे'। उन्होंने मंचों पर बहुत-बहुत बार गाया। वह हिन्दी को दक्षिण भारत के प्रचार-प्रसार को आगे बढ़ाने वाली प्रथम पंक्ति की प्रथम महिलाओं में एक थीं। हिन्दी के नाम पर उन्होंने अपनी संस्थाओं द्वारा अनेक लोगों को पुरस्कृत किया। डॉ. सुन्दरम्, डॉ. एम. शेषन, डॉ. शौरिराजन, डॉ. बीना बुदकी आदि इसके प्रमाण हैं। उन्होंने अनेक विश्व विधाओं के शोध निर्देशक के रूप में काम किया। दक्षिण भारत हिन्दी प्रचार सभा और मदुरई कामराज विश्व विद्यालय की तथा अनेक कोर कमेटियों में अपनी पूर्ण उपस्थिति दर्ज करायी।

स्व. जगदीश चतुर्वेदी, डॉ. गंगा प्रसाद विमल के साथ उनकी बहुत अच्छी साहित्य मित्रता थी। उन्होंने हिन्दी भाषा के दक्षिण भारत के प्रान्तों में जो हिन्दी का प्रचार-प्रसार किया, वही उनके जीवन का मूल लक्ष्य रहा। पाँच बार विश्व हिन्दी सम्मेलन की तर्ज़ पर हिन्दी का महा यज्ञ करना, उसे पूर्णरूप से, सफल बनाना उनके वश की ही बात थी। लोगों को जोड़ना, उनको फटकार लगा कर उनसे कार्य कराना, फिर उन्हें दुलार कर उसे अपना बना लेना, ऐसी कला ईश्वर ने उन्हें ही दे रखी थी। 26 जून, 2017 को दक्षिण भारत के जाब चार्क नाक के चेन्नई शहर में उन्होंने जीवन की अन्तिम साँस लेकर महाकाल की ओर प्रस्थान कर लिया। हिन्दी सेवा का ऐसा सूर्य अस्त हुआ, जो अब उग पाना मुश्किल है क्योंकि जीवन के अन्तिम समय में सभी निरूपाय हो जाते हैं, पर मृत्यु के चार दिन पूर्व राजस्थान के कार्यक्रम में जाकर वापस आना यह प्रमाणित करता है कि मृत्यु के उस काल योग से पूर्णतया वे अनभिज्ञ थीं। जगजीत सिंह की गायी ग़ज़ल की कुछ पंक्तियाँ उन पर सटीक बैठती हैं—

चिट्ठी न कोई सन्देश, जाने वो कौन सा देश
जहाँ आप चली गयीं
इस दिल पे लगा के ठेस, जाने वो कौन सा देश
जहाँ आप चली गयीं
एक आह भरी होगी, हमने न सुनी होगी
जाते-जाते आपने आवाज़ तो दी होगी
हर वक़्त यही है ग़म, उस वक़्त कहाँ थे हम
कहाँ आप चली गयीं

हिन्दी सेवी डॉ. मधु धवन के उस कालजयी व्यक्तित्व और हिन्छी सेवा को कुछ सन्दर्भों और लेखों के द्वारा परिभाषित नहीं किया जा सकता और यह निर्विवादित है कि जब भी दक्षिण भारत में हिन्दी प्रचार-प्रसार के सन्दर्भ में कोई बात होगी तो उनका नाम प्रथम पंक्ति के लोगों में गिना जाएगा। उनके व्यक्तित्व एवं उनकी हिन्दी सेवा को सादर श्रद्धांजलि एवं नमन।

मो. : 9381754826

उदात्त जीवन मूल्यों की संवाहिका

(डॉ. मधु धवन के प्रति भाव सुमन)

●

डॉ. बीना रानी गुप्ता

26 जून, 2017 की वह भयावह काली रात, जिसने बहुआयामी विराट् व्यक्तित्व को हमसे छीन लिया। वो और कोई नहीं, भव्य व्यक्तित्व की धनी, दक्षिण भारत में हिन्दी की ध्वज पताका फहराने वाली, प्रख्यात लेखिका तथा 'तमिलनाडु हिन्दी साहित्य अकादेमी' की अध्यक्षा डॉ. मधु धवन जी हैं, जिन्होंने अपने आशीषों एवं शुभकामनाओं से 'नवपल्लव' पत्रिका को सिंचित किया। उनसे बिछुड़ जाना एक अत्यन्त आत्मीय व्यक्ति से वियुक्त हो जाने की असह्य पीड़ा से गुज़रना है। उन्नत सघन केशराशि से आच्छादित ललाट, चौड़े माथे के नीचे झाँकती वात्सल्यमयी आँखें, पतले होंठ, गहराई में डूबी भाव भंगिमा तथा माथे पर बिन्दी, गौर वर्ण तथा ग्रेसफुल व्यक्तित्व अपनी ओर अनायास ही आकृष्ट कर लेता था। अपने सम्पर्क में आने वाले किसी भी व्यक्ति को तत्काल प्रभावित करने की क्षमता उन में थी। जो भी उनसे मिलने जाता, उसका स्वागत अत्यन्त आत्मीयता से करते हुए कहती थीं, ''आइए...मैं आपकी क्या सेवा कर सकती हूँ?'' मुझे उनसे मिलने का सौभाग्य प्राप्त हुआ सभी को। सन् 2014 में, जब मैं चेन्नई गयी थी। अकादेमी की पत्रिका में मेरा लेख छपा था। मेरी अक्सर मधुजी से बात होती रहती थी। मैंने फ़ोन पर कहा, ''मैं चेन्नई आयी हुई हूँ, क्या आपसे मिल सकती हूँ?' और उन्होंने तुरन्त कहा, ''बीना जी, बिल्कुल निस्संकोच मेरे घर आ जाइए।'' मेरे मन में संकोच था कि तमिलनाडु साहित्य अकादेमी की अध्यक्षा तथा विदुषी डॉ. मधु धवन से मुलाक़ात कैसी होगी? जब पहुँची तो उन्होंने मुझे गले से लगा लिया, अपने बेडरूम में ले गयीं और अपने बिस्तर पर बैठा कर बोलीं, ''आप आराम से बैठिए।'' पारिवारिक तथा साहित्यिक चर्चा के दौरान उनका उन्मुक्त ठहाका आज भी याद है। उनके पति विजय धवन जी भी बहुत ही ज़िन्दादिल इनसान थे। इत्तेफ़ाक़ है कि मेरे पति भी विजय गुप्ता हैं और वे हँस कर बोली थीं, ''दोनों विजयों को बात करने दो।'' उनका करीने से सजाया घर किसी आर्ट गैलरी से कम न था। स्थान-स्थान पर प्राकृतिक दृश्यों से सुसज्जित फ्रेम जड़ित तस्वीरें, महात्मा बुद्ध की बड़ी-सी प्रतिमा, फ़्लॉवर्स पॉट्स उनकी कलात्मक सुरुचि को प्रकट कर रहे थे।

हम वापस आने के लिए उठे ही थे कि झट उन्होंने हाथ पकड़ लिया और बोलीं, 'भोजन किए बिना कैसे जा सकते हैं?' और हमने सुरुचिपूर्ण भोजन साथ-साथ किया। वे अपने पति को 'मियाँ'

कह कर सम्बोधित करतीं तो प्रेम रस की फुहार मन को छू जाती। मैं मन्त्रमुग्ध-सी कभी मधुजी को, तो कभी उनके सुसज्जित घर को देखती रही। उपहार में उन्होंने मुझे सुन्दर साड़ी प्रदान की।

वार्तालाप के दौरान उन्होंने बताया कि 'भारत-दर्शन' पुस्तक में सभी देवी-देवताओं एवं तीर्थस्थलों की तस्वीरों को लिया गया है। तब यह पुस्तक बाइंड होने जा रही थी। सुबह को दरवाज़ा खोला तो माँ वैष्णो देवी का चित्र बाहर पड़ा था। मुझे याद आया कि इसमें मैंने उनके चित्र को तो संलग्न ही नहीं किया। ईश्वर के प्रति अटूट आस्था का अद्वितीय उदाहरण है यह। भारतीय धर्म एवं संस्कृति के प्रति अटूट आस्था उनके सम्पूर्ण व्यक्तित्व में प्रतिभासित होती थी। उनका मानना था 'जिस आत्मा में राग-द्वेष है, जिस आत्मा में क्लेश एवं भेदभाव है, जिसमें किसी गुणी के प्रति, किसी भी त्यागी के प्रति, तपस्वी के प्रति अनादर की भावना है, वह कभी भी गुणवान और शुद्ध सात्विक नहीं बन सकता।' वैष्णव पन्थ, कबीर पन्थ और आर्य समाज की विचारधाराओं की त्रिवेणी उमनें प्रवाहित होती प्रतीत होती थी। उनके घर के नौकर-चाकर, माली, महरिन, रसोइया--सभी उनसे अति प्रसन्न प्रतीत हो रहे थे। उनका विचार था 'मुझे इस बात की चिन्ता नहीं रहती कि लोग कितने स्वार्थी हैं, बल्कि इस बात की चिन्ता सदा रहती है कि मैंने उनके लिए निःस्वार्थ भाव से क्या किया, क्या कर रही हूँ और क्या करने जा रही हूँ?' ऐसा उदात्त, निरभिमानी, सात्विक व्यक्तित्व करोड़ों में किसी एक का होता है। 'शक्ति पुंज' कविता में उनके विराट व्यक्तित्व का ही दर्शन होता है–

'मैं हूँ नक्षत्र खचित असीम आकाश
मैं हूँ पर्वत विस्तृत विशाल
मैं नदियों का उद्गम स्थल
मैं हूँ चुनौती जीवन की,
जलती हूँ बन सदा मशाल
हँसती-गाती, सुख-दुःख बाँटती
शक्ति भरने का अथक प्रयास।'

डॉ. मधु धवन एक ऐसे ही व्यक्तित्व का नाम है, जिसने दीपशिखा बन नवरचनाकारों का मार्ग प्रशस्त किया। चेख़व ने एक बार कहा था–'कुछ लोग जीवन में बहुत भोगते रहते हैं–ऐसे आदमी ऊपर से बहुत हल्के एवं हँसमुख दिखाई देते हैं। वे अपनी पीड़ा दूसरों पर थोपते नहीं, क्योंकि उनकी शालीनता उन्हें अपनी पीड़ा का प्रदर्शन करने से रोकती है।' मधु धवन एक ऐसी ही शख़्सियत थीं, जिनके हृदय में प्रेम, करुणा, ममता तथा उदारता अपना स्थायी वास बनाये थी। कॉलेज की छात्राएँ अक्सर उन्हें कामायनी की 'श्रद्धा' के नाम से स्मरण करती हैं।

उन्होंने लोभ, लालच एवं लाभ से अपने को सर्वथा मुक्त रखा। समस्याएँ उन्हें विचलित नहीं करती थीं। वे मुस्कुराते हुए कहती थीं, "सब ठीक हो जाएगा...शान्त रहो...ऊपर वाला है न?" पति व्हील चेयर पर थे, फिर भी उनको स्वस्थ होने का अहसास कराना और स्वयं भी ऊर्जा से परिपूर्ण रहना, यह सब आसान नहीं होता। फ़ोन पर बात होती तो पता चलता अस्पताल में एक सप्ताह में से हैं पर आवाज़ में न कोई दर्द, न पीड़ा। "अरे! मैं ठीक हो जाऊँगी। यह सब तो चलता रहता है।" 'चैरेवेति-चरैवेति' के सिद्धान्त का अनुपालन करने वाली मधु धवन जी 'अभिनन्दन ग्रन्थ' के कार्य में व्यस्त थीं। अगस्त में उसका लोकार्पण होना था परन्तु अफ़सोस, नियति ने उन्हें हमसे छीन लिया।

शिक्षिका, लेखिका, शिक्षाविद्, संचालिका, मार्गदर्शिका, पटकथा लेखिका तथा बहुआयामी व्यक्तित्व की धनी मधु धवन जी की जीवनदृष्टि सदैव सभी की प्रेरणा स्रोत बनेगी। उन्होंने काग़ज़ रँगने के

लिए रचना नहीं कीं, वरन् हृदय की वेदना एवं कसक, सामाजिकों में चेतना जागृति एवं सच्चाई का पर्दाफ़ाश करने के लिए रचनाएँ कीं। चाहे कविता का क्षेत्र हो, चाहे उपन्यास, कहानियाँ, निबन्ध या अनुवाद हो– सभी में उन्होंने सफल रूप से कलम चलायी है।

अपनी सरलता, सौम्भ्यता, सहजता तथा स्पष्टवादिता से उनका व्यक्तित्व अपनी निर्झर गति से सतत प्रवहमान रहता था। हिन्दी के प्रति समर्पण हेतु उन्हें अनेक पुरस्कारों एवं सम्मानों से अलंकृत किया गया। वर्ष 2015 में 10वीं विश्व हिन्दी सम्मेलन (भोपाल) में 'विश्व हिन्दी सम्मान' से विदेश मन्त्री सुषमा स्वराज द्वारा सम्मानित किया गया। 100 से भी अधिक पुस्तकों का सृजन करने वाली मधु धवन जी अकेले नहीं, सबके साथ उड़ने की चाह रखती थीं, जैसा कि–

मुझे पूर्ण विश्वास है
अपने पर
अपने पंखों पर
अपनी ऊर्जा पर
मैं एकाएक उड़ने लगूँगी
असीम नील गगन में
मुक्त स्वच्छन्द
फिर भी अकेली नहीं
तुम्हें भी लेकर अपने संग।

मधु धवन जी भौतिक रूप से हमारे बीच नहीं है, परन्तु उनके समाजसेवा के कार्य एवं विस्तृत रचना संसार हमें सदैव प्रेरणा देता रहेगा। साहित्यकार कभी सभी मरते नहीं, वे तो अमर होते हैं। जब तक यह संसार रहेगा, उनका नाम तथा अवदान सदैव रहेगा। इस अंक में मधुजी के व्यक्तित्व एवं कृतित्व को प्रकाशित कर नवपल्लव परिवार की ओर से महान विभूति को श्रद्धांजलि अर्पित कर रहे हैं। चेतना का इतिहास रचने वाली मधु धवन जी को समर्पित निम्न पंक्तियाँ अंकित हैं–

चेतना का सुन्दर इतिहास
अखिल मानव भावों का सत्य।
विश्व के हृदय पटल पर
दिव्य अक्षरों से अंकित हो नित्य।।

मेरी प्रिय सखी : मधु

●

डॉ. वत्सला किरण

मेरे और मधुजी के बीच का सम्बन्ध बहुत पुराना है क्योंकि हम दोनों एक ही क्षेत्र में काम करते थे। उन दिनों उत्तर पुस्तिकाओं की जाँच के लिए हमें बाहरी ज़िलों में जाना पड़ता था। हम कांचीपुरम, सेलम, वेलूर आदि जगहों में जाकर, दस-पन्द्रह दिन वहीं ठहर कर उत्तर पुस्तिकाओं की जाँच करते थे। बाक़ी विषयों के प्राध्यापक एक-एक कोने में बैठ कर चुपके-से जाँच करके चले जाते थे, लेकिन हिन्दी के प्राध्यापक सब मिल कर बैठते, मिल कर खाते तथा बारी-बारी से सबको मिठाई खिलाते और चाय पिलाते थे। हर बार मधुजी ही इस कार्य की शुरुआत करतीं और बाक़ी लोग उसको आगे बढ़ाते थे। बाक़ी लोग हमारी एकता देख कर कुढ़ते थे। जो व्यक्ति उस साल अवकाश प्राप्त करते हैं, उनका विशेष सम्मान भी करते थे। इन सब कार्यों का सूत्रधार स्वयं मधुजी थीं। उनमें मिल कर रहने की जो भावना है, उसका सबूत है यह।

जब उन्होंने 'अखिल भारतीय लेखिका संघ' की स्थापना की, तब हमारा सम्बन्ध और भी प्रगाढ़ हो गया। वर्ष 2000 में उन्होंने संघ की ओर से मेरी पहली पुस्तक 'पिंगला : एक अध्ययन, प्रकाशित किया। इस पुस्तक के लिए मुझे कई सम्मान भी मिले हैं।

अवकाश प्राप्ति के बाद 'तमिलनाडु हिन्छी साहित्य अकादेमी' में सक्रिय भगीदार बनने का सुअवसर मिला तो हमारा सम्बन्ध और भी प्रगाढ़ हो गया। मैं उनके परिवार की एक सदस्या जैसी बन गयी। मधुजी के पतिदेव श्री विजय धवन ने मुझे सगी बहन का-सा प्यार दिया। जब कभी हम कहीं बाहर जाते तो वे कहते कि मधु के साथ वत्सला जी हैं तो मुझे चिन्ता नहीं है, वे सम्भालेंगी। कई जगहों में उनके साथ जाने का मौक़ा मुझे मिला है।

वर्ष 2015 सितम्बर को भोपाल में जो 'विश्व हिन्दी सम्मेलन' हुआ, उसमें हम दोनों ने भाग लिया। उस सम्मेलन में प्रधानमन्त्री मोदी जी के हाथों मधुजी सम्मानित हुईं। सरकार की ओर से उनके आने-जाने के लिए हवाई टिकट मिल सकता था, लेकिन वे मेरे साथ रेलगाड़ी में ही आयीं। उनके रहने का प्रबन्ध स्टार होटल में किया गया था, लेकिन वे मुझे दूसरी जगह छोड़ कर वहाँ जाना नहीं चाहती थीं। मैंने ही उन्हें ज़ोर देकर वहाँ भेजा। फिर भी वे जब-तब फ़ोन करके पूछताछ करती रहीं कि मुझे कोई असुविधा तो नहीं थी। मुझे ले जाने के लिए गाड़ी भी भेज दी। इस तरह हर वक़्त मेरा ख़याल रखा और मुझे यह महसूस होने नहीं दिया कि मैं अकेली हूँ।

और भी कई जगहों में हम साथ-साथ रहे। हाल ही में 'ऑल इण्डिया ऑर्थर्स गिल्ड' का कन्वेंशन

आगरा में हुआ तो हम सब एक टीम होकर पी.के.बी.जी के साथ गये। वे स्मृतियाँ मेरे दिल में सदा ताज़ी रहेंगी। मैं ही ऐसी थी जे पहली बार आगरा जा रही थी। मधुजी को अस्पताल से लौटे एक हफ़्ता भी नहीं हुआ था, लेकिन अपने स्वास्थ्य की परवाह किये बिना वे मुझे सभी दर्शनीय स्थानों में ले गयीं। वे यही कहती रहीं कि वत्सला पहली बार आ रही है न! उसे सब जगहें दिखानी हैं। जाते तथा आते समय रेलगाड़ी में भी सबके खाने-पीने की व्यवस्था करती रहीं।

साहित्य सेवा के क्षेत्र में भी वे ही मेरी मार्गदर्शक हैं। अब तक मैंने करीब 12 किताबों का अनुवाद किया है जिनमें 10 प्रकाशित हो चुकी हैं। उसके पीछे भी मधुजी का ही हाथ है। उन्होंने 'डायमंड पब्लिकेशंस, से तीन किताबें अनुवाद करने के लिए दिलायीं, किन्तु उस सम्बन्ध में सारा पत्र-व्यवहार उन्होंने स्वयं किया। अन्त में सी.डी. भेजने तक का काम स्वयं किया।

मृदुला सिन्हा जी के 'परितप्त लंकेश्वरी' के सम्बन्ध में भी यही बात हुई है। उसका आवरण पृष्ठ तैयार करते समय वे स्वयं मेरे घर आयीं और डी.टी.पी. वाले के साथ बैठ कर आवश्यक सुझाव देती रहीं। इससे स्पष्ट होता है कि कामों का बोझ रहने पर भी वे हर छोटी-छोटी बात की ओर कितना ध्यान देती थीं?

उनकी रचना 'उस मोड़ पर' का अनुवाद करने का सौभाग्य मुझे मिला। समाज में घटने वाली घटनाओं के प्रति उनकी जागरूकता तथा उसमें परिवर्तन लाने की व्यग्रता का एक स्पष्ट उदाहरण है प्रस्तुत रचना। नशीली चीज़ों का उपयोग, जुआ खेलने जैसी बातों का कुप्रभाव किस प्रकार समाज पर पड़ता है और मनुष्य का जीवन ही नष्ट करता है—इस बात की ओर पाठकों का ध्यान आकर्षित करके उसे दूर करने का रास्ता ढूँढ़ने के लिए उन्हें प्रेरित करना ही उनका लक्ष्य रहा। उसमें वे पूरी तरह सफल भी हुईं जिसका एक सजीव उदाहरण पैदा करना चाहती हूँ। 'उस मोड़ पर' का मलयालम अनुवाद 'आ वषि तिरिविल' पढ़ कर मेरी 92 साल की मौसी फूट-फूट कर रोती रहीं और पूछती रहीं कि कहानी के अन्त में उस माँ-बच्चे को क्यों मारा? लेखिका की लक्ष्य प्राप्ति का इससे बढ़ कर क्या सबूत चाहिए?

अनेक विरोधों के बावजूद उन्होंने मुझे 'तमिलनाडु हिन्दी साहित्य अकादेमी' की अध्यक्षा बनाया। मैं स्वयं उस पचड़े में नहीं पड़ना चाहती थी, लेकिन उनके प्यार भरे आदेश के सामने मुझे झुकना पड़ा। मुझे इस बात पर गर्व है कि हमारे सम्मिलित प्रयत्न के परिणाम स्वरूप उस दौरान अकादेमी की सेवाओं के लिए सम्मान भी प्राप्त हुआ। मधुजी ने मुझ पर जो विश्वास अर्पित किया था, उसे पूरा करने के लिए मैंने जी-जान से कोशिश की और मेरा विश्वास है कि अपनी शक्ति के अनुसार मैंने उसे पूरा भी किया।

आगरा से लौटते समय वे भविष्य के कार्यक्रमों के बारे में चर्चा करती रहीं। न उन्होंने सोचा और न हमने सोचा कि भगवान अचानक उन्हें हमसे छीन लेंगे। तमिलनाडु के हिन्दी जगत में उनके चले जाने से जो खाई बनी है, उसे कोई नहीं भर सकता। धन के पीछे दौड़नेवाली इस दुनिया में उनके समान समर्पित व्यक्ति मिलना असम्भव है। भगवान उनकी आत्मा को शान्ति प्रदान करें और हमें यह दुःख झेलने की शक्ति और साहस दें।

मो. : 7358309713

डॉ. मधु धवन : स्मृति 'शेष'

•

डॉ. वासुदेवन 'शेष'

व्यक्ति चाहे जितनी भी प्रगति कर ले, लेकिन व्यक्ति को बनाने में उसका अपना व्यक्तित्व काफ़ी काम आता है। व्यक्तित्व ही उसको समाज में ख्याति प्रदान करता है, नाम दिलाता है। साहित्य का आडम्बर और उसका प्रदर्शन चाहे जितना भी आकृष्ट कर लेता हो, लेकिन निख़ालिस व्यक्तित्व से ज़्यादा आकर्षक कोई भी दूसरी चीज़ नहीं हो सकती। सुगमता और सरलता का भी एक पृथक् आनन्द होता है, एक पृथक-सी तन्मयता, जिसमें व्यक्ति को बाह्य आपातों की चिन्ता कभी नहीं सताती। रचनाकार का व्यक्तित्व अपनी रचना में साकार होकर बोलता है, परन्तु कृतिकार के व्यक्तित्व के कुछ अंश ऐसे भी होते हैं जिनके लिए हमें उनके जीवन क्रम एवं वैशिष्ट्य घटनाओं पर दृष्टिपात करना आवश्यक होता है।

व्यक्ति का उसके गुण, स्वभाव, कार्य के द्वारा समाज में जो स्वरूप है, वही उसके व्यक्तित्व का निर्माण करता है। व्यक्तित्व एक इकाई है। उसे परखने के लिए उसके अन्तर्वर्ती एवं बाह्यवर्ती, दोनों भावों का अध्ययन करना पड़ता है। व्यक्ति कार्यक्षेत्र में उतरते ही कर्त्तव्य क्षेत्र में विमग्न हो जाता है। (स्व.) डॉ. मधु धवन एक ऐसे ही व्यक्तित्व का नाम था, जिसने दीपशिखा बन कर रचनाकारों का मार्ग सदैव प्रशान्त किया।

डॉ. मधुजी एक ऐसी शालीन एवं सांस्कारिक नारी थीं, जिसमें जीवन की चेतना एवं धरती की करुणा कूट-कूट कर भरी थी। वे एक साहित्यकार होने के साथ-साथ अपनी पत्नी धर्म एवं भारतीय नागरिक होने का दायित्व पूर्ण निष्ठा से निभाती थीं। साहित्य के नाम पर स्वयं को स्वतन्त्र मान निरंकुश जीवन व्यतीत करना उन्हें तनिक भी ग्राह्य नहीं था। उनका सम्पूर्ण व्यक्तित्व उनके काव्यों की भाँति मनोहर, उद्बोधक और प्रेरणादायक है। उनके व्यक्तित्व की एक पहचान यह भी है कि वे छोटे-से-छोटे लेखकों से भी बराबरी की सतह पर उतर कर बातें करती थीं। वे नये लेखकों को अच्छी रचना करने को प्रेरित करती थीं और मुक्त हृदय से उनकी प्रशंसा भी करती थीं।

26 जून, 2017 को अकस्मात साहित्यकारा एवं विदुषी महिला हम सबको छोड़ कर अज्ञात वास को चली गयीं। पूरे हिन्दी साहित्य जगत में निराशा की लहर उठ पड़ी। अचानक उनका भूलोक से प्रस्थान करना मुझ जैसे लेखक, हिन्दी सेवी के लिए असहनीय आघात है।

सन् 1995 में पहली बार मैं दिल्ली से चेन्नई स्थानान्तरित होकर आया। मेरी पहली मुलाक़ात डॉ. मधुजी से प्रचार सभा के अहाते में हुई। तब से लेकर मृत्युपर्यंत तक मेरा उनसे बराबर मिलना होता रहा।

डॉ. मधुजी बड़ी सादगीपूर्ण, शालीन नारी थीं। उनका सदैव हँसमुख चेहरा एकाएक सभी को आकर्षित कर लेता था। डॉ. मधुजी बड़ी ही मिलनसार थीं। अहं उन्हें छू तक नहीं गया था।

हर विद्यार्थी, शोधार्थी, लेखक, हिन्दी सेवी, कर्मी से वे बड़े ही आत्मीय भाव स्नेह से मिलती थीं और वांछित सहयोग, चाहे वे फिर लेखन के सम्बन्ध में हो या शोध, अनुवाद, प्रकाशन से सम्बन्धित हो, भरपूर मदद करती थीं।

डॉ. मधु धवन जीवन के अन्तिम समय तक हिन्दी साहित्य, हिन्दी भाषा को समर्पित रहीं, जबकि उनकी मातृभाषा पंजाबी थी। वे तमिल भाषा को भी सम्मान देती थीं और तमिल भाषा बोलती एवं समझती थीं।

मेरा परम सौभाग्य रहा कि मैंने मदुरै कामराज विश्वविद्यालय से एम.फिल. में बतौर प्रथम शोध छात्र के तौर पर आधुनिक हिन्दी उपन्यासों में 'चित्रित नारी' विषय को लेकर डॉ. मधु धवन जी के द्वारा लिखित उपन्यासों पर शोध कार्य पूरा किया, जिसे बाद में पुस्तक के रूप में प्रकाशित भी किया गया।

उनकी लिखी कहानियों एवं उपन्यासों में मुख्य बिन्दु नारी थी। वे स्वयं एक, ममतामयी माँ, पत्नी एक सभ्य, सम्पन्न नारी थीं। उनको नारी की वेदना, संवेदना, संघर्ष, कष्टों के बारे में जानकारी थी और उन्हें नारी द्वारा झेले जा रहे दुःखों पर पीड़ा होती थी। कामकाजी नारी, घरेलू नारी का पूरा चित्रण उनकी कहानियों में मिलता है।

वे अपनी कहानियों में युवा पीढ़ी को भी सन्देश देती थीं। आज की युवा पीढ़ी किस प्रकार नशे, अन्य गैर सामाजिक गतिविधियों में लिप्त होकर पथभ्रष्ट हो गयी है, उसका भी ज़िक्र था। उनकी कहानी 'अंधी खाई' जो 'ड्रग्स' पर है, में युवा पीढ़ी किस प्रकार इसका शिकार होकर अपने जीवन को तबाह कर लेती है, उसका चित्रण किया गया है।

डॉ. मधु धवन जी ने साहित्य की हर विधा पर अपनी लेखनी चलाई। चाहे वे कहानी संग्रह 'झरते अश्रु', 'अमृतमयी' (काव्य संग्रह) 'तमिल की 21 कहानियाँ' (अनुवाद), 'जुर्माना', 'करवट लेता वक़्त,' 'तूफानी झंझा का दीया', 'आकांक्षा', 'इस मोड़ पर', 'शक्ति पुंज', 'महासागर के शंख', 'शिखरों से ऊँचा', 'मैं सृष्टि की आत्मा हूँ' (उपन्यास) 'शहीद भगतसिंह' (नाटक)। कहना न होगा कि डॉ. मधु धवन जी को राष्ट्रीय और अन्तरराष्ट्रीय स्तर पर कई पुरस्कारों से सम्मानित किया गया है। विश्व हिन्दी सम्मेलन, न्यूयॉर्क एवं भोपाल (भारत) में उनका योगदान सराहनीय रहा। कई प्रदेशों के राज्यपालों ने मधुजी के निमन्त्रण पर चेन्नई में साहित्यिक संगोष्ठियों में उनके नेतृत्व पर चेन्नई में उपस्थिति दर्ज करायी।

स्टेल्ला मॉरिस कॉलेज, चेन्नई में उनकी हिन्दी सेवाओं को कभी भुलाया नहीं जा सकता। तमिलनाडु बहुभाषी लेखिका संघ, मेरी रक्षा (सम्पादिका), तमिलनाडु हिन्दी साहित्य अकादेमी, पंजाब एसोसिएशन, संस्थाएँ उनके अथक परिश्रम एवं कार्य को प्रदर्शित करती हैं। बड़े-बड़े साहित्यकारों के साथ मिल कर उत्तर एवं दक्षिण भारत को जोड़ कर उन्होंने साहित्यिक सेतु बन्धन का अपूर्व कार्य किया है।

उनकी उपलब्धियों को शब्दों में बाँध पाना मुझ जैसे शख़्स के लिए नामुमकिन नहीं, असम्भव है। डॉ. मधु धवन जी के चरणों में अपनी श्रद्धांजलि स्वरूप में ये चन्द पंक्तियाँ प्रस्तुत करता हूँ—

नारी, तुम शोभा हो
भारत देश की

मधु, तुम मधुरिमा हो
रस पावन पवित्र प्रदेश की
चन्दन बन महकती रहो
हर डगर, हर सफ़र
सुगन्ध अपनी बिखेरती रहो
हर शहर हर गाँव
मधु, तुम मधुरिमा हो
कंचन कपाल की
तुम वीरांगना हो
गर्व करता रहेगा तुम पर भारत।

आज डॉ. मधुजी हमारे बीच में नहीं हैं, परन्तु उनके साहित्यिक कार्य, उनका व्यक्तित्व, उनके सन्देश युगो-युगों तक न केवल मुझे, वरनू पूरे साहित्य जगत को प्रेरित एवं प्रोत्साहित करते रहेंगे।

चाहे लेखिका शिक्षिका, मार्गदर्शिका, पटकथा लेखक या पारिवारिक नारी के रूप में परिवार का संचालन करती हो, उनका जीवन प्रेरणाप्रद विविधता से परिपूर्ण है।

मो. : 9444170451

हिन्दी को विश्व मंच पर स्थापित करने वाली शख़्सियत : डॉ. मधु धवन

•

डॉ. मंजु रुस्तगी

"यस्मिन् जीवति जीवन्ति दीना मित्राणि बान्धवाः।
सफलं जीवितं तस्य ह्यात्मार्थे को न जीवति।।"

अर्थात्..."अपने लिए तो सभी जीते हैं, परन्तु जीवन उसी का प्रशंसनीय है व आदर्श है, जिसके आश्रय से ग़रीबों, ज़रूरतमन्दों एवं मित्रों का जीवन भी आनन्दमय बन जाए।"—ऐसा ही सम्मोहक एवं आकर्षक व्यक्तित्व है डॉ. मधु धवन का। एक बार मिलने के बाद उन्हें भूलना नामुमकिन और असम्भव लगता है। वह कर्मठ दृढ़-प्रतिज्ञ महिला हैं, जो एक बार दिल में ठान लेती हैं, उसे पूरा करके ही दम लेती हैं।

तमिलनाडु में एक अन्तरराष्ट्रीय महत्त्व की संस्था 'तमिलनाडु हिन्दी साहित्य अकादेमी' की संस्थापिका डॉ. मधु धवन का चरित्र कुछ ऐसा ही है। विश्व की 111 सर्वश्रेष्ठ महिला लेखिकाओं में शुमार उनका व्यक्तित्व किसी परिचय का मोहताज़ नहीं है। उस विराट् व्यक्तित्व पर अपनी लेखनी को चलाने में मैं खुद को अक्षम पा रही हूँ, फिर भी कुछ बातें आपसे साझा करना चाहती हूँ। मैं उन्हें हमेशा 'दीदी' कहकर ही सम्बोधित करती हूँ।

सर्वप्रथम उनसे मेरी बातचीत फ़ोन पर ही हुई थी, वह भी एकदम छोटी-सी। 28 वर्षों के बाद फिर से पढ़ाई (एम.फिल.) प्रारम्भ करने के कारण मैं बहुत डरी हुई, अनिश्चय और दुविधा की स्थिति में थी कि तभी मेरे मित्र (वाणी प्रकाशन के प्रबन्धक अरुण माहेश्वरी ने डॉ. मधु धवन का नाम सुझाया। मेरे लिए सबसे अद्भुत यह रहा कि जिस गुरु से मेरी बेटी ने शिक्षा प्राप्त की थी, आज उन्हीं का मार्गदर्शन मुझे प्राप्त हो रहा था। सामान्यतः माँ की गुरु बच्चे की गुरु तो हो सकती है, लेकिन यहाँ तो स्थिति एकदम विपरीत थी।

मधु दीदी स्टेल्ला मॉरिस कॉलेज की हिन्दी विभागाध्यक्ष के साथ-साथ महाविद्यालय के डीन पद को भी सुशोभित करती रहीं। बड़े प्यार से उन्होंने बात की तथा मिलने को कहा। इसके बाद उनके सान्निध्य में रहने का मार्ग दिखाया डॉ. सुधा त्रिवेदी ने। मेरे कविता-लेखन के शौक़ के बारे में जान कर उन्होंने मुझे घर की चारदीवारी से बाहर निकालकर काव्य-पाठ के लिए आमन्त्रित किया और

ऐसे ही अवसरों पर उनका अक्सर मिलना बार-बार मिलना न जाने कब आत्मीयता में परिवर्तित हो गया, पता ही नहीं चला।

मैंने पहली बार 20 जून, 2009 में अकादेमी की बैठक में बतौर सदस्य भाग लिया और कार्यक्रमों की सूचना देने का उत्तरदायित्व सहर्ष सँभाला।

मैंने ऐसा सुना था कि भगवान हमारे जीवन-काल में जिन-जिन लोगों से हमें मिलवाता है, उसके पीछे कोई-न-कोई उद्देश्य अवश्य होता है। अपने सन्दर्भ में भी मैंने यही अनुभव किया कि दीदी से मिलना मानो मेरा पुनर्जन्म हो। उनके सान्निध्य में मुझे चेन्नई एवं राष्ट्रीय स्तर के हिन्दी सेवियों, साहित्यकारों, अध्यापकों आदि के एक विशाल जनसमूह से परिचित होने का अवसर मिला। उन्होंने सदैव मुझे लेखन कार्य के लिए प्रोत्साहित किया, हर कदम पर मुझे परामर्श दिया और अपने साथ जोड़ कर हर कार्य में प्रशिक्षित किया। मैं उनके घर के साथ-साथ उनके दिल का भी हिस्सा बन गयी। प्यार-दुलार, शिकायत, डाँट...सबका स्वाद चखते-चखते हमारा रिश्ता यूँ परवान चढ़ा कि घर-बाहर की सभी बातें एक-दूसरे से साझा करते। उन्होंने मुझे चेन्नई क्या, उसके बाहर भी एक पहचान दिलाई व सम्मान का पात्र बनाया। कैसे उऋण हो पाऊँगी...नहीं जानती। बहुत कम लोग ऐसे होते हैं, जो गैर होकर भी इतने अपने हो जाते हैं कि उनसे दूर होने की कल्पना मात्र से मन सिहर उठता है।

वो पारसमणि हैं। जिसको छू लें, वही सोना हो जाता है। मेरे जीवन की दूसरी पारी का इस अन्दाज़ में ऊर्ध्वमुखी होना उनकी ही देन है। वो एक विश्वविद्यालय हैं जहाँ मैंने हर विषय की शिक्षा प्राप्त की—व्यवहार-कुशलता, टीम वर्क, बड़े आयोजनों में सहभागिता, मंच संचालन, अनेक राज्यपालों से मुलाक़ातों के अप्रतिम क्षण—बहुत कुछ है मेरी इन स्मृतियों में, जिसका श्रेय सिर्फ़ और सिर्फ़ उनको ही जाता है। सपने जो इन आँखों ने देखे भी न थे, उन्हें उन्होंने पूरा कर दिखाया। पीएच.डी. के शोध कार्य में भी उन्होंने मेरी भरपूर सहायता की तथा पुस्तक रूप में प्रकाशित करने के लिए प्रोत्साहित भी किया।

लगभग 33 वर्षों के कार्यकाल में उन्होंने अपने कॉलेज में विद्यार्थियों के हित में अनेक परिवर्तन किए। पाठ्यक्रम में कई महत्त्वपूर्ण परिवर्तन किए। 'हिन्दी-विरोधी' तमिलनाडु में उन्होंने डंके की चोट पर हिन्दी की अलख जलाई और न जाने कितने हिन्दी सेवियों को हिन्दी के प्रचार-प्रसार के इस महायज्ञ में अपने साथ जोड़ा। हिन्दी के लिए अपना सर्वस्व तन-मन-धन सही अर्थों में समर्पित करने वाली ऐसी असीम शख़्सियत मेरे इतनी करीब है, यह सोचते ही मुझे स्वयं पर गुरूर हो जाता है।

'तमिलनाडु हिन्दी साहित्य अकादेमी' के प्रतिवर्ष होने वाले आयोजनों में वह स्वयं अपना धन लगा कर साहित्यकारों, अनुवादकों, शिक्षकों, हिन्दी सेवियों, यहाँ तक कि प्रवासी साहित्यकारों को भी सम्मानित करती रही हैं। हिन्दी को विश्व मंच पर स्थापित करने का बीड़ा उठाने वाली इन सशक्त शख़्सियत ने अपने इस अभियान में विद्यालय, महाविद्यालयों के विद्यार्थियों एवं शोधर्थियों को भी स्थान दिया तथा उन्हें सम्मान दिया।

हिन्दीतर प्रदेश में हिन्दी के प्रति उनकी निष्ठा, समर्पण, शैक्षणिक दक्षता एवं उनकी उपलब्धियों का आकलन कर उन्हें विश्व हिन्दी सम्मेलन, भोपाल में 'हिन्दी सेवी सम्मान' से सम्मानित किया गया।

'अतिथि देवो भवः' सूत्र को आत्मसात करती वह अन्नपूर्णा का अवतार प्रतीत होती हैं। कोई भी उनके घर से जलपान या भोजन किए बिना जा नहीं सकता था। छोटे-से-लेकर बड़े—हरेक सदस्य का वह बड़ी आत्मीयता से ध्यान रखती थीं।

मेरे प्रति उनकी चिन्ता और प्रेम की वह घटना मैं कभी नहीं भूल सकती जब मैं अपना फ़ोन महाविद्यालय में भूल गयी थी और दीदी मुझसे सम्पर्क करने के लिए निरन्तर फ़ोन करती रहीं,

पर बात न हो सकी। उनकी चिन्ता चरम पर पहुँच गयी। लगभग 8 बजे उन्होंने अपने मियाँ को कहा—''पता नहीं क्या बात है, मंजु फ़ोन नहीं उठा रही, कोई बात तो नहीं हो गयी...?'' मियाँ ने भी झट-से कह दिया—''मन इतना अशान्त है तो जाकर देख आओ।" उन्होंने तुरन्त षडयन को साथ लिया और ऑटो लेकर घर पर आ गयीं। रात के 8:30 बजे थे। दरवाज़े पर उन्हें देखकर मैं हतप्रभ रह गयी। उनकी साँसें तेज़ चल रही थीं और चेहरे का रंग उड़ा हुआ था। दरवाज़ा खोलते ही उन्होंने पूछा—''तू ठीक तो है न, फ़ोन क्यों नहीं उठा रही?'' उनकी ऐसी स्थिति देख दोषी न होते हुए भी मैं स्वयं को दोषी मान रही थी। इतना प्रेम, इतनी चिन्ता कैसे भुलाई जा सकती है? मेरे लिए वे माँ, बड़ी बहन और मित्र तीनों ही थीं। चेन्नई से बाहर बहुत सारी जगह हम साथ-साथ रहे।

अकादेमी उनके लिए शिशु समान है, जिसके पालन-पोषण में वे कोताही बरतना बिल्कुल पसन्द नहीं करतीं और न ही यह पसन्द करती हैं कि कोई अनुशासन को तोड़े।

सही अर्थों में कहूँ तो वे कर्मयोगी हैं। उनका प्रतिपल कर्म करने में ही व्यतीत होता है। उनका अपना विचार है—"मेरे सामने मेरा लक्ष्य ही सर्वोत्तम होता है। मैं किसी कीमत पर अपना लक्ष्य हासिल करके दम लेती हूँ। हार मेरी नज़र में बुज़दिली है...जीवन की त्रुटि है।" यही लगन, निष्ठा, उदात्त प्रेम, निःस्वार्थ सेवा, सहनशीलता, धैर्य है जो आज वह पूरे भारतवर्ष में एक ख्यातिलब्ध साहित्यकार से अधिक एक अच्छे इनसान के रूप में प्रख्यात हैं, लेकिन अभिमान नाम का भी नहीं—

"उसके कद का क्या होगा अन्दाज़ा तुम्हें,
वो आसमाँ है फिर भी सर झुकाए चलता है।"—

उन्होंने हमेशा अपना हाथ सभी के विकास के लिए आगे बढ़ाया। एक ही बात उनके मुँह से निकलती थी—situation win-win की होनी चाहिए। वे हमेशा कहती रहीं—"याद रखो, प्रतिभा सबके पास होती है, लेकिन अवसर न मिले तो ऐसी प्रतिभा किस काम की?" लोगों को वही अवसर प्रदान करने में इन्होंने अपना जीवन बिता दिया।

अज्ञेय ने लिखा है कि—"समय कहीं पर ठहरता है तो स्मृति में ठहरता है, मगर संस्मरण में स्मृति जब आकार पाती है तो ठहरा हुआ समय मानो फिर एक बार चलने लगता है। जैसे समय को किसी ने अपनी मुट्ठी में भर लिया हो और मौक़े पर मुट्ठी खोल दी हो। समय का यह चित्रण किसी फ़िल्म के फ़्लैशबैक की तरह साफ़ भी नहीं होता। स्मृति के झरोखों में काफ़ी कुछ छन जाता है लेकिन इसी में स्मृति को फिर से रचने की सम्भावनाएँ खड़ी होती हैं। झरोखों से छनती धूप की तरह वह स्मृति हमें गुनगुना ताप और उजास देती है।"

डॉ. मधु धवन बड़े जीवट वाली महिला थीं। अपने जीवन का कमज़ोर पक्ष उन्होंने कभी किसी पर उजागर नहीं होने दिया लेकिन मैं जानती हूँ कि मियाँ यानी उनके जीवन-साथी श्री विजय धवन के अनन्त यात्रा पर जाने के बाद के एकाकीपन ने उन्हें अन्दर तक तोड़ दिया था भले ही वह सदैव मुस्कुराती रहीं। यही कारण है कि वह स्वयं भी 26 जून, 2017 को उनका साथ निभाने चली गयीं। आज दीदी हमारे मध्य नहीं हैं लेकिन उनकी स्मृतियाँ, उनके कार्य हमें वो ताप और उजास देकर सदैव उनके हमारे मध्य होने का अहसास कराएँगे।

स्मृति-मंजूषा में न जाने कितना कुछ संचित है, पर अपनी श्रद्धेय दीदी पर जितने भी स्मृति-प्रसून अर्पित करूँ, उतने कम हैं। आज उनकी क़लम बेशक रुक गयी है लेकिन उनके लिखे शब्द आज भी हमारे चारों ओर सुगन्ध फैला रहे हैं।

मो. : 9840695994

अभिनन्दनीय मार्गदर्शिका एवं बहुआयामी व्यक्तित्व की धनी : डॉ. मधु धवन...कुछ यादें कुछ बातें

●

डॉ. वी. जयलक्ष्मी

सन् 2006 की बात है। एम.ए. (द्वितीय वर्ष) की परीक्षा के लिए मैं तैयारियाँ कर रही थी। अन्तिम परीक्षा वायवा थी यानी मौखिक परीक्षा...काफ़ी घबराहट हो रही थी। कौन परीक्षक होंगे, क्या-क्या पूछेंगे, कैसे पूछेंगे आदि तरह-तरह के प्रश्न दिमाग़ में घूम रहे थे। खैर, मौखिक परीक्षा भी नियत तारीख में शुरू हो गयी थी। विद्यार्थी एक-एक करके बारी-बारी कमरे में जाते थे और थोड़ी देर में वापिस आ जाते थे। कुछ विद्यार्थी कमरे से आने वाले बच्चों से पूछ रहे थे कि किस प्रकार के प्रश्न पूछे जा रहे हैं। मेरी बारी आने वाली थी। मेरी साँस तेज़ चलने लगी थी। एक डर तो यह था कि पता नहीं क्या पूछा जाएगा, और दूसरा डर यह कि कहीं मैं किसी प्रश्न को ग़लत समझते हुए ग़लत उत्तर न दे दूँ, क्योंकि मैं थोड़ा कम सुनती थी। भगवान से प्रार्थना करते हुए, 'क्या मैं अन्दर आ सकती हूँ मैडम' पूछते हुए मैंने कमरे के अन्दर प्रवेश किया। तब मेरी मुलाक़ात पहली बार डॉ. मधु धवन जी से हुई थी। अतिसुन्दर, काफ़ी गोरी, माथे पर सुशोभित बिन्दी, हँसमुख चेहरा...यह सब देख कर मैं काफ़ी मुग्ध हुई। यूँ कहना ठीक होगा कि मेरी घबराहट मधुजी को देखकर ही मिट गयी थी। मैडम ने मुस्कुराते हुए मुझे अन्दर बुलाया। उन्होंने प्रश्न पूछने शुरू किए। पहला प्रश्न तो सुन पायी, पर दूसरा प्रश्न मैं ठीक से सुन नहीं पायी। मैंने उत्तर में 'हाँ जी' बोलते हुए उनसे एक बार और प्रश्न दोहराने के लिए विनती की। उन्होंने बड़े प्यार से अपने प्रश्न को दोहराया और मैंने उसका उत्तर दे दिया था। तीसरा प्रश्न मैडम ने मुझे पूछा, ''आप कहाँ के हैं?'' शायद उन्हें मेरे बोलने का ढंग काफ़ी पसन्द आया था। मैंने कहा, ''वैसे मेरी मातृभाषा तमिल है मैडम, परन्तु मेरे पापाजी का स्थानान्तरण होने की वजह से मैं कुछ सालों के लिए दिल्ली में रही'' तुरन्त मधुजी ने जवाब दिया, "यह तो आपके 'हाँ जी' कहने से ही पता चल गया था"। आगे के प्रश्न पूछे जाने लगे, मैं बिल्कुल निडर होकर जवाब देने लगी थी। उन्होंने कहा, ''आपकी मातृभाषा तमिल है, फिर भी आपकी हिन्दी काफ़ी अच्छी है।'' उनके बोलने का ढंग मुझे बहुत पसन्द आया। उस दिन मुझे पता चला कि मधुजी स्टेल्ला मॉरिस कॉलेज में हिन्दी विभागाध्यक्षा हैं। उनसे उस पहली से लेकर आख़िरी मुलाक़ात तक उनकी सारी बातों को मैं याद करती रहती हूँ। उसके बाद मैडम से दूसरी मुलाक़ात एम.फिल. करते वक़्त हो पायी। संयोगवश एम.फिल. में भी मैडम ने ही मौखिक परीक्षा

ली थी। मैडम को देखते ही मैं बहुत खुश हुई। एम.फिल. परीक्षा देने के तुरन्त बाद वर्ष 2007 में मद्रास क्रिश्चियन कॉलेज में मुझे हिन्दी प्रवक्ता के रूप में नौकरी मिली। नौकरी के दौरान मुझे महाविद्यालयों से संगोष्ठी में अपना प्रपत्र प्रस्तुत करने के निमन्त्रण मिलने शुरू हुए। उसके बाद संगोष्ठियों में मैं भी प्रपत्र पढ़ने लगी। हर संगोष्ठी में मैं मधुजी के व्यक्तित्व से मुग्ध होती थी। यूँ कहना ठीक रहेगा कि उनके रहते संगोष्ठी में हमेशा चहल-पहल रहती थी। अधिकतर संगोष्ठियों में वे मुख्य अतिथि के रूप में या फिर विशेष अतिथि के रूप में ही आती थीं। उदीयमान लेखक उनके आशीर्वाद के सहज अधिकारी बन जाते थे।

स्टेल्ला मॉरिस कॉलेज में जब 'तमिलनाडु हिन्दी साहित्य अकादेमी' की पहली अन्तरराष्ट्रीय संगोष्ठी का आयोजन हुआ तो उनकी ओर से मुझे भी निमन्त्रण मिला। मैंने अपना प्रपत्र प्रस्तुत किया। अब उनसे कई बार भेंट करने का अवसर मिलता रहा। अब मैडम मुझे अच्छी तरह से जानने लगी थीं। 'तमिलनाडु हिन्दी साहित्य अकादेमी' की बैठकों में कई बार शामिल होने के लिए मुझे निमन्त्रण मिलता रहा। मैं भी जाती रही। कभी-कभी उनके घर में भी आयोजन होता था। मधुजी बड़ी ही सहज, आत्मीयता प्रवृत्ति की नारी थीं। अपने सम्पर्क में आने वाले किसी भी व्यक्ति को तत्काल आकृष्ट एवं प्रभावित करने की प्रबल क्षमता उनमें थी। उनसे मिलने के लिए किसी भी औपचारिकता की आवश्यकता नहीं पड़ती थी। आत्मीयता से हर किसी का आदर-सत्कार एवं स्वागत करती थीं। जब मैं उनके घर जाती थी तो गले मिल कर ही स्वगात करती थीं। बड़ा अच्छा लगता था उनका वो प्यार भरा स्वागत, कितना अपनत्व लगता था? वह बड़ी भावुक महिला थीं, दूसरों की भावना का सम्मान करना जानती थीं। सच कहूँ तो अपने विचारों को टाइप करते वक़्त भी मेरी आँखों से आँसू निकल रहे हैं।

बाद में 'तमिलनाडु हिन्दी साहित्य अकादेमी' की ओर से जब दूसरे अन्तरराष्ट्रीय सम्मेलन का आयोजन हुआ था तो 'तमिलनाडु हिन्दी साहित्य बुलेटिन' निकला, उसमें 'सौतर्ण पक्षी बन उड़ते मुक्त गगन में' शीर्षक के अन्तर्गत कई लोगों की तस्वीरें एवं परिचय दिये गये थे। मेरी तस्वीर एवं परिचय भी उसमें देख मुझे काफ़ी ख़ुशी हो रही थी। सचमुच उनके प्रोत्साहन एवं आशीर्वाद से सभी शोधार्थी जीवन में आगे बढ़ते रहे हैं। उस दूसरी संगोष्ठी में मेरी पहली किताब 'डॉ. गिरिराजशरण अग्रवाल का व्यंग्य साहित्यः कथ्य और भाषा' का विमोचन उन्हीं के हाथों से हुआ।

मधु धवन जी एक बहुआयामी व्यक्तित्व की धनी थीं जो अपने जीवन की समस्त भूमिकाओं को एक साथ निभा रही थीं। उन्होंने लेखिका, शिक्षिका, शिक्षाविद्, संचालिका, पटकथा लेखिका, प्रशासनिका, मार्गदर्शिका एवं पारिवारिक नारी आदि जैसी सभी भूमिकाओं को आत्मनिष्ठा के साथ निभाया था। अपनी सर्वतोमुखी प्रतिभा का परिचय उन्होंने साहित्य की विविध विधाएँ यथा नाटक, एकांकी, कहानी, उपन्यास, काव्य सम्पादन, अनुवाद आदि में लेखन तथा हिन्दी का प्रचार-प्रसार करने हेतु अपना बहुमूल्य योगदान दिया था।

अत्यन्त कर्मठ और परिश्रमी, विशुद्ध मानवतावादी विचारों एवं आचरण युक्त व्यक्तित्व, डॉ. मधु धवन जी साहित्य का प्रमुख हस्ताक्षर थीं। डॉ. मधु धवन जी के स्वभाव की सबसे बड़ी विशेषता उनकी बुद्धिमत्ता और विचार स्वातन्त्र्य था। उनमें तीव्र बुद्धि के साथ-साथ स्मरण शक्ति भी विलक्षण थी। उन्हें जब कभी कॉलेज में हिन्दी कार्यशाला चलानी हो अथवा कोई संगोष्ठी करवानी हो तो वह पूरी जानकारी, तैयारी एवं तत्परता के साथ उस कार्य को करती थीं। आधी-अधूरी तैयारी, कम जानकारी से उन्हें परहेज़ था। इतना ही नहीं, मधुजी अत्यन्त उदार प्रवृत्ति की भी थीं। ज़रूरत पड़ने

पर लोगों की सहायता करते हुए काफ़ी ख़र्च करती थीं। साहित्यकार के रूप में काफ़ी ऊँचाई तक पहुँचकर भी उनमें रत्ती भर भी निभिमानता नहीं थी। उनका हृदय आईने की तरह साफ़ था। वे कोई भी बात स्पष्ट एवं मुख पर कहने में हिचकिचाती नहीं थीं। वे अत्यन्त विनोदप्रिय एवं हाज़िरजवाबी थीं। कर्म ही उनके जीवन का मुख्य लक्ष्य था।

मन कहता था कि मैं उनको अपने महाविद्यालय में भी बुलाऊँ ताकि उनका सम्मान करने का सौभाग्य मुझे भी मिले। मेरा सपना सच निकला अपने महाविद्यालय में एक अन्तरराष्ट्रीय संगोष्ठी करने का सुअवसर मुझे जल्द ही मिल गया था। सन् 2014 में अन्तरराष्ट्रीय साहित्य कला मंच, मुरादाबाद एवं 'तमिलनाडु हिन्दी साहित्य अकादेमी' के संयुक्त तत्वावधान से एक दिवसीय अन्तरराष्ट्रीय संगोष्ठी का आयोजन किया गया जिसमें विशेष अतिथि के रूप में डॉ. मधु धवन का सम्मान हम सब की ओर से किया गया था। वर्ष 2016 में मधुजी द्वारा कराई गयी एक कार्यशाला का भी आयोजन किया गया था, जिसमें सभी छात्र-छात्राएँ काफ़ी लाभान्वित हुए।

2016 दिसम्बर की एक शाम को मधुजी का फ़ोन आया, जिसमें उन्होंने मेरा घर का पता और मेरा ई-मेल पूछा था। मैंने भी दे दिया था। अगले दिन सुबह, फ़ोन के जरिये पता चला कि मेरे लिए एक मेल आया है, 'तमिलनाडु हिन्दी साहित्य अकादेमी' की ओर से। मैंने तुरन्त कम्प्यूटर खोल कर मेल को पढ़ना शुरू किया। पढ़कर निस्तब्ध हो उठी। विश्वास ही नहीं हो रहा था कि क्या वह मेल (पत्र) मेरे लिए ही आया है? उस मेल के अनुसार 'तमिलनाडु हिन्दी साहित्य अकादेमी' की ओर से 11 और 12 जनवरी 2017 को पाँचवें अन्तरराष्ट्रीय हिन्दी सम्मेलन में मेरा सम्मान किया जाएगा और मुझे 'महाविद्यालय प्राध्यापक पारसमणि सम्मान' प्रदान किया जाएगा। उस पत्र की भाषा और शाब्दिक अभिव्यक्ति इतनी अच्छी थी कि मैं अक्सर उस पत्र को अब भी कई बार पढ़ती हूँ। उस दिन का ध्यान आते ही आज भी मन पुलकित हो उठता हैं। मैंने तुरन्त मधु मैडम को फ़ोन किया और हार्दिक धन्यवाद कहा। मैडम ने तुरन्त उत्तर दिया, "बेटा, यह भगवान की इच्छा है।" मैं फूली न समाई और आँखें आँसुओं से भर आयीं। वे अक्सर कहा करती थीं कि कर्मठ व्यक्ति कभी असफल नहीं हो सकता, जो परिश्रम करता है उसका फल भी उसे निश्चित रूप से मिलता है।

तमिलनाडु हिन्दी साहित्य अकादमी, चेन्नई की ओर से 12 जनवरी, 2017 के दिन पाँचवें अन्तरराष्ट्रीय साहित्यिक सम्मेलन में मेरा सम्मान हुआ था। कार्यक्रम की मुख्य अतिथि गोवा की राज्यपाल श्रीमती मृदुला सिन्हा जी एवं पुदुचेरी की राज्यपाल डॉ. किरण बेदी जी थीं। रु. 5100/- की धनराशि का चेक, खूबसूरत प्रतीक चिह्न, अंग-वस्त्र एवं प्रशस्ति-पत्र से विभूषित कर, मुझे सम्मानित किया गया। मेरे महाविद्यालय के प्रधानाचार्य एवं सहपाठियों ने भी बधाई दी थी। उन्हें बहुत ख़ुशी हो रही थी। उस सम्मेलन की रिपोर्ट भी 'तमिलनाडु साहित्य बुलेटिन' में, सभी सम्मानित व्यक्तियों को बधाई एवं परिचय देते हुए प्रस्तुत की गयी। जीवन में किसी भी मंज़िल तक पहुँचने के लिए स्वयं की लगन एवं मेहनत के साथ सबसे आवश्यक है—ईश्वर की कृपा, बड़ों का आशीर्वाद और शुभचिन्तकों का साथ। मधुजी के आशीर्वाद ने मुझे जीवन में और भी ऊपर उठने का अवसर दिया।

फरवरी 2017 में अण्णामलै विश्वविद्यालय की ओर से मुझे निमन्त्रण मिला कि 24 और 25 फरवरी, 2017 को वे दो दिवसीय अन्तरराष्ट्रीय हिन्दी सम्मेलन का आयोजन करने जा रहे हैं, और वह विश्वविद्यालय अनुदान द्वारा प्रायोजित है। पहले मुझे प्रपत्र पढ़ने के लिए आमन्त्रित किया गया, फिर कुछ दिनों बाद उन्होंने मुझे पैनल एक्सपर्ट के अन्तर्गत अपने विचारों को प्रस्तुत करने का न्योता भी दिया। मैं काफ़ी ख़ुश थी। पहली बार मैं किसी सम्मेलन में पैनल एक्सपर्ट के रूप में

शामिल हो रही थी। जब इस बात को मैंने मधु मैडम से कहा तो वे भी बहुत .खुश हुईं और मुझे उन्होंने काफ़ी प्रोत्साहित किया। इस सम्मेलन में डॉ. मधु धवन जी का काफ़ी सहयोग मिला। वे एक अच्छी संचालिका भी थीं। सम्मेलन के अन्त में उन्होंने मुझे बधाई दी कि मेरा भाषण काफ़ी अच्छा रहा। चेन्नई या तमिलनाडु में शायद ही कोई सम्मेलन हुआ होगा जिसमें उन्होंने भाग न लिया हो।

पर कुछ ही महीनों में अचानक हिन्दी जगत को एक धक्का लगा। 26 जून, 2017 सुबह यह ज्ञात हुआ कि मधु धवन जी इस संसार में नहीं रहीं। मुझे विश्वास ही नहीं हो रहा था कि ऐसे कैसे हो गया? मैं बिल्कुल फूट पड़ी। इस सदमे को आज भी मन बरदाश्त नहीं कर पा रहा है। मैं तुरन्त उनके निवास पहुँची, उनके अन्तिम दर्शन के लिए। लोगों की भीड़ उमड़ आयी थी। कितने आँसू बहाये थे सबने, मानो दक्षिण भारत में, हिन्दी को सर्वोपरि बनाते समय एक स्तंभ धम्म से गिर गया हो।

भगवान से यही प्रार्थना है कि इस महान हस्ती से अगले जन्म में भी भेंट हो और वे उसी तरह हम सब हिन्दी प्रेमियों के लिए पथ-प्रदर्शक के रूप में रहें, जैसे थीं। कितने ही महान लोगों को इस संसार से जुदा होते देखते रहे हैं, लेकिन मधुजी का देहावसान आज भी मन मानने को तैयार नहीं है...क्यों इतनी जल्दी हम सबको छोड़ कर इस दुनिया से विदा हो गयीं...। उनके निधन के बाद जिस भी संगोष्ठी में मैं गयी हूँ, उनकी कमी को मैंने महसूस किया। फिर भी मन कहता रहा...नहीं, मधुजी की आत्मा यहीं कहीं है। हम सबको अपना आशीर्वाद देते हुए खड़ी देख रही है। भले ही शारीरिक रूप से वह नहीं रहीं, लेकिन उनकी आत्मा हम सबके मध्य ही मँडरा रही है मानो हम सबको दृढ़ बनाते हुए कह रही हैं कि 'हे हिन्दी प्रेमियो..., हिन्दी के प्रचार-प्रसार हेतु अपना काम जारी रखो! अपने विद्यार्थियों को भी प्रेरणा दो ताकि वे भी आपको अपना पथ-प्रदर्शक समझें, हिन्दी को बढ़ावा दें और हिन्दी साहित्यिक यात्रा में अपना योगदान दें...।'

डॉ. मधुजी हिन्दी साहित्य जगत के लिए एक अमूल्य रत्न हैं, खास कर दक्षिण भारत में। वे सहस्रबाहु की भाँति बहुआयामी प्रतिभा की दिव्य मूर्ति थीं। चेन्नई में शायद ही कोई हो जो उनके नाम से परिचित न हो। इस अतुलनीय शक्ति को मैं अपनी भावभीनी हार्दिक श्रद्धांजलि अर्पित करते हुए नमन करती हूँ।

मो. : 9445181971

डॉ. मधुजी के उपन्यास : युवा पीढ़ी के मार्गदर्शक

('करवट लेता वक़्त' के सन्दर्भ में)

●

डॉ. पवन कुमारी

अनुशासनप्रिय, स्नेहशील, उत्तम लेखिका डॉ. मधु धवन जी आज हमारे बीच में भौतिक रूप से नहीं होने पर भी उनका आशीर्वाद साहित्य प्रेमियों के साथ सदा रहेगा। उनकी साहित्य सेवा सराहनीय है। वे एक बहुप्रतिभाशाली साहित्यकार थीं। उन्होंने अनेक उपन्यास, कहानी-संग्रह, कविताएँ, एकांकी आदि रचनाएँ कीं। उनकी सभी रचनाएँ समाजोपयोगी, नारी पक्ष व युवा पीढ़ी के लिए मार्गदर्शक थीं। नव लेखकों, साहित्यकारों, खास कर महिला लेखिकाओं और अनुवादकों को उनसे दी गयी प्रेरणा व प्रेमपूर्ण मदद अनिर्वचनीय है। उनकी पंक्तियों में

"मैं
एकाएक उड़ने लगूँगी
असीम नील गगन में
मुक्त स्वच्छन्द
फिर भी
अकेली नहीं
तुम्हें भी लेकर
अपने संग।"

(उड़ान, डॉ. मधु धवन)

अध्यापन वृत्ति में रहने के कारण डॉ. मधु धवन जी अपना अधिक समय युवा पीढ़ी के साथ बिताती थीं। भारतीय संस्कृति एवं सभ्यता पर उनको अपार गौरव व प्रेम था। पश्चिमी संस्कृति से भ्रष्ठ नवयुवकों व युवतियों को उन्होंने अपने 'जुर्माना', 'करवट लेता वक़्त', 'मैं सृष्टि की आत्मा हूँ', 'उस मोड़ पर', 'आकांक्षा' आदि उपन्यासों के द्वारा भारतीय सभ्यता, संस्कृति और आचार-व्यवहारों की विशिष्टता बताने का ख़ूब प्रयास किया। उनके सभी उपन्यासों में मानव का भोलापन, लापरवाही, आलस्य, क्षणिक सुख की प्राप्ति के लिए किये जाने वाले ग़लत कार्य, किशोरों की पथभ्रष्टता, असन्तुलित व्यवहार आदि का एहसास दिलाते हुए दिग्भ्रमित युवाओं को सच्च रास्ता दिखाने का सफल प्रयत्न किया।

डॉ. मधु धवन का प्रमुख उपन्यास 'करवट लेता वक़्त' दिग्भ्रमित युवा पीढ़ी के लिए एक उत्तम मार्गदर्शक और सामाजिक उपन्यास है। इस उपन्यास में युवा पीढ़ी के ग्रहण करने योग्य अनेक बातों पर चर्चा की गयी है। उपन्यास की करिश्मा, मालती, निशि, जैरी, मुद्रा, अविनाश, दीपाली, सुप्रिया और अन्तरिक्ष आदि पात्रों के द्वारा युवाओं की मानसिकता का सजीव चित्रण किया गया। युवा पीढ़ी के मानसिक विकास पर प्रकाश डाला गया। समाज में होने वाले मूल्य-परिवर्तन का यथार्थ चित्रण किया गया। आजकल पाश्चात्य सभ्यता, संस्कृति, रीति-रिवाजों में विदेशियों का अनुकरण करके नयी पीढ़ी अपनी बुनियादी सांस्कृतिक असलियत को भूल रही है। मधुजी ने आधुनिकता के पीछे पड़े युवकों की मानसिकता का अत्यन्त ख़ूबी से वर्णन किया है। युवा पीढ़ी यहाँ तक गिर जाती है कि अपनी सभ्यता, संस्कृति को भूल कर पाश्चात्य संस्कृति के प्रभाव से 'कॉन्ट्रेक्ट मैरिज' करने के लिए भी तैयार होती है। निस्सहाय युवाओं पर लेखिका ने खेद प्रकट किया।

'करवट लेता वक़्त' उपन्यास की नायिका करिश्मा एक आदर्श अध्यापिका है। कार्यक्षेत्र अध्यापन होने के कारण वे अपना अधिक समय छात्राओं के साथ बिताती है। उनका व्यक्तित्व महत्त्वपूर्ण व प्रभावशाली है। जब उनकी छात्राएँ मालती, हेमा और मुद्रा ने ग़लत कदम उठाया तो करिश्मा बहुत परेशान होती है। युवतियाँ अपने परिवारवालों के बारे में नहीं सोचतीं, उनको अपनी ग़लती का एहसास भी नहीं होता। करिश्मा को उनके पारिवारिक मूल्यों पर दुःख होता है। कोमल मन होनेवाली करिश्मा हेमा अनाथ होने की बात सुन कर चिन्तित होती है। तब जैरी ने उनसे कहा–तुम यूँ ही चिन्तित मत हो। मेरी कक्षा में तीन लड़कियाँ अनाथाश्रम से आती हैं और वनस्पति विज्ञान-विभाग उनकी हर तरह से देखभाल करता है।" (क.ले.व. पृ. 56)। अपमानित अनाथ छात्रा हेमा की मानसिक पीड़ा का लेखिका ने खूबी से वर्णन किया–"वह जितना शान्त होने का प्रयत्न करती, पीड़ा और अपमान का एहसास बढ़ता जाता। मुद्रा से कहीं ज़्यादा अपमान वह झेल रही थी। सुबह के उजाले में वह अपना काला मुँह किसे दिखाएगी...? वह करवटें बदलती रही, आहें भरती रही किन्तु पीड़ा की मात्रा में कहीं कोई कमी नहीं आयी। उसका सिर दर्द से फटने लगा, आँखें जलने लगीं।" (पृ. 56, 57) आर्थिक असमानताएँ मनुष्य को अधिक पीड़ा देती हैं।

लेखिका मधुजी का उद्देश्य है कि मूल्य विघटन के कारण ही पारिवारिक जीवन की समस्याएँ उत्पन्न होती हैं। उन्होंने दो पात्राओं के द्वारा इस विषय को स्पष्ट करना चाहा है। एक शिक्षित सुव्यवहारशील करिश्मा और दूसरी मूल्यों को वैयक्तिक जीवन में बाधा समझनेवाली निशा। निशा ने अपनी बेटी सुप्रिया को अधिक स्वतन्त्रता दी थी। सुप्रिया ने अपनी आज़ादी का ग़लत तरीके से इस्तेमाल किया। पवित्र वैवाहिक बन्धन को भी उन्हेंने व्यापार समझा और अन्तरिक्ष से कॉन्ट्रेक्ट मैरिज कर ली। समाज में होनेवाले इस प्रकार के समझौते वाले जीवन पर लेखिका ने दुःख प्रकट किया। अन्तरिक्ष से कॉन्ट्रेक्ट मैरिज करने के बाद सुप्रिया ने कहा–"सुनो...सब सुनो...नये विचार...नये भाव... नयेपन को बरक़रार कर दिया...सृजनात्मक नवीन...बिल्कुल नवीन कार्य किया है।" (क.ले.व. पृ. 11) सुप्रिया की ये बातें उनकी मानसिक अपरिपक्वता का उदाहरण हैं। ऐसे असह्य, अनैतिक सम्बन्धों का बुरा परिणाम होता है। असह्य वैवाहिक सम्बन्ध से सुप्रिया के जीवन में अनेक समस्याएँ उत्पन्न हुईं। उनकी स्थिति ऐसी हो गयी कि 'न घर का न घाट का'। कभी-कभी अभिभावकों की व्यस्तता से भी सन्तान विवाह के विषय में ग़लत कदम उठाती हैं। अविनाश की सोच, "कभी मैं परिस्थितियों को देखकर सोचता हूँ कि विवाह परमात्मा द्वारा गढ़ा हुआ पूर्व निश्चित संयोग है। कभी सोचता हूँ यह एक लॉटरी है। किस्मत पर निर्भर है...यह मनुष्य द्वारा रचा जाता है...।" (क.ले.व. पृ. 82)।

जैरी अपनी लड़कियों को विवाह सम्बन्धी सुदृढ़ नींव नहीं डालने पर दुखित होती—"अगर संस्कार देने की सख़्ती करती या उचित मात्रा में अंकुश होता तो मेरी दोनों लड़कियाँ दो-दो बार तलाक़ न लेतीं...अपने अकेलेपन को दूर करने के लिए डांस, डिस्को में डूबी रहतीं। दोनों क्या ज़िन्दगी जी रही हैं।" (क.ले.व. पृ. 54)

कॉन्ट्रेक्ट मैरिज जैसे पति-पत्नी का समझौते वाले जीवन पर पहले ही लेखिका ने अपना दुःख इस प्रकार प्रकट किया कि "ग़लत राहों पर पड़े ग़लत क़दम मंज़िलों पर पहुँच कर लौट पाने में असमर्थ हो कर विषाद, निराशा के बवण्डर तले गुमनाम होते चले जाएँगे। एक दिन ऐसा भी आएगा जब रह जाएगा केवल शून्य...शून्य...शून्य...सन्नाटा..." (क.ले.व. पृ. 16)

वैवाहिक बन्धनों को मूल्यों के साथ जोड़ कर समतुल्यता स्थापित करते हुए व्यक्तिगत अनुशासन को पालन करना लेखिका अच्छे इन्सान का कर्तव्य समझती है। जब अविनाश ने दीपाली को अपने विवाह के विषय में उनके दादाजी से विरोध करने के लिए कहा तो दीपाली अपमान समझती है और अविनाश से घृणा करती है। करिश्मा ने दीपाली की स्थिति को अच्छी तरह समझ कर जैरी से कहा—"बिगड़ा हुआ नहीं है। उसे एहसास दिला रही है कि वैवाहिक सम्बन्ध जुड़ने का मतलब गुलामी नहीं है। वैवाहिक जीवन का अर्थ नारी को घर की चारदीवारों में बन्द होना भी नहीं है... होटल चलानेवाली दुश्चरित्र हो, यह भी उचित नहीं है।" (क.ले.व. पृ. 101) लेखिका का विचार है कि नारी गृहिणी हो या कामकाजी, परिशुद्ध मन से अपने दायित्वों को निभाती है। नारियों का अपमान करना, शक करना, चरित्र पर ग़लत बातें करना अविवेक है। युवा पीढ़ी को हमेशा सतर्क रहकर जीवन के माधुर्य को अपनाना चाहिए।

जब संयुक्त परिवार की प्रथा थी तो व्यक्ति खुद अपने आपको सबके साथ मिलजुल कर रहना सीख लेता था। संस्कार व्यक्ति के मूल्यों को विकसित करते थे, लेकिन समाज में आज की स्थिति अलग है। मूल्यों को सिखाना बड़ों का फ़र्ज़ बन गया। लेखिका ने समाज के प्रति अपना दायित्व निभाने के लिए साहित्य को अस्त्र के रूप में लिया और रचनाओं के द्वारा युवा पीढ़ी को अच्छे संस्कारों व मूल्यपरक जीवन का सही अर्थ समझाना चाहा।

उन्होंने बनावटी बन्धनों के प्रति नफ़रत व्यक्त की। उपन्यास के अश्विनी ने कहा, "जितने मूल्य पक्के और स्पष्ट होंगे, उतने रिश्ते जुड़ते जाएँगे।" "नैतिक मूल्य क्या है?" "वैल्यूज" मालती ने विवरण देते हुए कहा कि हमारे कॉलेज में तृतीय वर्ष की छात्राओं के लिए एक पूरा सत्र वैल्यू एजुकेशन दी जाती है। "जिन मूल्यों को सिखलाया जाता है, उनका व्यावहारिक जीवन से कोई तालमेल नहीं होता"—एक छात्र ने कहा। "स्वस्थ समाज के लिए मूल्य तो अनिवार्य है" अविनाश ने कहा, पर इन मूल्यों को भरा कैसे जाए।... अब मूल्य कोई पेट्रोल तो नहीं कि खोपड़ी का ढक्कन खोला और भर दिया।

इस प्रकार उपन्यास में अनेक रोचकपूर्ण वार्तालापों से स्वस्थ समाज व मनुष्य के लिए मूल्यपरक जीवन बिताना कितना महत्त्वपूर्ण है, यह बताते हुए नवपीढ़ी का मार्गदर्शन किया गया।

लेखिका मधु धवन जी को वैवाहिक बन्धन पर पूर्ण विश्वास था। उपन्यास की मालती के वाक्यों से यह विषय पता चलता है, "विवाह नारी को सुरक्षा देता है तो पुरुष को सुरक्षा एवं सहारा है।" (पृ. 83) युवा पीढ़ी को विवाह का अर्थ बताते हुए लेखिका ने यह स्पष्ट किया कि विवाह से स्त्री-पुरुष दोनों लाभान्वित होते हैं। एक-दूसरे को अच्छी तरह से समझ कर जीवन बिताने से जीवन का परिपूर्ण आनन्द आस्वादित कर सकते हैं।

'करवट लेता वक़्त' उपन्यास मधुजी के उत्तम सामाजिक उपन्यास के साथ-साथ उत्तम युवा पीढ़ी का उत्तम मार्गदर्शक भी है। इस उपन्यास में वक़्त की करवटों में सिमटे दर्द से उठने वाले उफानों की झलक मिलती है और बदलते मूल्यों का, सांस्कृतिक चेतना का, विघटित होते युवा मूल्यों का, रिश्तों की गहराई का यथार्थपूर्ण चित्रण किया गया है।

सन्दर्भ

1. करवट लेता वक़्त, डॉ. मधु धवन, साहित्य भवन, प्रा. लि., 93 जीरो रोड, इलाहाबाद
2. मधु धवन के उपन्यासों में विश्लेषित जीवन मूल्य, डॉ. कमला विश्वनाथन, साहित्य भवन, प्रा. लि., 93, जीरो रोड, इलाहाबाद
3. हिन्दी उपन्यासों में नारी-अस्मिता, रत्ना चटर्जी, क्लासिकल पब्लिशिंग कम्पनी, 28, शॉपिंग सेण्टर, कर्मपुरा, नयी दिल्ली
4. महासागर के शंख, डॉ. मधु धवन, पैनमेन, दिल्ली

मो. : 9940214666

डॉ. मधु धवन : कहानीकार के रूप में

●

डॉ. एन.एस.जी. शान्त शंकरी

प्रस्तावना

"मंगैयरागप् पिरप्पतर्कु मातवम् सेय्तिडल वेण्डुमम्मा" तमिल में कविमणि देसिक विनायगम पिल्लै ने कहा है। अर्थात् नारी का जन्म बहुत भाग्य का जन्म है। इसी के अनुरूप डॉ. मधु धवन ने जन्म लिया है। पंजाबी इनकी मातृभाषा है। फिर भी राष्ट्रभाषा हिन्दी, देव भाषा संस्कृत, अन्य भाषा अंग्रेज़ी की ज्ञाता हैं। इनकी शैक्षिक योग्यता सराहनीय है।

कलम का कमाल

मधु धवन जी की लेखन शक्ति अपार है। कविता, कहानी, उपन्यास, पत्रकारिता, मानव मूल्य धर्म-दर्शन आदि कई क्षेत्रों में इनकी कलम ने कमाल किया है। कलम की वाणी–मधु धवन जी के बारे में लिखना है तो एक किताब तक लिख सकते हैं लेकिन चार पृष्ठों में लिखने के नियम के कारण मैं यहाँ मात्र चार पृष्ठ प्रस्तुत कर रही हूँ।

कहानीकार के रूप में मधु धवन

मधु धवन जी की कहानियों में इण्टरनेट का माउस नामक संग्रह में चित्रित कहानियाँ बहुत मनमोहक हैं। इनमें भारत की स्थिति को सामाजिक, आर्थिक, आध्यात्मिक रूप से मज़बूत करने का प्रयास हुआ है। आनेवाले दशकों को जाग्रत करने के लिए मधु धवन जी ने अत्यन्त प्रयास किया है जो प्रशंसनीय है। आनेवाली पीढ़ी को राह दिखानेवाली कहानियों में बहुत शक्तिशाली कहानी 'खेतां दी मुक गयी राखी' है।

पारिवारिक समस्या

एक विधवा बूढ़ी माँ को अपने पति की मृत्यु के बाद अपने पुत्रों के आश्रय में जीवन बिताना कितना मुश्किल है–इसका जीता-जागता चित्रण यहाँ हुआ है।

सौभाग्यवती

सौभाग्य भोगनेवाली सौभाग्यवती की करुण कहानी ही इस 'खेतां दी मुक गयी राखी' कहानी है।

सौभाग्यवती इस कहानी का एक स्त्री पात्र है। माँ सौभाग्यवती पति की मृत्यु के पश्चात् अपने तीनों बेटों के साथ रहती है। सबसे बड़ा चन्दर मुम्बई में बैंक में उच्चाधिकारी पद पर आसीन है। दूसरा बेटा नवीन देहरादून में है। वह भी बैंक में हिन्दी अधिकारी है। तीसरा बेटा परेश बेंगलुरु में है। पति-पत्नी दोनों की तनख़्वाह नाममात्र की है। माँ चार महीने बड़े बेटे के पास, चार महीने दूसरे बेटे के पास और चार महीने छोटे बेटे के पास रहती है।

जब वे छोटे बेटे के पास रहने आती हैं तब उनकी बहू चाय पिलाने में परेशान कर देती है।

"कल दूधवाले से कहूँगी, दो लीटर दूध और दे जाया करे...दिन में चार-चार चाय लेती हैं, फिर रात में दूध भी। हम तो न दूध पीते हैं और न चार बार चाय...हमारा गुज़ारा तो एक लीटर दूध से हो जाता है।" पुत्र परेश ये बातें सुन कर चुप रहता है।

सौभाग्यवती अपनी पुरानी याद से मन ही मन मर जाती है। उन्होंने अपने बाल-बच्चों को बहुत प्यार से पाला-पोसा है। उनका कहना कितना वास्तविक है, यह देखने योग्य है...लेकिन जिस पेट से उन्हें उसे जन्म दिया है, वह पेट और वह माँ उनके लिए मुसीबत बन गयी है। एक पुत्र के स्वभाव की बात होती, तो वह दिल को समझा देती, लेकिन यह स्थिति और तनाव अन्य दोनों पुत्रों के घरों में भी पाती। बहुएँ उनकी उपेक्षा सोच-समझ कर करतीं।

सौभाग्यवती के वचन द्वारा मधु धवन जी यह बात संसार के सामने प्रकट करना चाहती हैं कि सौभाग्यवती जैसी दिलदार तथा धन-सम्पत्ति से सम्पन्न नारी का यह हाल है, तो उनका क्या हाल होगा जो ग़रीब, दुखियारी हैं, जो पतिविहीन वैधव्य जीवन जी रही हैं।

ममता-प्यार सब ग़ायब

अमीर या ग़रीब पुत्रों के कारण दिल टुकड़े-टुकड़े हो जाता है, यही संसार है। कवि कण्णदासजी ने गाया है कि "तेन्नैयैप्पेत्ता इलनीरु; पिल्लैयैप्पेत्ता कण्णीरु" इसका मतलब यह है कि यदि नारियल को पैदा करें तो मीठा पानी मिलेगा, लेकिन पुत्रों को जन्म देने से अश्रु-धारा ही प्रवाहित होती है। यही यथार्थवाद इस कहानी में भी बताया गया है।

जिन पुत्रों पर ममता बरसाती थी, वे बड़े होकर इस प्रकार बेरुखे और ख़ुदग़र्ज़ निकलेंगे—यह तो उसने कभी सोचा न था।

माँ का दिल प्यार से पिघलता है, लेकिन पुत्रों का दिल पत्थर जैसा होता है। इस प्रकार का यथार्थ चित्रण यहाँ किया गया है।

आनेवाली पीढ़ी का पाठ

सौभाग्यवती के धन पर ही उनके बेटों का ध्यान है। एक दिन राशि और परेश ने उन्हें धन के लिए डराया और धमकाया। सौभाग्यवती रोते-रोते सो गयी, किन्तु बहू-बेटे ने उन्हें एक बार भी भोजन के लिए नहीं उठाया। आधी रात उनको भूख लगी लेकिन घर में खाने के लिए कुछ भी न था। उसी क्षण अपने मन में दृढ़ता बाँधकर वे घर से निकलीं। वहाँ से फ़रीदाबाद जाकर वहाँ एक फ़्लैट में जीने लगीं। वहाँ अपने वकील की सहायता से ज़मीन बेच कर धन को बैंक में जमा करके अपना जीवन बिताने लगी।

एक माह में पासा पलटता देखा। तीनों भाई फ़रीदाबाद आ गये। उनको आया देख माँ ने अनदेखा कर दिया। शाम चाय के उपरान्त तीनों ने बड़ी अदा से बात चलाई और पूछा—"माँ, हमारा हिस्सा?

सौभाग्यवती ने कहा, ''शादी के बाद पुत्रों को माँ-बाप का ख़याल रखना चाहिए। बाप तो है नहीं, माँ का ख़याल रखने के बजाय हिस्सा माँगने आ गये हो? अपने-अपने घर वापस चले जाओ''। वे चले गये।

एक दिन उन्होंने यह गाना सुना, ''ओ जट्टा आयी वैसाखी ओ खेतां दी मुक गयी राखी...''

वे जीवन का रहस्य और इस बोल के गूढ़ार्थ को समझ पायी हैं। केवल अत्यधिक परिश्रम से ही फसल काटी जा सकती है। जीवन में परिश्रम के द्वारा ही फल प्राप्त किया जा सकता है।

बैसाखी आते ही सौभाग्यवती ने तीन कार्ड ले लिये और उन्होंने लिखा–

''ओ जट्टा आयी बैसाखी
खेतां दी मुक गयी राखी...''

प्रिय पुत्रो, माँ की सम्पदा हथियाने जैसे छोटे लक्ष्य न बनाओ। इससे इनसान के दिलों में जोश नहीं आक्रोश भर जाता है...इन भावों से व्यक्ति अपना व्यक्तित्व खो बैठता है। वह लक्ष्य बनाओ। पूरी आशा के साथ ऊँचाई की ओर बढ़ो।

उपसंहार

इस कहानी के माध्यम से मधु धवन ने सारे नारी समूह को जाग्रत करने का प्रयास किया है कि ममता, प्यार से अपने पुत्रों को महात्मा नहीं समझना चाहिए। पुत्र हमेशा पुत्र ही है। शादी के बाद उसका मन बदल जाता है। धन-दौलत की इच्छा से वह माँ को तुच्छ समझता है। सौभाग्यवती जैसी हरेक स्त्री को अपने जीवन को सुधारना चाहिए।

''पानैयिले सोरिरून्दाल पुनैगलुम सोंदमडा'' कवि कण्णदासनजी ने इस प्रकार कहा है कि जब तक धन के साथ जिएँगे तब तक रिश्ता जुड़ा रहता है। धन के चले जाने पर रिश्ता भी चला जाएगा। यही संसार है, लेकिन मधु धवन जी ने सौभाग्यवती के माध्यम से यह सन्देश दिया है कि माँ को अपने पुत्रों को धनाढ्य बनाने के बदले उच्च लक्ष्यवादी बनाने का उपाय बताना चाहिए। धन तो अनित्य है, पर इनसान का दिल तो नित्य है। नारी समूहों को अपने पुत्रों को इनसान बनाना चाहिए। महात्मा बनाना चाहिए। माँ ही इस संसार में सबसे ऊँची धन-दौलत है। इस लक्ष्य को संसार के आगे फैलाने के लिए जो मधु धवन जी का प्रयत्न हुआ है, वह अत्यन्त श्रेष्ठ है।

मो. : 9789483993

डॉ. मधु धवन (1952-2017) विरचित पत्रकारिता–एक परिचय : एक विचार

डॉ. के.एस. प्रणतार्तिहरन

आज का युग मीडिया का युग है। इस विषय को अच्छी तरह मान कर डॉ. मधु धवन ने स्कूल तथा कॉलेज के पाठ्यक्रम में पत्रकारिता को मुख्यत्व दिया है। अंग्रेज़ी लेखक फ्रांसिस बेकन के अनुसार, पढ़ने की आदत रखने के कारण मनुष्य अधूरा नहीं रहकर पूर्ण हो जाता है। लिखने की आदत रखने के कारण मनुष्य सही मानव बन सकता है और बोलने की आदत रखने के कारण मनुष्य अपने आप को तैयार कर सकता है। Reading makes a full man, writing makes an exact man and the conference a makes readyman. आजकल के विद्यार्थी अच्छी तरह चिन्तन कर सकते हैं, लेकिन जो विषय सोचता है उसे लिखते समय अधिक कष्ट झेलता है। इसलिए समय की माँग को पहचान कर विद्यार्थियों के भविष्य को मन में रख कर डॉ. मधु धवन ने पाठ्यक्रम में परिवर्तन लाकर मीडिया की, खासकर पत्रकारिता की आवश्यकता को अपनी शैली में सरल भाषा में अपने विचार प्रस्तुत किए हैं। इस ग्रन्थ में पत्रकारिता : समाचार, इतिहास, पत्रकारिता : लेखन कला, पत्रकारिता : प्रकार, पत्रकारिता : स्वतन्त्र और कानून पत्रकारिता : कुछ पारिभाषिक शब्द सन्दर्भ ग्रन्थ-सूची आदि विषय निहित हैं। बोध प्रकाशन, मद्रास–79 द्वारा प्रकाशित संशोधित ग्रन्थ 1993 का मूल्य रु. 32/- है। ग्रन्थ के अन्त में डॉ. मधु धवन जी ने उदारतापूर्वक सम्पादक मण्डल और परामर्शता मण्डल के मेम्बरों के नाम व्यक्त किये हैं।

मधु धवन का परिचय इस प्रकार है कि–"भारतीय सांस्कृतिक चेतना, श्रम के महत्त्व की पक्षधर हिन्दी साहित्य जगत् की सशक्त कथाकार, एकांकीकार, नाटककार, कवयित्री डॉ. मधु धवन का जन्म तरनतारन पंजाब में सन् 1952 में एक सम्भ्रान्त कुल में हुआ। माता श्री शकुन्तला रानी तथा पिता राजकुमार चोपड़ा अत्यन्त कर्मठ कट्टर धार्मिक विचारों के थे। पिता ने विलायत से इंजीनियरिंग की शिक्षा प्राप्त कर अपने जीवन का आरम्भ पूर्वी भारत के औद्योगिक शहरों में किया और देश के औद्योगीकरण को एक महत्त्वपूर्ण योगदान दिया। भाखड़ा नंगलडैम के निर्माण में भी उनका योगदान रहा और भारत के प्रधानमन्त्री श्री जवाहरलाल नेहरू द्वारा सम्मानित हुए। पिता के सरल जीवन, उच्च विचार, स्पष्टवादिता, धर्मनिरपेक्षता और दिन-रात की निःस्वार्थ सेवा का आपके जीवन पर बहुत प्रभाव पड़ा। हर प्रकार की कठिन, जटिल समस्याओं में शान्त और संयमित बने रहना आपकी

विशेषता है। आपकी रचनाओं में प्रकृति प्रेम, राष्ट्रीयता, मानव मूल्यों के स्वर मुखरित हुए हैं। नैतिक मूल्य होने पर भी विवेक दृष्टि वर्तमान को सँवारती है।

रचनाएँ

नाटकः मैंने कब चाहा, त्रास, भगतसिंह, भूल; **उपन्यास**ः प्यार भरे दादाजी, आकांक्षा, जुर्माना; **पत्रकारिता**ः पत्रकारिता एक परिचय। मधु धवन ने इंदिरा गाँधी के बारे में कविता लिखी–''प्रस्तुत अंश 'हुतात्मा' खण्डकाव्य से लिया गया है। इंदिरा गाँधी के जीवन के परिप्रेक्ष्य में नारी की ग़मगीन स्थिति की व्यथा कथा कही गयी है। बालिका से नारी तक की यात्रा के दौरान हर पल; हर स्थिति में उसके मन पर होने वाले प्रभाव को उभारने का प्रयास है। नारी की घुटन, संत्रास एवं कुण्ठा उम्र के साथ बदलती जाती है। नारी अपनी कोमल भावनाओं को परिस्थितियों के हाथ छिनते देख पीड़ित एवं विचलित हो उठती है, जैसे–

''माँ!
क्या कहूँ
देश के हर जन से हूँ
अधिक उदास...''

पत्रकारिता के बारे में बताया गया है कि पत्रकारिता जन-सेवा का सशक्त माध्यम है। आज अत्याधुनिक तकनीकी विधाओं के प्रतिक्रिया स्वरूप संचार माध्यमों ने पत्रकारिता को एक नयी दिशा दी है, जिसके चलते यह चुनौतीपूर्ण अभियान कम, उद्यम ज़्यादा बन गयी है। वस्तुतः पत्रकारिता का प्रथम प्रमुख कर्त्तव्य अन्याय का उद्‌घाटन करना, विसंगतियों का सुधार करना, परामर्श देना, समाज का मार्गदर्शन करना तथा व्यक्ति-परिवार-समाज-राष्ट्र का बहुआयामी उत्थान करना होता है।

अंग्रेज़ी में पत्रकारिता को 'जर्नलिज़्म' कहा जाता है। 'जर्नलिज़्म' शब्द 'जर्नल' से निकला है जिसका शाब्दिक अर्थ 'दैनिक' होता है। प्रतिदिन की गतिविधियों का विवरण जर्नल में रहता है। 17वीं एवं 18वीं शती गें 'गीरिगॉडिकल' के स्थान पर लैटिन शब्द 'डियूरनल' और जर्नल शब्दों के प्रयोग हुए। 20वीं शती में 'जर्नल' से बना 'जर्नलिज़्म।'

आगे, 'जर्नलिज़्म' फ्रेंच शब्द 'जर्नी' से व्युत्पन्न है जिसका अर्थ है, एक-एक दिवस का कार्य या उसकी विवरणिका प्रकट करना। पत्रकारिता दैनिक जीवन की घटनाओं, तथ्यों, व्यवस्थापरकता के साथ-साथ राजनीतिक, सामाजिक, धार्मिक राष्ट्रीय और कलात्मक सन्दर्भों की प्रस्तुति होती है। अतः कहा जा सकता है कि यह विषय पत्रकारिता के अन्तर्गत समाचारों का संकलन-प्रसारण, विज्ञापन की कला एवं व्यावसायिक प्रबन्ध संगठन की दक्षता को प्रस्तुत करना ही कर्म है।" डॉ. भँवर सुराणा के अनुसार पत्रकारिता वह धर्म है, जिसका सम्बन्ध पत्रकार के उस कर्म से है जिससे वह तात्कालिक घटनाओं और समस्याओं का सबसे अधिक सही और निष्पक्ष विवरण पाठकों के समक्ष प्रस्तुत करे और जनमत जाग्रत करने का श्रम भी करे।

इन्द्रविद्यावाचस्पति के अनुसार, पत्रकारिता पाँचवाँ वेद है जिसके द्वारा हम ज्ञान-विज्ञान सम्बन्धी तथ्यों को जान कर अपने बन्द मस्तिष्क को खोलते हैं। एडीसन बताते हैं कि मेरी पत्रकार होने की चिर-इच्छा पूर्ण होने से रह गयी। पत्रकार-कला से अधिक मनोरंजक, अधिक सम्मोहक, अधिक सरस, अधिक सर्वतोमुखी कोई दूसरी बात मुझे नहीं दिखायी देती। एक स्थान पर बैठ कर प्रतिदिन सहस्रों नर-नारियों तक पहुँचना, उनसे अपने मन की बात कहना, उन्हें सलाह देना, वे क्या करें और क्या न करें, इस सम्बन्ध में परामर्श देना, उनका शिक्षण, मनोरंजन करना तथा आवश्यक हो

तो उन्हें चिढ़ा भी देना कैसा आश्चर्यजनक होता होगा, यह सोच कर ही मैं स्पन्दित हो उठता हूँ। भजनलाल, जनसत्ता, 26 दिसम्बर, टूटे दिलों को जोड़ना पत्रकारिता का सबसे बड़ा दायित्व होता है।

पत्रकारिता का उदय संघर्षों में से पनपती घटित परिस्थितियों के कारण होता है। पत्रकारिता आज की उपलब्धि है। "पत्रकारिता तीन रूपों में सामने आती है—पत्रकार होने की अवस्था या भाव, पत्रकार का काम तथा वह विद्या या कौशल, जिसमें पत्रकारों के कार्यों, कर्तव्यों, उद्देश्यों आदि का विवेचन हो।" आगे, "समाचार-पत्र प्रतिदिन चलने वाली संसद है और संसद एवं प्रेस, ये दोनों ही लोकतांत्रिक सरकारों के आधार स्तम्भ हैं।" फिर, "यह कटु सत्यों को निर्भीकता से उद्घाटन करती हुई जनता को सूचित कर उसका मार्गदर्शन भी करती है।" आगे, "समाचार-पत्र एक सेवावृत्ति मिशन कार्य है।" फिर, "समाचार-पत्र सरकार की नीतियों, गतिविधियों और त्रुटियों को विश्लेषित करते हैं जिससे जन जीवन को पूर्णतः ज्ञात रहे कि सरकार किन नीतियों का अनुसरण कर रही है?"

आगे, श्री वी.वी. गिरि के शब्दों में, ''समाचार-पत्र ही हैं जो अपने दृष्टिकोण बिना किसी पक्षपात के निर्भीकता द्वारा जनता तक पहुँचा कर देश में नया रूप प्रदान कर सकते हैं।" और "पत्रकारिता एक अर्थ में अतीत की व्याख्या, वर्तमान की कहानी और भविष्य की निर्माता है।" फिर, "आधुनिक काल में पत्रकारिता साहित्य के विभिन्न अंगों की भाँति स्वतन्त्र विधा बन चुकी है। पत्रकारिता मनुष्य और समाज, मज़दूर और मालिक, शासक और शासित के बीच एक ऐसी कड़ी बन गयी है जो दोनों में सामंजस्य पैदा कर देती है। पत्रकारिता साहित्य की विधा नहीं, बल्कि साहित्य पत्रकारिता के विवेचन का साधन है। आज पत्रकारिता में कहानी, साहित्य, उपन्यास, नाटक, एकांकी, रिपोर्ताज़, संस्मरण, रेखाचित्र, जीवनी, फीचर आदि सभी शामिल हैं।''

समाचार-पत्र की ज़रूरत ही समाचार-पत्र की सबसे बड़ी उपलब्धि है। समाचार-पत्र समय-समय पर अपनी विशिष्ट राय और सलाह देकर आम लोगों को शिक्षित और जनता को अपने कर्तव्यों के प्रति सचेत भी करता है। इस अर्थ में समाचार-पत्र लोक गुरु ही है। "स्थूल रूप में पत्रकारिता का उद्देश्य ख़बरों, घटनाओं को एकत्रित करना, इनका विवेचन करना, उनका विवरण इकट्ठा करना और उन्हें समाचार-पत्र के माध्यम से लोगों तक प्रसारित कर देना है। अपनी इसी विशेषता के कारण यह एक सशक्त माध्यम है और एक ऐसा माध्यम जो शिक्षण भी कर सकता है और लोक जागृति भी।"

श्री शशिलेन्द्र कुमार गुप्त, चेन्नई के अनुसार डॉ. मधु धवन का देहान्त चेन्नई, अण्णानगर में 26 जून, 2017 को रात्रि में हुआ। गैर-हिन्दी प्रदेश तमिलनाडु के चेन्नई शहर में रहते हुए, हिन्दी भाषा के प्रसार के साथ दर्जनों पुस्तकें लिखीं। कई राष्ट्रीय एवं अन्तरराष्ट्रीय महासम्मेलनों में उन्होंने भूमिका निभाई। वे स्टेल्ला मॉरिस कॉलेज में हिन्दी विभागाध्यक्ष रहीं। वे तमिलनाडु हिन्दी साहित्य अकादेमी की संस्थापक महासचिव रहीं। उनका मुस्कराता चेहरा, स्नेह व आत्मीयता उनके व्यक्तित्व में एक आकर्षक भूमिका निभाती थी। हिन्दी की ध्वज वाहक कर्मठ साहित्यकार डॉ. मधु धवन जी को 2016 में भोपाल में हुए कार्यक्रम में चेन्नई में प्रथम महिला हिन्दी साहित्य कार्य के लिए सम्मानित किया। इसके अलावा शिक्षा एवं साहित्य के क्षेत्र में उन्हें दर्जनों सम्मान व पुरस्कार मिले। उन्होंने स्कूल व कॉलेजों में कई कार्यशालाओं का संचालन किया।"

मधु धवन जी की श्रद्धांजलि के कुछ शब्द ऐसे हैं—

"सात्विक दान की ज्योति आपके हृदय में जलती रही।।"

पत्रकारिता तथा मीडिया की जानकारी आजकल एक आवश्यक एवं अनिवार्य विषय बन गया है।

मो. : 9047553875

मेरी दीदी : मधु धवन

●

श्रीमती आर. पार्वती

10 जुलाई, 1981 को कन्नीमारा पुस्तकालय के प्रांगण में डॉ. मधु धवन से मेरी भेंट हुई थी। तब से लेकर उनकी मृत्यु तक हम साथ रहे। उन्होंने हर दुःख-सुख में मेरा साथ दिया, बड़ी दीदी की भूमिका निभाई। उन्होंने मुझे विभिन्न पुस्तकों को पढ़कर समीक्षा करना सिखाया। तमिलनाडु में जितनी छात्राओं ने हिन्दी में मैडम के निर्देशन में पीएच.डी. की, मैं हमेशा उनके साथ सहायक के रूप में थी। मधु मैडम ने कोनीमारा पुस्तकालय में बहुत सारे सदस्यों को जोड़कर, हिन्दी विभाग को सक्रिय बनाया और लोगों में हिन्दी पुस्तकों को पढ़ने की रुचि तथा उमंग को जगाया। जहाँ भी मैडम जाती थीं और जो भी कार्यक्रम आयोजित करती थीं, मैं हमेशा उनके परिवार के सदस्य की तरह उनके साथ रहती थी।

आज मुझे यह भगवान का दिया हुआ वरदान है कि मधु दीदी का साथ मिला।

आपकी

पार्वती

मो. : 9445068581

प्यारी बहन डॉ. मधु धवन मेरे जीवन की मार्गदर्शक है

•

डॉ. के. चेल्लम

डॉ. मधु धवन जी पुष्पधवनम के समान सुगन्धित, हँसमुख चेहरा, सादगीपूर्ण तथा मिलनसार व्यक्तित्व की धनी थीं। प्यारी बहन डॉ. मधुजी ने साहित्य विधा पर दिलचस्पी से कार्य किया है। उनकी कहानी संग्रह 'झरते अश्रु', 'अमृतमयी' काव्य संग्रह, उपन्यास, 'शहीद भगतसिंह' नाटक को राष्ट्रीय और अन्तरराष्ट्रीय स्तर पर पुरस्कृत किया गया है। बड़े-बड़े साहित्यकारों के साथ मिल कर उत्तर एवं दक्षिण को जोड़ कर उन्होंने साहित्यिक सेतुबन्धन का अपूर्व कार्य किया है।

मेरे सौभाग्य की बात थी कि हिन्दू सीनियर सेकेण्डरी स्कूल में काम करते समय पाठ्य पुस्तक पंखुड़ियाँ में पाठ लिखने के लिए प्रकाशक (Viva Publication) ने मुझसे निवेदन किया। मेरी प्रधान अध्यापिका के निवेदन पर मैंने दूसरी, तीसरी कक्षा के लिए कुछ पाठ लिख कर भेज दिये। एक दिन निरीक्षक बन कर बहिनजी वहाँ आयी थीं। मेरे पाठों को देखकर, प्रोत्साहन देकर उन्होंने ख़ुशी से कुछ सलाह दी। उसके अनुसार उनसे आदेश लेकर मैंने पाठ लिख कर भेज दिये। वहीं से सम्मानित भी हुई। रॉयल्टी भी मिली। उसके लिए मैं मधुजी की बहुत आभारी हूँ।

मधु धवन जी ने साहित्य की विधा पर दिलचस्पी से कार्य किया है। बहन मधुजी के घर जाकर महीने तक मैंने उन्हें तमिल सिखायी। वे समय पर आकर कक्षा में बैठती थीं। ठीक डेढ़ घंटे तक तमिल सीख कर, पेट भर खिला-खिलाकर घर भेज देती थीं। उनके परिवार के लोग भी मेरे पास प्यार से व्यवहार करते थे। भारत का राष्ट्रीय-अन्तरराष्ट्रीय सम्मेलन जहाँ-जहाँ होता है गोवा, दिल्ली, कन्याकुमारी, केरल, आदर्श गिल्ड ऑफ़ इण्डिया कार्यक्रम में भाग लेते समय उनसे मिलती थी। सहज भाव से स्नेहपूर्ण व्यवहार करती थीं। हमें प्रोत्साहन देकर उन्नत दिशा में ले जाती थीं। प्यार से जो कुछ खाने के लिए देते थे, इनकार किये बिना स्वीकार करती थीं। मेरे पुलिक्कायूच्चल (खाने की वस्तु) 'वडाम' को लेकर प्रोत्साहित करती थीं और खुश रहती थीं। उन्होंने मुझे लिखने के लिए, अनूदित काम के लिए हमेशा प्रोत्साहन देकर, लिखने की उक्तियों को प्रकट किया। उन्होंने हम जैसी स्त्रियों को आगे बढ़ाया। प्रोत्साहित किया। वांछित सहयोग देकर मेरे जीवन में उन्नति पाने के लिए जो मदद की उन्हें मैं भूल नहीं सकती। बड़े-बड़े साहित्यकारों से मिल कर, पंजाब एसोसिएशन संस्थाओं से जुड़ कर अपनी महत्त्वपूर्ण कृतियों द्वारा उत्तर और दक्षिण को जोड़कर इन्होंने साहित्यिक सेतुबन्धन का महत्त्वपूर्ण प्रशंसनीय कार्य किया है। इसके लिए हम और दक्षिण के लोग बहुत आभारी रहेंगे और चाहेंगे कि मधुजी जहाँ कहीं भी रहें उनकी आत्मा को शान्ति मिले।

मो. : 9043034565

गुरु-अर्पण

●

रुचिका के. जैन

स्वतः ही निकल पड़े कुछ आँसू उनके लिए,
क्या कहूँ दिग्भ्रान्त हूँ मैं उनके लिए।
बिता दिया समग्र जीवन, विद्यादान में,
चाह बस इतनी नियन्ता से, कि कुछ न चाहूँ उनके लिए।।

उनका व्यक्तित्व, अद्वितीयता, जिसका शब्दों में वर्णन करना असम्भव है और उन्होंने हम सब पर अपनी प्रतिभा का जो प्रभाव छोड़ा है, वह ताउम्र स्मरण रहेगा। मैं खुद को भाग्यशाली महसूस करती हूँ कि वर्ष 2010 में उनकी शिष्या होने का सौभाग्य मुझे प्राप्त हुआ। उनके मार्गदर्शन में प्राप्त ज्ञान अविस्मरणीय है। आज भी मेरे कानों में उनकी आवाज़ की मधुरता व उनकी अधिकार वाणी गूँज रही है।

उनके एक साल के सान्निध्य ने मुझे नयी-नयी ऊँचाइयाँ छूने की प्रेरणा दी और मेरे मन में खुद से ही प्रतिस्पर्धा करने की जिज्ञासा पैदा की।

मैं हर वक़्त उनके मार्गदर्शन में अध्ययन करने के लिए अति उत्साहित रहती। जब वो कक्षा में आती थीं, तब उनका मुस्कुराता हुआ चेहरा देख, हम छात्राओं के चेहरे पर भी ख़ुशी छा जाती थी। उनके पढ़ाने का अन्दाज़ हो या फिर डाँट कर प्यार से कोई सीख दे जाना, छात्रों के मन पर छा जाता था।

प्रभावशाली व्यक्तित्व की धनी हमारी प्रिय गुरुवर्या ने हमें विषयों से समरस होने की अमोल शिक्षा प्रदान की। ज्ञान से परिपूर्ण उनकी अधिकार वाणी सदैव स्मरणीय रहेगी। उनके जाने से समाज, साहित्य और हम विद्यार्थियों की जो अपूरणीय क्षति हुई है, उसकी पूर्ति कभी नहीं हो सकती है।

ऐसी हमारी आदरणीय गुरुवर्या की यादें हम कभी भुला न पाएँगे।

उत्तर-दक्षिण की भाषाई सेतु

•

निर्मल भसीन

अटल सत्य है कि जो इस संसार में जन्म लेता है उसकी मृत्यु भी निश्चित है लेकिन फिर भी जब कोई अपना अज़ीज इस संसार से विदा होता है तो यह मन शोकाकुल हो उठता है। अतीत से उठकर उनकी मधुर स्मृतियाँ मन को उद्वेलित करने लगती हैं। ऐसा ही एक विराट और सौम्य व्यक्तित्व था डॉ. मधु धवन का जो अकस्मात ही हम सबको छोड़कर परलोक गमन कर गयीं। यूँ तो उनसे मेरा परिचय बहुत पुराना था पर घनिष्ठता और दोस्ती हुई 1995 से। एक सशक्त, कर्मठ, कर्त्तव्यपरायण, धुन की पक्की, अपने लक्ष्य को पाने में अडिग रहने वाली हिन्दी भाषा के प्रति समर्पित महिला थीं। तमिलनाडु जैसे अहिन्दी भाषी क्षेत्र में हिन्दी भाषा के प्रति लोगों में जागरूकता फैलाने में उन्होंने महती कार्य किया है। पंजाब एसोसिएशन द्वारा शिक्षकों के लिए आयोजित कार्यशाला में उन्हें कार्यशाला संचालन के लिए आमन्त्रित किया गया था। बड़ी ही सरलता एवं तकनीकी विशेषता के साथ उन्होंने शिक्षकों को हिन्दी पढ़ाने के अनेक उपयोगी सूत्र बताये। मैं उनसे प्रभावित हुए बिना न रह सकी और इसके पश्चात हिन्दी के प्रचार-प्रसार के हर कार्यक्रम में उनकी सहभागिता सदैव हमारे साथ बनी रही। उनका नाम हमेशा सर्वोपरि होता था। रिश्तों को सहेज कर रखने की अद्‌भुत क्षमता थी मधु में। उसकी दृष्टि में न कोई छोटा था न कोई बड़ा...सबके साथ एक सा प्रेमपूर्ण व्यवहार। शिक्षाविद् होने के साथ-साथ सहयोग करने की प्रवृत्ति उसे सबसे अलग करती थी। एक ख्यातिलब्ध लेखिका होने का ज़रा भी अभिमान नहीं, मुझे भी पुस्तकें लिखने में उसने पूरा सहयोग किया। परमार्थ में आस्था रखने वाली इस हँसमुख शख़्सियत से जब भी मिलती, कुछ नया ही सीखने को मिलता था। आज भी मुझे याद है जब एक महीने के लिए वह सिंगापुर जा रही थीं तब मैंने हँसकर कहा था अब तो एक महीने का आराम रहेगा वह झट से बोलीं—नहीं, वहाँ जाकर पुस्तकें लिखूँगी और जब लौटकर आयीं तो 4 पुस्तकें प्रकाशन के लिए तैयार थीं और यही पुस्तकें उसकी आख़िरी स्मृति के रूप में रह गयीं। उत्तर और दक्षिण के मध्य उन्होंने भाषाई सेतु की तरह कार्य किया। राष्ट्रीय और अन्तरराष्ट्रीय स्तर पर हिन्दी का प्रचार-प्रसार करने के लिए तन-मन-धन से समर्पित गरिमामयी प्रिय मधु को भावभीना, अश्रुपूरित नमन।

मो. : 9840296682

डॉ. मधु धवन : मेरी प्रेरणा स्रोत

●

डॉ. सरोज सिंह 'आफ़रीं'

'पदचिह्नों की छाप छोड़ गयी,
यादों का संसार छोड़ गयी,
अँधेरे को दीपक देकर,
जीवन का संग-सार छोड़ गयी।'

मानव जीवन में आत्मा की अमरता तथा अवनि, अम्बर, पवन, अग्नि एवं जल आदि पंचमहाभूतों से निर्मित इस शरीर की नश्वरता से तो ये समस्त मानव संसार परिचित है ही, परन्तु इस शरीर के रहते हिन्दी साहित्य सेवा और मानव सेवा हेतु अपने तन मन से कार्य करने वाले लोग बिरले ही होते हैं। जो भी इनसान सच्चे मन से साधना, संयम, तप और भक्ति से किसी भी कार्य में तल्लीनता से लग जाता है, ऐसी स्थिति में पूरे जगत की कोई भी शक्ति उसकी सेवा के आड़े नहीं आ सकती, उसके अटल विश्वास को छीन नहीं सकती, उसका गतिरोधक नहीं बन सकती। इसी प्रकार के ही बिरले लोगों की श्रेष्ठ श्रेणी में एक हस्ताक्षर के रूप में रोशन रहीं डॉ. मधु धवन जी जिनकी पावन अमर स्मृतियाँ प्रेरणापुंज और महिमा-मण्डित हैं जो आज भी हिन्दी साहित्य के विविध क्षेत्रों में साहित्य से सम्बद्ध लोगों का साहित्यपथ प्रदर्शित कर रही हैं।

डॉ. मधु धवन जी आजीवन अनवरत साहित्य सेवा हेतु पूर्ण रूप से समर्पित रहीं। समृद्ध परिवार में जन्म लेने के बाद भी आप वाणी, व्यवहार, सहजता, सरलता की धनी और मिलनसारिता व साहित्य साधना की प्रतिमूर्ति रहीं। इन्हीं श्रेष्ठ गुणों के कारण ही डॉ. मधु के सम्पर्कों का निरन्तर विस्तार होता रहा और हिन्दी साहित्य समाज में डॉ. मधु धवन जी की लोकप्रियता अविराम बढ़ती ही रही। सामाजिक परिप्रेक्ष्य में यदि देखें तो डॉ. मधु धवन जी ने साहित्य की माँग व आवाज़ को पहचाना, समाज की अपेक्षाओं को स्मरण में रख कठोर परिश्रम, पूर्ण समर्पण, लगन, निष्ठा और कर्तव्यपरायणता के साथ हिन्दी साहित्य सृजन किया और अपनी बेहतरीन लेखनी के जादू से अच्छा साहित्य लिखा और समाज को दिया।

वर्ष 2014 में चेन्नई की कवयित्री और हिन्दी साहित्यिक संस्था की तत्कालीन सचिव डॉ. मंजु रुस्तगी जी के साथ मेरी डॉ. मधु से उनके निवास पर भेंट हुई। उनके द्वारा संस्थापित प्रतिष्ठित

अन्तरराष्ट्रीय स्तर की संस्था 'तमिलनाडु हिन्दी साहित्य अकादेमी' से जुड़ने का मुझे गौरव प्राप्त हुआ और मेरे बारे में कुछ भी न जानते हुए भी चेन्नई में आयोजित होने वाली आगामी अन्तरराष्ट्रीय सेमिनार में मुझे हिन्दी साहित्य का विषयगत प्रपत्र पढ़ने हेतु डॉ. मधु जी ने ही प्रोत्साहन दिया। यह मेरे लिए बहुत ही गौरव का विषय था। आज साहित्य क्रे क्षेत्र में मेरी जो भी पहचान बनी है वह केवल डॉ. मधु जी के कारण ही है। उनका मेरे प्रति विश्वास देखकर मुझे साहस मिला और तब से मेरा साहित्यिक सफ़र शुरू हुआ। उनका साहित्य के लिए सेवाभाव और ओजस्विता को देखकर मैं अपनी साहित्य सेवा को कभी रुकने नहीं दूँगी।

मो. : 7871751775

हिन्दी साहित्य की मधु : डॉ. मधु धवन

●

डॉ. संजय रामन 'क़ैसर'

सृजनात्मकता के उद्भव एवं विकास की भूमि पर पद्चाप अंकित करते व इतिहास को समेटे कालचक्र का यह पहिया अनवरत चलता ही रहता है। इक्कीसवीं शताब्दी में तमिलनाडु प्रदेश की जिन साहित्यकार विदुषियों की प्रतिभा का चैतन्य संस्पर्श पाकर हिन्दी का आधुनिक साहित्य आभामण्डित एवं विभिन्न विधाओं में समृद्ध हुआ है, उनमें निःसन्देह स्वर्गीय डॉ. मधु धवन का नाम स्वर्ण अक्षरों में उल्लिखित होगा।

उच्च कोटि की प्रतिभा से सम्पन्न, बहुमुखी प्रतिभा की धनी, बहुआयामी व्यक्तित्व, प्रवाहपूर्ण वक्ता डॉ. मधु धवन, हिन्दी साहित्य नभ के एक देदीप्यमान नक्षत्र के रूप में हमारे बीच रहीं और जो आज भी स्वतः उत्प्रेरित, स्वतः प्रसारित तथा प्रकाशित रहेंगी। वे जीवन पर्यन्त स्वाभिमानी रहीं जिन्होंने निश्चल भाव से हिन्दी साहित्य हेतु सेवा की पृष्ठभूमि में उतरकर अपने ही कदमों में खड़े रहकर साहित्य की सेवा करने को ही प्राथमिकता दी और इसे ही अपना दायित्व समझकर उसका तल्लीनता से निर्वहन किया। उनकी आत्मचेतना की अभिव्यक्ति में उनकी साहित्यिक और सांस्कृतिक चेतना की गहराई पूर्ण रूप से प्रतिबिम्बित होती है।

हिन्दी साहित्य जगत को प्रदत्त उनकी समस्त कृतियों में यह चित्रित होता है कि डॉ. मधु धवन साहित्यिक चेतना के साथ-साथ सांस्कृतिक चेतना में समृद्ध आत्म-चेतना का मानववादी प्रवृत्तियों के आधार पर अभिव्यक्ति देने हेतु आजीवन कृतसंकल्प रहीं। वे न केवल एक बेहतरीन रचनाकार थीं, वरन् कुशल संगठक और समाजसेवी भी थीं। प्रभावशाली व्यक्तित्व के इन्हीं आयामों के लिए उन्हें अनेक साहित्यिक सम्मानों से भी सम्मानित किया गया।

शिक्षा क्षितिज पर तीन दशकों से भी अधिक कार्यरत रहकर डॉ. मधु धवन ने अपने उच्च आदर्शों को कठोरता से अपनाया और शिक्षा को जनसेवा के माध्यम के रूप में अंगीकार कर साधना की, जिसके कारण उनके जीवन में साधना और साध्य में कोई भेद नहीं रहा। ऐसे में डॉ. मधु धवन का जीवन शिक्षा के साथ-साथ हिन्दी साहित्य सृजन ही हो गया। अपने इन्हीं आदर्शों को मंज़िल तक पहुँचाने के उद्देश्य से उन्होंने हिन्दी साहित्य सृजन का ऐसा बीजारोपण किया जो आज 'तमिलनाडु हिन्दी साहित्य अकादेमी' नामक विशाल वृक्ष के रूप में पुष्पित और पल्लवित है। उन्होंने अहिन्दी

प्रदेश चेन्नई में रहकर कठोर परिश्रम, सत्संग, मिलनसारिता, संकल्प-दूरदृष्टि, सहिष्णुता-सराहना के सद्गुणों से अपने सकारात्मक रचनात्मक-सर्जक व्यक्तित्व की नींव रख न केवल हिन्दी साहित्य को समृद्ध बनाया बल्कि उसका विस्तार भी किया।

मुझे याद है वो दिन जब मेरा उनसे प्रथम व्यक्तिगत परिचय वर्ष 2002 में मैलापुर स्थित प्रतिष्ठित संस्था कवि-कुटुम्ब द्वारा आयोजित मासिक कवि-गोष्ठी के अवसर पर हुआ। इस कवि-गोष्ठी में प्रत्येक द्वितीय रविवार चेन्नई के वरिष्ठ साहित्यकारों और क्षेत्रीय कवियों का साहित्यिक मिलन हुआ करता था। उनके साथ बात करते समय मैंने जाना कि डॉ. मधु जी मेरे ही राज्य पंजाब के तरनतारन क्षेत्र से हैं और उसके बाद से हमारा संवाद पंजाबी में ही होने लगा। उनसे बातों से यह जाना कि डॉ. मधु जी पंजाबी में भी अच्छी पकड़ रखती थीं।

मैं पंजाब विश्वविद्यालय, चंडीगढ़ से शिक्षित और पंजाबी साहित्य का भी विद्यार्थी होने के कारण मेरी पंजाबी भाषा में भी काव्य-रचनाएँ छपा करती थीं। जैसे ही डॉ. मधु जी ने मुझसे इस बात को जाना तभी उन्होंने मुझे एक ज़िम्मेदारी सौंप दी। उस समय डॉ. मधु जी द्वारा चेन्नई से 8 अलग-अलग भाषाओं (हिन्दी, पंजाबी, तमिल, मलयालम, कन्नड़, तेलुगु, गुजराती, बंगाली आदि) में 'मेरी रक्षा' नामक एक मासिक पत्रिका प्रकाशित होती थी जिसमें स्वास्थ्य सम्बन्धी विवरण और इलाज की जानकारियाँ दी जाती थीं। डॉ. मधु जी ने मुझे उस पत्रिका के पंजाबी के खण्ड का दायित्व देकर मुझे पंजाबी का सह-सम्पादक बना दिया।

इसी तरह अनेक अवसरों पर मुझे उनसे मिलने का सौभाग्य्य प्राप्त होता रहता था और विभिन्न पंजाबी और हिन्दी साहित्यिक विषयों पर चर्चाएँ भी हुआ करती थीं। मुझको पत्रिका में पंजाबी के सह-सम्पादन हेतु तमिलनाडु हिन्दी साहित्य अकादेमी द्वारा सम्मानित भी किया गया।

वर्ष 2016 में डॉ. मधु जी को कर्नाटक राज्य सरकार के संस्कृति विभाग की लगभग 150 पृष्ठों की एक हिन्दी की पुस्तक को पंजाबी में अनुवाद करने का कार्य मिला। उन्होंने तुरन्त मुझे अपने निवास पर बुलाया और अपने साथ मुझे भी अनुवाद लेखन का कार्यभार सौंपा। इस कार्य को हमें टंकण के साथ एक सप्ताह में पूरा कर संस्कृति विभाग, कर्नाटक को भेजना था। इस काम को पूरा करने में हमें दिन-रात बैठना पड़ा और समय पर काम पूरा कर हमने संस्कृति विभाग के बेंगलुरु सचिवालय भेज दिया। हमारे काम से ख़ुश होकर संस्कृति विभाग के निदेशक श्री दयानन्द जी ने दूसरी पुस्तक के पंजाबी अनुवाद का भी काम डॉ. मधु जी को ही दे दिया। इस बार हमें इस काम को पूरा करने हेतु दो से तीन सप्ताह का समय दिया गया। इस बार भी डॉ. मधु जी ने मुझे ही सह-सम्पादक के रूप में यह कार्य सौंपा और पिछली बार की भाँति इस बार भी हमने यह काम समय पर पूरा किया। इस काम को करने के लिए जब उनके निवास पर जाता था तो स्वादिष्ट पंजाबी भोजन भी खाने को मिलता था। मुझे इस बात का दुःख है कि पंजाबी की इस पुस्तक के प्रकाशन से पहले ही आप हमें छोड़ गयीं।

डॉ. मधु जी कभी भी आराम पसन्द नहीं रहीं। हर काम को समय पर पूरा करने व अपनी ज़िम्मेदारी निभाने से वे कभी पीछे नहीं हटीं। अपनी शारीरिक अस्वस्थता में भी वे देर रात तक जागकर मेरे साथ बैठकर काम किया करती थीं। हर एक डेढ़ घंटे के बाद उनका नौकर राजेश सिर्फ़ मेरे लिए दूध वाली चाय और 2 ब्रेड या बिस्कुट ले आता था और डॉ. मधु जी के लिए सिर्फ़ मीठा

रहित ग्रीन टी। यदि मैं ऐसा कहूँ कि साहित्य का काम ही उनका भोजन और दवाइयाँ थीं तो यह ग़लत नहीं होगा।

मुझे दो बार गोवा जाने का अवसर मिला। पहली बार Aouthors Guild of India, नयी दिल्ली की संगोष्ठी में और दूसरी बार सूर्या संस्थान, नोएडा की संगोष्ठी में। गोवा में डॉ. मधु जी मुझे अपने छोटे भाई के घर ले गयीं जहाँ एक बार फिर मुझे पंजाबी खाना खाने का मौक़ा मिला। हम गोवा की राज्यपाल श्रीमती मृदुला सिन्हा जी के राजभवन निवास में भी गए।

डॉ. मधु जी को मुझसे साहित्य को लेकर बहुत आशाएँ थीं और मैं यह समझता हूँ कि उनकी इच्छानुसार उनके अधूरे सपनों को पूरा करने का समय आ गया है। मुझे उम्मीद ही नहीं वरन् पूर्ण विश्वास भी है कि मुझे मेरे हर साहित्यिक काम में डॉ. मधु जी का आशीर्वाद और अनुग्रह आजीवन प्राप्त होता रहेगा।

मो. : 9841234866,
9087716184,
6381710754

डॉ. मधु धवन : अभिनन्दन पत्र

•

डॉ. बी. कामकोटी

मधु धवन का जन्म 22 फरवरी सन् 1952 को पंजाब के तरनतारन में हुआ। मधु धवन के हृदय शैशवावस्था से करुणा और नाम के साथ मीठे स्वभाव वाला था। मधु का कार्यक्षेत्र लेखन, सम्पादन और अध्यापन में रही थी। उन्होंने स्टेला मॉरिस कॉलेज में हिन्दी विभागाध्यक्षा रहीं और 33 वर्ष के अनुभव में तमिलनाडु साहित्य अकादेमी के विकास में महत्त्वपूर्ण योगदान दिया। यह कार्य अपने समय में महिला-शिक्षा के क्षेत्र में क्रान्तिकारी कदम था। उन्होंने एक सौ से ज़्यादा पुस्तकें लिखी थीं। कविता, कहानी, उपन्यास, पत्रकारिता, मानव मूल्य, धर्म-दर्शन, प्रयोजनमूलक हिन्दी, लेखन में रचित किया। उनमें प्रसिद्ध हैं : महाकाव्य—कालचक्र; खण्ड काव्य—हुतात्मा, भारत ललाट, कारगिल की ललकार, धरा पर लिखा दिव्य फूल; काव्य-संग्रह—स्वर्णिम भारत, अमृतमयी, तुम भी बदल गये (मौलिक रचनाएँ); करवट लेता वक़्त, जुर्माना, आकांक्षा, तूफ़ानी झंझा का दीया, महासागर के शंख, शिखरों से ऊँचा, शक्तिपुंज, मैं सृष्टि की आत्मा हूँ, उस मोड़ पर, साइबर माँ, प्यार भरे दादाजी, तड़पती चाहतें, तमिल पुत्र कल्कि (उपन्यास); झरते अश्रु, इण्टरनेट का माउस, अमृत बूँदें, खौफ़, लक्ष्मी कहाँ रहती है (कहानी); मैं कब चाहा, भूल, भगतसिंह, भारत कहाँ जा रहा है, आज की पुकार (नाटक)।

मधु जी ने कई राष्ट्रीय एवं अन्तरराष्ट्रीय सेमिनारों में हिस्सा लिया। उन्होंने तमिलनाडु साहित्य अकादेमी की स्थापना की। वे स्टेल्ला मॉरिस कॉलेज में हिन्दी विभागाध्यक्षा रहीं। शिक्षा एवं साहित्य के क्षेत्र में उन्हें दर्जनों सम्मान एवं पुरस्कार मिले। वे सदैव दक्षिण भारत में हिन्दी प्रचार-प्रसार में रत रहीं। उन्होंने स्कूल एवं कॉलेजों में कई कार्यशालाओं का संचालन किया।

हिन्दीतर प्रदेशों में हिन्दी के विकास और शृंखला की कड़ियों में हिन्दी विकास के लिए उन्होंने जिस साहस व दृढ़ता से आवाज़ उठायी थी, वह स्मरणीय थी। मेरी मधु जी से मुलाकात तमिलनाडु साहित्य अकादेमी की संगोष्ठी में हुई थी। पहली बार ही मधु जी ने मुझे प्रपत्र वाचक के रूप में चुना था और नयी दिल्ली में अखिल भारतीय कवयित्री सम्मेलन में भाग लेने सात आचार्यों के साथ चली गयीं। उस समय माँ जैसी वात्सल्य भाव से रक्षा की थी। मुझे तमिल भाषी मधु जी की प्रेरणा से संगोष्ठियों में भाग लेने का सौभाग्य मिला। मधु जी के साथ मैं कर्नाटक, आन्ध्र प्रदेश, राजस्थान आदि प्रदेशों में सेमिनारों में सक्रिय भाव से भाग लेती थी तब पूरी ज़िम्मेदारी के साथ वह हमें लेकर चली थीं। आज भी उनकी प्रेरणा से मैंने विदेश-संगोष्ठियों में भाग लिया और सम्मान व पुरस्कार भी मिले।

सशक्त सफ़र की शुरुआत

सिस्टर हेलेन से पीएच. डी. की डिग्री की बधाई प्राप्त करते हुए

प्रगतिशील टीम–मधु धवन, सिस्टर अन्नामा फिलिप, डॉ. कमला विश्वनाथन (दायें), सिस्टर फ्लौरीन (बायें) के साथ

पहला पड़ाव—स्टेल्ला मॉरिस कॉलेज में हिन्दी संस्था 'अनुभूति' का निर्माण

प्रयोजनमूलक हिन्दी कार्यशाला का आयोजन

हिन्दी साहित्य सम्मेलन प्रयाग, 2003

डॉ. मधु धवन की पुस्तकों का विमोचन समारोह। बधाई देती हुई स्टेल्ला मॉरिस कॉलेज की प्रिंसिपल सिस्टर अन्नामा फिलिप

डॉ. मधु धवन द्वारा, डॉ. रवीन्द्र कुमार जैन जी का अभिनन्दन लोकार्पण समारोह

हिन्दी साहित्य सम्मान, प्रयाग में भेंट प्राप्त करते हुए

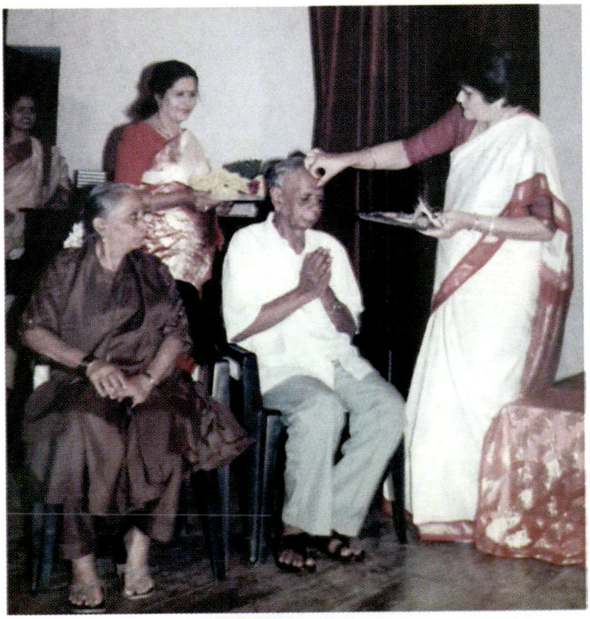

डॉ. मधु धवन द्वारा डॉ. रवीन्द्र कुमार जैन जी का अभिनन्दन लोकार्पण समारोह

हिन्दी प्रचार सभा द्वारा आयोजित गणतन्त्र दिवस समारोह–अतिथि डॉ. मधु धवन

डॉ. मधु धवन, विद्वान आर. सुन्दरकृष्णमाचारी का सम्मान करते हुए

फूड कॉर्पोरेशन द्वारा आयोजित, कवि संगोष्ठी

प्रथम अन्तरराष्ट्रीय लेखक उत्सव—वसुधैव कुटुम्बकम् के साथ

(ऊपर और दायें) अखिल भारतीय राजभाषा सम्मेलन में अतिथि के रूप में

आज तक में प्रसारित, बहुभाषी मेगा कॉन्वेन्शन में सम्मानित—डॉ. मधु धवन

सर्वश्रेष्ठ साहित्यकार पुरस्कार से सम्मानित

आयोजक
हिन्दी विभाग

26-27 फरवरी 2012
भारत भवन, भोपाल, शाम 6.30
वर्ष 2009 के अलंकृत रचनाकार
अखिल भारतीय पुरस्कार
प्रादेशिक पुरस्कार

जबलपुर में सम्मान

डॉ. मधु धवन, विश्व हिन्दी सम्मान से सम्मानित की गयीं

मधुर स्मृति : माला में पिरोये गये मोती

शबरी साहित्य 'लहरी' की प्रेरक—डॉ. मधु धवन

कांचीपुरम में हिन्दी लिटरेरी एसोसिएशन द्वारा आमन्त्रित

स्टेल्ला मॉरिस कॉलेज में आयोजित नेशनल सेमिनार

भाषा संगम में अतिथि के रूप में डॉ. मधु धवन

जगद्गुरु शंकराचार्य के स्वर्ण जयन्ती महोत्सव का आयोजन सभी संस्थाओं के संग

एक दिवसीय राष्ट्रीय संगोष्ठी

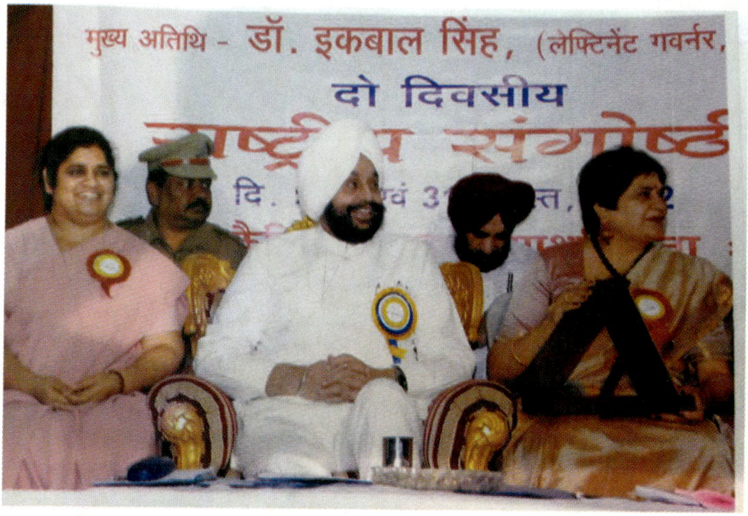

दो दिवसीय राष्ट्रीय संगोष्ठी मुख्य अतिथि माननीय इकबाल सिंह के साथ

युनाइटेड इण्डिया कम्पनी नालन्दा द्वारा आयोजित ट्रेनिंग प्रोग्राम में आमन्त्रित

डॉ. मधु धवन द्वारा आयोजित भारतीय हिन्दी परिषद् का 38 वाँ अधिवेशन समारोह

डॉ. मधु धवन ने कोन्गू आर्ट्स एण्ड साइंस कॉलेज, इरोड में वर्कशॉप संचालित किया

अन्तरराष्ट्रीय लेखक उत्सव में फिलस्तीन की लेखिका के साथ

राष्ट्रीय कार्यशाला हैदराबाद में भाग लेने के लिए आमन्त्रित

डॉ. मधु धवन द्वारा आयोजित दो दिवसीय कार्यक्रम

डॉ. मधु धवन द्वारा आयोजित स्वतन्त्रता सेनानियों का सम्मान समारोह

मध्य प्रदेश के मन्त्री माननीय उमाशंकर गुप्ता और माननीय राम नरेश यादव तथा कैलाश चन्द्र पन्त से सम्मान पाते हुए (ऊपर) और अपनी किताब 'भारत दर्शन' भेंट करते हुए डॉ. मधु धवन (नीचे)

डॉ. मधु धवन, डॉ. ललिताम्बा महामहिम राज्यपाल पुदुचेरी, वीरेन्द्र कटारिया को किताब भेंट करते हुए

विश्व हिन्दी दिवस 2015, डॉ. मधु धवन गोवा की राज्यपाल महामहिम श्रीमती मृदुला सिन्हा एवं प्रदीप शर्मा के साथ

डॉ. मधु धवन के साथ एक बड़ा परिवार—प्रगति की ओर

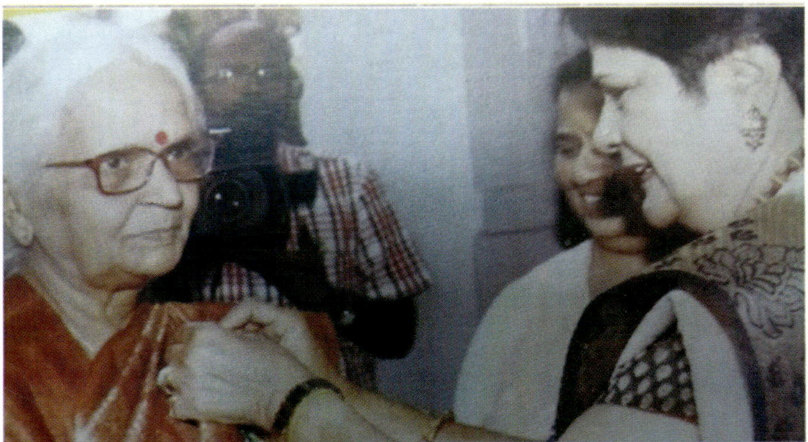

पाँचवाँ अन्तरराष्ट्रीय साहित्यिक सम्मेलन, 2017

अनमोल क्षण : गरिमामय स्मृतियाँ

डॉ. मधु धवन भारत के पूर्व राष्ट्रपति माननीय रामास्वामी वेंकटरामन का स्वागत करते हुए

केन्द्रीय गृह मन्त्री श्री राजनाथ सिंह (भारत सरकार) से सम्मान प्राप्त करते हुए डॉ. मधु धवन

गोवा की राज्यपाल महामहिम श्रीमती मृदुला सिन्हा के साथ डॉ. मधु धवन

महामहिम उपराज्यपाल पुदुचेरी श्री वीरेन्द्र कटारिया का स्वागत करते हुए डॉ. मधु धवन

मध्य प्रदेश के मुख्यमन्त्री शिवराज सिंह चौहान के साथ (बायें) एवं पुदुचेरी की पूर्व राज्यपाल श्रीमती किरण बेदी (दायें)

भारत भवन, भोपाल में डॉ. मधु धवन अन्य गण्यमान्य सम्मानित व्यक्तियों के साथ

26-27 जनवरी 2012, भारत भवन, भोपाल में डॉ. मधु धवन का सम्मान

तमिलनाडु की पूर्व मुख्य सचिव सी.के. गरियाली के साथ

प्रख्यात पार्श्व गायिका श्रीमती वाणी जयराम के

विश्व हिन्दी सम्मेलन, भोपाल में सम्मान प्राप्त करने के बाद मधुजी

पुदुचेरी के पूर्व राज्यपाल इकबाल सिंह को सम्प्रेषण कैसेट भेंट करते हुए

माननीय के.आर. मलकानी के साथ

वाणी प्रकाशन के प्रबन्ध निदेशक अरुण माहेश्वरी के साथ

अन्तरंग पल : जो भुलाये न भूले

अपनी हिन्दी प्रोफ़ेसर डॉ. ललितांबा के साथ स्नेह भरा क्षण

श्रीमती और श्रीमान नवाब ऑफ़ आर्कोट तथा आईएएस ऑफिसर सी.के. गरियाली के साथ

डॉ. मधु धवन का अभिनन्दन समारोह स्टेल्ला मॉरिस कॉलेज में आयोजित

अभिनन्दन समारोह में परिवार का प्यार–पति विजय धवन, बेटा विशाल धवन और भाई बलराम चोपड़ा, श्याम चोपड़ा, मोहन चोपड़ा, त्रिलोक चोपरा, कृष्ण चोपड़ा और विष्णु चोपड़ा के बीच

जीवन से भरपूर : डॉ. मधु धवन की कुछ झलकियाँ

प्रकृति के हमेशा करीब

कर्मठता की मिसाल

जिये हमेशा मुस्कुराते हुए हँसते-गाते हुए

इस प्रकार हमारे विश्वविद्यालय की संगोष्ठियों में सक्रियात्मकता और संयोजक के रूप में कार्य चलाये गये। उनकी सेवा हिन्दीतर प्रदेश तमिलनाडु में सराहनीय थी। आगे भी हम उनकी सेवा में लगी रहेंगे। महिलाओं व शिक्षा के विकास कार्यों और जनसेवा के कारण उन्हें समाज-सुधारक भी कहा गया है। स्टेल्ला मॉरिस कॉलेज की प्राध्यापिका, हिन्दी सेवी, समाज चिन्तक लेखिका, सभा की गतिविधियों में सहर्ष भाग लेने वाली मृदुभाषी मधुजी का आकस्मिक निधन चेन्नई में सोमवार 26 जून, 2017 को रात 10 बजे हो गया।

मो. : 9444712910

डॉ. मधु धवन : दक्षिण भारत की हिन्दी दीपशिखा

●

ईश्वर करुण

डॉ. मधु धवन ने दक्षिण भारत में हिन्दी की जो अलख जगाई, वह दक्षिण को भाषा के माध्यम से पूरे देश के हिन्दी साहित्यकारों और बुद्धिजीवियों से जोड़ने का एक उपक्रम मात्र नहीं था बल्कि पूरी ईमानदारी से किया गया एक कठिन बौद्धिक कार्य था। हालाँकि ऐसे प्रयास करने वालों में राष्ट्रपिता महात्मा गाँधी, राजगोपालाचारी, सुब्रमणियम भारती से लेकर दक्षिण भारत हिन्दी प्रचार सभा से जुड़े सैकड़ों लोगों के साथ आज की पीढ़ी के डॉ. बालशौरि रेड्डी, एम. सुब्रमणियम, सुब्रमणियम विष्णुप्रिया, डॉ. शेषन, डॉ. सुन्दरम, डॉ. पी.के.बी. डॉ. गोविंदराजन जैसे और भी दर्जनों नाम हैं, जो हिन्दी के प्रति समर्पित रहे हैं, किन्तु डॉ. मधु धवन ने एक अलग रास्ता चुना। यह रास्ता रहा दक्षिण के हिन्दी विद्वानों को ससम्मान केन्द्र में रख कर अन्तरराष्ट्रीय हिन्दी सेमिनारों का आयोजन, तमिल-हिन्दी विद्वानों की अनुवाद प्रतिभा को परखते हुए उनसे अनुवाद करवा कर हिन्दी को समृद्ध करना, तमिल संस्कृति से भी उत्तर के विद्वानों का परिचय करवाना, हिन्दी में शोध पत्रिका का प्रकाशन कर नये लेखकों को सामने लाना और हिन्दी विद्वानों को प्रति वर्ष नकद सम्मान राशि प्रदान कर प्रोत्साहित करना। इन सारे कार्यों और ऐसे ही अन्यान्य कार्यों के लिए उन्होंने 'तमिलनाडु हिन्दी साहित्य अकादेमी' की स्थापना की। मेरा यह सौभाग्य रहा कि उन्होंने मुझे अपना दाहिना हाथ समझा और उपर्युक्त सारे कार्यों में सहयोग के लिए मुझे CEO जैसा स्थान दिया।

इन सब कार्यों के अलावा पूरी गम्भीरता से वे साहित्य सृजन भी करती रहीं और सौ से भी अधिक पुस्तकों का प्रणयन भी किया। उन्होंने लगभग सभी विधाओं में लिखा। इससे भी महत्त्वपूर्ण बात कि उन्होंने अपने साथ चलनेवाले सहयोगियों को भी प्रेरित कर उनसे लिखवाया और उन्हें स्थापित लेखक भी बनाया। वे व्यक्ति की प्रतिभा की कायल थीं, ठकुरसुहाती स्वभाव को पसन्द नहीं करती थीं। उदार तो इतनी थीं कि कई बार अपने फिक्स्ड डिपाजिट तोड़ कर आयोजन के लिए खर्च कर देती थीं। मैं कभी भूल नहीं सकता, जब वे कहतीं, "ईश्वर, देखो पैसे के मामले में सब पीछे बैक मार जाते हैं। लेकिन नाम और चेहरा सबसे आगे चाहते हैं।" किन्तु इन बातों को भूल कर तुरत सभी को आगे बढ़ाने में जुट जाती थीं। किसी बात के लिए मनोमालिन्य नहीं रखती थीं।

हाँ, वे समय का बहुत ध्यान रखती थीं, स्वयं भी ज़िम्मेवारी लेती थीं और ज़िम्मेवार सहयोगियों का भी बहुत सम्मान करती थीं। हम चित्रकूट गये थे, हमारे साथ तमिलनाडु के कई हिन्दी विद्वान

भी थे। शाम को विचार हुआ कि कल शिवरात्रि है, हम लोग चित्रकूट में मन्दाकिनी स्नान करेंगे और पूजा भी करेंगे। किन्तु जिस सेमिनार में जा रहे थे वह 9 बजे ही शुरू होना था। अतः निर्णय हुआ कि हम लोग 4 बजे प्रातः मन्दाकिनी घाट जायेंगे। सुबह मेरे अचरज का ठिकाना नहीं रहा कि ठीक तीन पचपन में मेरे कमरे की घण्टी बजी। मैं बाहर निकला तो मधु जी खड़ी थीं। उनके साथ एक और लेखिका थीं। मैं भी मन्दाकिनी स्नान के लिए झटपट तैयार हो गया और हम लोग चल दिये। जो लोग चार बज कर पाँच मिनट तक नहीं आये, उन्होंने ऐसे 6-7 लोगों को छोड़ ही दिया।

मधुजी विदेश यात्राओं में भी पूरी टीम का ध्यान रखतीं थीं। मैं मॉरिशस और श्रीलंका में उनके साथ विदेश यात्रा में था, पूरी टीम ने मॉरिशस गंगा तालाब का और श्रीलंका में नुआरे एलिया यानी अशोक वाटिका में खूब भक्तिभाव से पूजा-अर्चना भी किया। मॉरिशस में मोका रेडियो स्टेशन से मेरे गीतों के प्रसारण के लिए रिकॉर्डिंग होने की वजह से लौटती में एयरपोर्ट पहुँचने में देर होने पर वे बहुत चिन्तित हो गयी थीं और मुझे उनकी डाँट भी सुननी पड़ी।

वे कहतीं, "ईश्वर जब कविताएँ पढ़ता है तो दीवारों में स्पन्दन होने लगता है। इसका संचालन रोचक सूचनाओं से भरा बहुत दमदार है।" मुझसे गीत पढ़वातीं, भले अपने हिस्से का भी समय देकर। एक परिवार की तरह मेरे बच्चों को मेरी इन्दु जी को वे बहुत प्यार करतीं। उनके निधन पर इन्दु जी फूट-फूट कर रोती रहीं, मेरी तो आज भी आँख गीली हैं।

हिन्दी की यह दीपशिखा जीवट की धनी थीं, किन्तु असमय ही यह तिरोहित हो गयीं। लेकिन इस दीपशिखा से निकली प्रकाश किरणें पूरे देश में फैली हैं और मधुजी को जाज्वल्यमान बनाये रखेंगी। हार्दिक श्रद्धांजलि।

मो. : 9444954385

बिटिया करे तुम्हें याद

मेरी मॉम : मधु धवन

●

श्रीमती पूजा जैन

माँ हर बच्चे की दुनिया होती है, लेकिन यदि वह माँ डॉ. मधु धवन के रूप में पायी जाये, तो ज़िन्दगी के मायने बदल देती है।

मॉम मेरे लिए, शक्ति, आत्मविश्वास और प्रेरणा का स्रोत थी। समाज के प्रति अपने योगदान से, उन्होंने मुझे एक अहम उदाहरण दिया। वह कर्मठता की मूरत थी। अपने काम को पूरा करने के लिए वे दिन-रात एक कर देती थी। हिन्दी के प्रति, सबके दृष्टिकोण में बदलाव लाना ही उनका मुख्य उद्देश्य था।

"मावाँ ठण्डियाँ छाँवा!"

पंजाबी में, हमेशा मुझसे यही कहती रहती थीं।

अर्थात् ज़िन्दगी की कड़ी धूप समान कठिनाइयों में, एक माँ हमेशा अपने बच्चों पर शीतल छाया जैसी होती है, और मेरी मॉम मेरे ऊपर हर पल अपनी शीतल छाया बरसाती थी। आज आपकी छाया मेरे साथ नहीं है, लेकिन उसकी शीतलता हमेशा मेरे साथ रहेगी।

अपनी ज़िन्दगी में आपके ख़ाली स्थान को, आपकी यादों से भरती हूँ।

आपकी सीख पर अमल करने की कोशिश करती हूँ। मॉम! आप मेरे लिए एक मिसाल थीं, हैं और हमेशा रहेंगी।

आपकी बेटी

पुजू

मो. : 9884637003

काव्यांजलि

नामाक्षर कविता

●

रवीन्द्रनाथ सिंह चौहान

मधुजी तुम ज्ञान की भण्डार
जिजीविषा की मूर्ति हो
नमन अभिनन्दन वन्दन स्वीकार करो।।1।।

धुरन्धर प्रतिभा की धनी
तुम ईश्वर की देन हो
नमन अभिनन्दन वन्दन स्वीकार करो।।2।।

धरोहर हर विधा की प्रदान की
तुमने साहित्य जगत को
नमन अभिनन्दन वन्दन स्वीकार करो।।3।।

वरदान सरस्वती की हो तुम
औरों के लिए प्रेरणा-मिसाल हो
नमन अभिनन्दन वन्दन स्वीकार करो।।4।।

नहीं जन्मते आप जैसे सदियों में
ऐसे ही आगे ही आगे बढ़ती रहो
नमन अभिनन्दन वन्दन स्वीकार करो।।5।।

अभिनन्दन मधु धवन जी

•

रामेश्वर प्रसाद गुप्ता 'इन्दु'

अभिनन्दन मधु धवन जी, मधुर राग अनुराग।
विमल मधुरता भाव में, पावन भाव पराग।।

प्रतिभा उच्च विचार है, गहन अनूठा ज्ञान।
अपनी चेतन शक्ति से, हरे सदा अज्ञान।।

धन्य आपकी लेखनी, धन्य आपके बैन।
धन्य आपका काव्य है, धन्य आपकी दैन।।

साहित्यिक संसार में आप पूर्ण मय 'इन्दु'।
बूँद-बूँद से बन गये आज अनूठे सिन्धु।।

खण्ड काव्य संग्रह कथा औ' लेख उपन्यास।
नये-नये शोध प्रबन्ध का, करती सदा प्रयास।।

सम्पादन लेखन परम, सद् साहित्यिक कर्म।
अन्तस की आवाज़ से खूब निभाया धर्म।।

मौलिक रचना का सदा लिये रहीं संकल्प।
लेखन रुचि के क्षेत्र में उन सा नहीं विकल्प।।

हिन्दी भाषा से रखे, अपना नेह अपार।
शब्द-शब्द में भर दिया भाव-भाव से प्यार।।

अभिनन्दन वन्दन करें चन्दन चित्त लगाए।
काव्य धन्य है लेखन, नूतन दिशा दिखाए।।

सेवक श्री साहित्य की, बढ़े विश्व में नाम।
मधु सफल हो लेखनी, तुमको कोटि प्रणाम।।

आदरणीय डॉ. मधु धवन जी के सम्मान में अभिनन्दनीय शब्दमाला

•

इन्द्र प्रसाद 'अकेला'

आप दिशा-दर्शक सचेतक, विश्व-दर्शन की हो ज्ञानी।
घोर तम की पूर्ण इति हो, उदित रवि-सी स्वाभिमानी।।

तर्क से मधु-पर्क लेकर, आज जन-जन को दिया है।
ज्ञान का सौरभ लुटा, अज्ञानता को पी लिया है।

आप समन्वय स्रोत हैं, जो आज को कल से मिलाती।
आप जैसी युग-विभूति माँ जगदम्बा कम बनाती।।

आपके सान्निध्य रो यट बन चमन सब खिल रहा है।
आज हिन्दी-जगत को गौरव तुम्हीं से मिल रहा है।।

हिन्दी के सम्मान का जो आपने बीड़ा उठाया।
तमिलनाडु क्या, देश-भर में हिन्दी का गौरव बढ़ाया।।

श्रद्धा-भक्ति भाव है मन में, बह रही शीतल पवन है।
वाणी में अमृत भरा है, नाम प्यारा मधु धवन है।।

साहित्य जगत में आपने, तो ग्रन्थों की रचना करी है।
हिन्दी की गागर वह प्यारी ज्ञान गंगा से भरी है।।

तपोसाधना, आत्मबल से नाम दुनिया में कमाया।
आपके ही ज्ञान ने तो जग में नित तुमको घुमाया।।

हिन्दी साहित्य जगत पर श्रद्धेय, आपकी छाया सघन है।
कवि को दो आशीष मधुजी, आपको शत-शत नमन है।।

मो. : 9457671705, 9897332021

स्मृति शेष डॉ. मधु धवन को अर्पित एक 'भावांजलि'

•

डॉ. भगवती प्रसाद मिश्र 'अतीत'

भाव मना भावांजलि 'मधुजी' शत्-शत् बार प्रणाम है।।
स्मृतिशेष रही यायावर, रचनावली सुनाम है।।
रहीं पहरुआ रीति-नीति की,
श्रेयस हाथ पताका थी।
राष्ट्र प्रेम की मन अन्तस में,
जलती रही शलाका थी।
सदा जागरण बिगुल बजाया, जग हिताय अभिराम है।।
शत्-शत् बार प्रणाम है।।

आत्म मोक्ष आशीष अमित थे,
कण्टक पथ अनुगामी थीं।
आजीवन संघर्ष किया था,
अमल, निडर संग्रामी थीं।
रहा समर्पण आदर्शों को, जन सेवा निष्काम है।।
शत्-शत् बार प्रणाम है।।

चक्रव्यूह तम घन का तोड़ा,
निर्भय होकर खड़ी रहीं।
कदम नहीं लौटाये पीछे,
सत्य पथी हो अड़ी रहीं।
है जीवन संघर्ष बताया, स्मृति आठों याम है।।
शत्-शत् बार प्रणाम है।।

थी 'अतीव' वाणी आराधक,
अभिनन्दन को ग्रन्थ रखा।

विश्व एकता लक्ष्य रहा था,
सदा मान-सम्मान चखा।
पावन सत् पथ, जीवन दर्शन, वागेश्वरी का धाम है।।
भाव मना श्रद्धांजलि 'मधुजी' शत्-शत् बार प्रणाम है।।

अभिनन्दन अभिराम

•

डॉ. सुधा त्रिवेदी

हिन्दी सेवा, अध्यापन में रम आजीवन लगी रहीं,
महिला लेखन में चेन्नई की नाम हमेशा बनी रहीं,
जाने कितनी मिलीं उपाधियाँ औ' कितने सम्मान,
दक्षिण भारत की हिन्दी की विश्व में जिससे शान,
युग-युग अविरल गुंजित होगा मधु धवन का नाम,
अनुपम कलम साधिका का है अभिनन्दन अभिराम!

तीन दशक स्टेल्ला मॉरिस निष्ठा का इतिहास,
अद्भुत गढ़ीं अगिन प्रतिमाएँ कक्षा में सोल्लास,
कितने पतझड़, कितने सावन बीते कई वसन्त,
साक्षी हर दीवार मधुर मधु यादें यहाँ अनन्त!
प्रखर तेजपूरित दिन जीवन मेधापूरित शाम,
अनुपम कलम साधिका का है अभिनन्दन अभिराम!

तरल हास और सरल बात में ज्ञान रश्मि का तेज,
दृष्टि सतर्क, तीक्ष्ण बुद्धि, गरिमामय सुन्दर वेश।
सर्वांग गुणी हर चाल सधी जो सुन्दरता का राज,
ममता की वीणा में साधा, अनुशासन का साज,
लेकर साथ चलीं जो सबको, क्या दक्षिण क्या वाम!
अनुपम कलम साधिका का है अभिनन्दन अभिराम!

मो. : 9566292359

यशोगान

●

डॉ. मंजु रुस्तगी

अटल, अचल और सबल तुम्हीं हो,
सहज, सरल और सम्बल तुम्हीं हो।
नाम अनुरूप करती मधुमय सब,
साहित्य उपवन का कमल तुम्हीं हो।

जीवन ने किया जिनसे अर्थ ग्रहण,
निश्छल मन से सबकी रहीं प्रिय बन।
दक्षिण में हिन्दी की अलख जगा कर,
सर्वस्व किया हिन्दी को अर्पण।

वक़्त की हर 'करवट' पर जिसने,
बिना 'ख़ौफ़' के सबको सँवारा।
'कालचक्र' को देकर चुनौती,
'भारत-ललाट' पर बन चमकी सितारा।

झरे अश्रु जो किसी नयन से,
बन गयी तुम 'अमृतमयी' अंजुरि।
हे 'शक्ति पुंज'! हे प्रेरणा स्रोत,
सौम्यता, सौन्दर्य की प्रतिमूर्ति।

हिन्दी साहित्य के उपवन को,
समृद्ध किया दे विचार-सुमन।
सबकी प्रिय मधु धवन के,
चरणों में करती हूँ कोटि-वन्दन।

मो. : 9840695994

मधुगान

●

डॉ. नीलम खरे

आदरणीया आपको बारम्बार प्रणाम।
आप कर रही हैं खरा, सद् साहित्यिक काम।।

है पूजा, है साधना, साहित्यिक अभियान।
इसीलिए तो आपकी, प्रखर, निराली शान।।

विविध, विपुल कृतियाँ रचीं, किया निराला काम।
मधुजी सचमुच आपके, नित्य उच्च आयाम।।

शिक्षा का संकल्प ले, बनीं ज्ञान का दीप।
सरस्वती का रूप खुद, रहता नित्य समीप।।

चिन्तक भी तो आप हैं, विदुषी सच में आप।
काम किया जो आपने, कौन सकेगा माप।।

मौलिकता से आपने, फैलाया उजियार।
ऐसे जीवन में बसा, ही जीवन का सार।।

अलंकरण पाये बहुत, कदम-कदम सम्मान।
सचमुच मधुजी आप तो, हैं प्रतिभा की खान।।

आप सरीखे लोग जब, रचते हैं साहित्य।
ज्ञान और विज्ञान को, मिलता तब लालित्य।।

अभिनन्दन, वन्दन करूँ, नमन करूँ कर जोड़।
हिन्दी सेवा कर सतत, दिया नया इक मोड़।।

सचमुच में हर इक कृति, लिये उच्चतम रूप।
देती है हमको सदा, पावन, नेहिल धूप।।

नमन

●

प्रदीप गौतम सुमन

सर्वजगत की हेती
परम माँ सुकुमार बेटी
प्रेम की सुगन्ध फैलाती।
वैभव का गीत गुनगुनाती।
अमर कृतियों की रचनाकार
शब्दों की अलबेली सरकार
मधु धवन तुम्हारा जगवन्दन है
मन, वाणी, हृदय तुम्हारा चन्दन है।
देव भूमि भारत में तुम्हारा अभिनन्दन है
शब्दों की शिल्पी, तुमको बारम्बार नमन है।
जयकारा हर-हर मधु धवन का
बाग-बाग कोयल के गुंजन का
उत्तम परिभाषा शब्दों के गंगाजल का
वन्दन है कृतियों के मानसरोवर का।

मधु-सखी

●

डॉ. वत्सला 'किरण'

मधुर-मधुर तेरा व्यवहार
नाम तेरा सार्थक है मधु।
दूरदर्शी माता-पिता ने
दिया है नाम मधु ही हो तुम।

सुदूर पंजाब से आयी
हिन्दी सेवा करने दक्षिण।
नारी-शक्ति जोड़ उन्हें भी
आगे बढ़ना सिखा दिया है।

कर दिखलाया तूने जग को
नारी में है शक्ति अपार।
ऐसा कोई कार्य नहीं है
जिसे न कर सकती नारी।

सौ-सौ रचनाएँ कर डालीं
पढ़कर मन्त्रमुग्ध है संसार।
ऐसी कोई विधा नहीं है
जिसमें कलम न चलाई हो।

सखी, गुरु, माता, पथ-प्रदर्शक
छात्र-मन-मयूर का मेघा।
दुश्मन को भी गले लगाती
माफ़ कर देती सब गुनाहें।
आज नहीं तुम साथ हमारे, पर रास्ता दिखा गयी हो।
मंगलमय भगवान तुम्हारी, आत्मा को दे नित्य शान्ति।।

मदर मैडम

●

शशिलेन्द्र कुमार गुप्ता

हिन्दी की सेवा में जिन्होंने,
सारा जीवन अर्पित किया।
राष्ट्रभाषा हिन्दी को देश में,
सम्मान दिलाने का प्रयत्न किया।
ऐसी उच्च कोटि की हिन्दी सेवी,
डॉ. मधु धवन जी को हमने पाया
अथक परिश्रम, निःस्वार्थ भाव से,
योगदान का सबक सिखाया।
ऊँचे-ऊँचे पर्वतों से सरिता जैसे बहती,
मैडम मदर, आप हमको 'ज्ञान की देवी' लगती,
अनेकानेक संम्मान पाये देश-विदेश से,
यह बात हम सबको गर्व की अनुभूति लगती।
आपके लेख, आपकी रचनाओं से ही,
देश की प्रमुख पत्रिकाएँ, पुस्तक हमेशा सजती।

मो. : 9710467460

कामना है

●

अनिल अवस्थी

तुम तम को प्रकाश दो,
प्रकाश को विकास दो,
विकास को आकाश दो,
इन्द्रधनुष बन जाओ,
कामना है।

ज्ञान की सरिता सी,
श्रद्धेय वनिता सी,
ओजपूर्ण कविता सी,
मन में रच-बस जाओ
कामना है।

पुरइन के पात सी,
पूर्णिमा की रात सी,
चैत के प्रभात सी,
हर दिशा में छा जाओ,
कामना है।

दुइज चन्द्र सी बन कर,
पूर्ण चन्द्र सी सज कर,
पुष्प गन्ध सी छा कर,
सम्पूर्ण जगत महकाओ,
कामना है।

गीतावली

●

डॉ. ज्योति बोथरा

दक्षिण भारत क्षेत्र में बढ़ाया
हिन्दी का सम्मान
विशेषतः चेन्नई की धरा पर
प्रशंसित है एक नाम

प्रशंसित है एक नाम
मधुजी धवन यहाँ पर
लेखिका के रूप में जिनसे बहा
प्रवाह साहित्य जहाँ पर

करते हैं शुभकामना
उनके जीवन स्वस्थ की
इसी तरह हरदम रहें
साहित्य सृजन में व्यस्त ही।।

सजदा

•

स्वर्ण ज्योति

अपने वजूद का
एक कतरा मुझे दे दे
तो मैं भी अपनी
पहचान बना लूँ

अपनी पहचान को बनाने के लिए कई प्रयास किए और इसका अन्त 'दक्षिण हिन्दी प्रचार सभा' की पत्रिका में मधुजी का जीवन-परिचय पढ़ कर हुआ। मैंने तत्काल उन्हें पत्र लिखा। कुछ ही दिनों पश्चात उनका फ़ोन आया और उन्होंने मुझे 'दक्षिण हिन्दी प्रचार सभा' चेन्नई के एक समारोह में आमन्त्रित किया। मैं और मेरे पतिदेव जब वहाँ पहुँचे तब वे बड़ी ही आत्मीयता के साथ मुझसे मिलीं मानो बरसों से जानती हों। समारोह के बाद वे हमें अपने घर ले गयीं और हमने साथ में भोजन किया। वह दिन और आज का दिन उनका घर मेरा मायका बन गया और मैं उनके साथ जुड़ती गयी। उनके लिए अपनी भावनाएँ इस प्रकार व्यक्त कर रही हूँ—

मेरी हसरतों को हवा देकर
जीने का एहसास जगाया
धड़कनों की सदा कहती है
तुमने ज़िन्दगी को ख़ूबसूरत बनाया

हम तो बेमोल ज़र्रा थे
सितारे-सा रौशन बनाया
बस ज़मीं की थी औकात
फ़लक के क़ाबिल बनाया

गुम हो जाते वक़्त के दरिया में
तुमने ऐसा आईना दिखाया
अपने वजूद पर अब इतराते हैं
हमने सजदे में तेरे सर झुकाया।

मो. : 9443459660

मधु से मधुर

•

अनीता सोनी

मधु से मधुर हमारी मधु दीदी,
द्रविड़ देश में हिन्दी की जान,
इस मंच की शान,
हृदय में बसी है प्यारी मधु दीदी।

एक माँ, एक पत्नी, एक बेटी, एक बहन,
एक मित्र, एक अध्यापक, एक मार्गदर्शक
हर रिश्ते को दिया तुमने उसका हक।

जीवन में कितनों की आशा थीं तुम,
एक अच्छे इनसान की परिभाषा थीं तुम,
आगे बढ़ते रहना चाव था तुम्हारा,
सही को सही और ग़लत को ग़लत कहना स्वभाव था तुम्हारा।

सुन्दर, शालीन व मुस्कुराते व्यक्तित्व की मालिक,
न सुनी थी कभी तुम्हारे संघर्ष की गाथा,
पर दही को मथे बिना मक्खन ऊपर नहीं आता।
कविता व लेखन जीवन की शान था,
साहित्य का सृजन अन्तिम समय तक गतिमान था।

आपके जीवन के वो अन्तिम चार दिन
बरबस प्रकृति ने मेरी झोली में डाल दिये,
उन दिनों आपको कुछ अलग ही पाया मैंने,

सन्तप्त हृदय की वेदना का मर्म मैं जान गयी थी,
पत्नी नहीं प्रेयसी थी अपने प्रियतम की आप मैं पहचान गयी थी।

बिछुड़ा था हंसों का जोड़ा हाय!
चौकड़ी भरती थी मृग संग हिरणी जैसे,
आज लगती थी प्रियतम से बिछुड़ी विरहिणी जैसे।

फीकी-सी हँसी में ऊपरी मुस्कुराना,
न रातों को सोना न दिन में था खाना,
केवल काम, काम और काम करते चले जाना।
छोड़ गये प्रियतम 'इहलोक' हाय!

निरन्तर और निरन्तर जैसे मनन करता हो कोई जाप,
अपने विरह को सृजनात्मक करती रहीं आप।
याद में प्रियतम की कभी रोयी तो न थी,
पर विरह की वेदना में कभी सोयी भी न थी।

अन्तिम पड़ाव तो चिरनिद्रा ही था,
आख़िर चिरनिद्रा में गयीं आप।
मधु से मधुर हमारी मधु दीदी
फूलों की महक सी बसी है हृदय में प्यारी मधु दीदी!
कहीं गयी नहीं, कहीं गयी नहीं,
यहीं कहीं है
हमारी प्यारी मधु दीदी
'मधु से मधुर हमारी मधु दीदी'

मो. : 9551112122

मधु गरिमा
सुर्ख़ियों में

तमिलनाडु की धरती पर खिला कचनार

तरनतारन, पंजाब की ओजमयी धरती पर जन्मी तथा बंगाल-बिहार-कर्नाटक-केरल-तमिलनाडु के चेन्नई महानगर को अपनी प्रतिभा प्रतिष्ठा से गौरवान्वित करने वाली विरली विभूति लेखिका हैं, डॉ. मधु धवन। चेन्नई महानगर के स्टेल्ला मॉरिस स्वायत्तशासी महाविद्यालय में प्रोफ़ेसर-रीडर एवं हिन्दी विभागाध्यक्षा के पद पर आसीन रहीं। डॉ. मधु उच्चस्थ पद 'डीन' पर भी प्रतिष्ठित रहीं। आप भारत के महानगरों में अपनी कृतियों से विख्यात हैं।

लगभग 70 से भी अधिक पुस्तकों की रचयिता तथा सैकड़ों कविताओं-गीतों की कर्ता डॉ. मधु धवन अपनी नाना विशिष्टताओं के चलते समस्त तमिलनाडु में हिन्दी साहित्यकार के रूप में लोकप्रिय एवं सम्मान प्राप्त हैं। आपकी रचनाओं में उपन्यास, नाटक, कहानियाँ, लघु कहानियाँ, प्रबन्ध काव्य, गीत संग्रह, काव्य संग्रह, समीक्षा, शोध परक ग्रन्थ, निबन्ध, एकांकी, प्रयोजनमूलक हिन्दी, भाषान्तरण कला, ललित लेख एवं पाठ्यक्रम सम्पादन एवं चयन का विशिष्ट कार्य।

हिन्दी के प्रचार-प्रसार के लिए वीडियो कैसेट तथा सी.डी. 'सम्प्रेषण' बनाया, जिसकी देश भर में बेहद अच्छी रिपोर्ट रही। आध्यात्मिक क्षेत्र में भी कई शोध लेखों के साथ जगद्गुरु शंकराचार्य जी एवं धर्म पर आधारित पुस्तकें—भारत दर्शन, जगद्गुरु की नगरी कांचीपुरम लिखीं। डॉ. मधु धवन की सबसे बड़ी ख़ूबी है, सबको साथ लेकर प्रेरणा देते हुए आगे बढ़ाना। आज ऐसे व्यक्तित्व नाममात्र के हैं जो परहित की भावना से भरे हों। चेन्नई जाइए तो स्वागतार्थ मिलेंगी, सबको मुस्कुराती हुई।

डॉ. मधु धवन जी को क्लासरूम टीचिंग मैथडालाजी के लिए देश भर में स्रोत वक्ता के रूप में आमन्त्रित किया जाता है। डॉ. मधु की साहित्यिक प्रतिभा को अनेक पुरस्कारों से पुरस्कृत तथा सम्मानित किया गया। डॉ. मधु धवन अपनी प्रतिभा से नयी पीढ़ी को सही दिशा देने में जुटी हैं।

उनकी लीडरशिप योग्यता का कोई सानी नहीं रखता। सम्प्रति अन्ना आदर्श महिला छात्रावास की चेयरपर्सन, तमिलनाडु बहुभाषा लेखिका संघ की सचिव, 'अनुभूति' नामक साहित्यिक संस्था की अध्यक्षा, तमिलनाडु हिन्दी अकादेमी की उपाध्यक्षा, केन्द्रीय हिन्दी निदेशालय की ओर से वर्ष 2001 से 2003 तक तमिलनाडु की 'हिन्दी विशेषज्ञा' रहीं।

हिन्दी को रोज़गार से जोड़ने की ज़रूरत

जब तक हिन्दी को बाज़ार नहीं मिलेगा, उसका विकास नहीं होगा। अब समय आ गया है जब हिन्दी को रोज़गार से जोड़ा जाए। इससे यह विश्वव्यापी बन पाएगी। स्टेल्ला मॉरिस कॉलेज के हिन्दी विभाग द्वारा बुधवार को शुरू हुए दो दिवसीय पाँचवें अन्तरराष्ट्रीय साहित्यिक सम्मेलन में वक्ताओं ने ये विचार व्यक्त किए। मौजूदा दौर में हिन्दी के ख़रीदार घट रहे हैं। हिन्दी में ख़रीद कर पढ़ने का संस्कार घटता जा रहा है। हालत यह है कि कई विश्वविद्यालयों में हिन्दी विभाग तो हैं, लेकिन छात्र ही नहीं। ऐसे में वे अनुपयोगी बने हुए हैं। विश्वविद्यालय से निकल गयी तो हिन्दी विकसित नहीं हो पाएगी।

'तमिलनाडु हिन्दी साहित्य अकादेमी' के सहयोग से आयोजित इस सम्मेलन का भारतीय भाषाओं में राष्ट्रीय चेतना विषयक सत्र से उद्‌घाटन हुआ। इस अवसर पर 'प्रवासी संसार' नयी दिल्ली के प्रवासी सम्पादक डॉ. राकेश पाण्डेय ने कहा, "हिन्दी के विकास पर यदि हमने अभी से ध्यान नहीं दिया तो हालात और बदतर हो जाएँगे।" लन्दन के साहित्यकार डॉ. तेजेन्द्र शर्मा ने कहा कि साठ के दशक में भारत के लोगों को ब्रिटेन ले जाया गया था।

उनमें अधिकांश पंजाबी एवं गुजराती समुदाय के लोगों की बहुतायत थी। इंग्लैण्ड में मन्दिरों में हिन्दी की कक्षाएँ चलानी शुरू की गयीं।

वहाँ हिन्दी को संवाद की भाषा बनाने के लगातार प्रयास हो रहे हैं। न्यूयॉर्क से आयी सुषमा बेदी ने कहा कि अमेरिका में हम हिन्दी सिखाने का निरन्तर प्रयास कर रहे हैं। केन्द्रीय हिन्दी संस्थान, दिल्ली के पूर्व निदेशक डॉ. गंगाप्रसाद विमल, साहित्य संगम चंडीगढ़ के अध्यक्ष डॉ. फूलचन्द्र मानव, बेंगलुरु के वरिष्ठ साहित्यकार डॉ. बी.वाई. ललितांबा समेत कई हिन्दी प्रेमी एवं साहित्यकार मौजूद थे। तमिलनाडु हिन्दी साहित्य की अध्यक्ष डॉ. निर्मला एस. मौर्य, महासचिव डॉ. मधु धवन, उपाध्यक्ष ईश्वर करुण झा एवं डॉ. हुसैन वल्ली, सचिव डॉ. सुनीता जाजोदिया एवं आर. पार्वती, कोषाध्यक्ष डॉ. मंजु रुस्तगी समेत अन्य पदाधिकारियों ने अतिथियों का सम्मान किया। संचालन डॉ. रविता भाटिया एवं डॉ. फ़ातिमा ने किया।

टीचर होता है सही मार्गदर्शक

शिक्षकों का कर्तव्य होता है कि वे छात्रों में छिपी प्रतिभा को उभार कर उन्हें योग्य और बेहतर इनसान बनाएँ। स्टूडेंट्स को टॉपिक हँसते-हँसते समझ में आ जाए, तभी स्टूडेंट्स का भविष्य सँवारा जा सकता है। उक्त वाक्य चेन्नई से आयी लेखिका, शिक्षाविद्, मार्गदर्शिका, प्रोड्यूसर डॉ. मधु धवन ने टीचर्स को सम्बोधित करते हुए कहा। जॉय सीनियर सेकेण्डरी स्कूल में हिन्दी भाषा तथा विज्ञान विषय को आसान बनाने और बच्चों की प्रतिभा उभारने में टीचर्स की क्या भूमिका होती है, पर कार्यशाला का आयोजन किया गया। प्राचार्य रश्मि मिश्रा ने अतिथियों का स्वागत किया। कार्यशाला में साइकोलॉजिस्ट अवनीत कौर ने पावर प्वॉइंट प्रेजेंटेशन के माध्यम से सभी टीचर्स को सम्बोधित करते हुए बताया कि साइंस सब्जेक्ट को इंट्रेस्टिंग बनाने के लिए टीचर्स को ऐसा वातावरण क्रिएट करना चाहिए, जिससे स्टूडेंट्स को टॉपिक आसानी से समझ आ जाए। इस अवसर पर नीतू मेबन तथा अखिलेश मेबन उपस्थित थे।

करना होगा प्रोत्साहित

आधुनिक युग में हिंग्लिश लैंग्वेज़ का यूज अधिक किया जा रहा है। ऐसे में हिन्दी और संस्कृत भाषा को अस्तित्व में बनाये रखने के लिए टीचर्स को ही आगे आना होगा तथा सब्जेक्ट को रोचक ढंग से पढ़ा कर स्टूडेंट्स को इस भाषा की अहमियत समझानी होगी। यह कहना था चेन्नई से आयी लेखिका, शिक्षिका, शिक्षाविद् डॉ. मधु धवन का। वर्तमान परिदृश्य में प्रत्येक भारतवासी अपनी संस्कृति से दूर होता जा रहा है। इसका कारण कुछ और नहीं, बल्कि शिक्षा का प्रचार न होना है। इसलिए टीचर्स को ही आगे आकर हिन्दी, संस्कृत भाषा के प्रति छात्रों को प्रोत्साहित करने की ज़रूरत है।

विज्ञान पर टिकी है दुनिया

विज्ञान पर ही दुनिया टिकी है, लेकिन दिन-प्रतिदिन स्टूडेंट्स का वैज्ञानिक बनने के प्रति रुझान कम होता जा रहा है। बच्चों में वैज्ञानिक रुचि जगाने के लिए टीचर्स को चाहिए कि वे थ्योरी के साथ प्रैक्टिकल और प्रोजेक्ट वर्क पर अधिक ज़ोर दें। तभी स्टूडेंट्स की क्रिएटिविटी को बढ़ाया जा सकता है। यह कहना था, दिल्ली से आयी साइकोलॉजिस्ट अवनीत कौर का। टीचर्स को अब ऐसा माहौल क्रिएट करना होगा, जिससे उनमें जिज्ञासा उत्पन्न हो और ख़ुद ही वे सवालों के जवाब निकालें, तभी स्टूडेंट्स में वैज्ञानिक बनने की ललक को उत्पन्न किया जा सकता है।

Seminar on Literature ends

The two-day national seminar on the Contribution of Women to Indian Literature organised by the PG department of Hindi and Research Centre of Government Arts and Science College concluded here today.

Renowned Hindi novelist Dr. Madhu Dhawan of Punjab, who presented a paper, noted that the works of women were equally good compared with those of male writers. She suggested that there was no need to differentiate between the works of men and women.

Papers were presented by Rathi Saxena, Dr. Asnani Nirmala and Dr. Meera Venugopal. The function was presided over by Dr. Venugopal. Dr. K.M. Malathi welcomed the gathering and Dr. Ajithakumari proposed a vote of thanks.

विशिष्ट पत्रकारों का सम्मान

'तमिलनाडु हिन्दी साहित्य अकादेमी' एवं स्टेल्ला मॉरिस कॉलेज के हिन्दी विभाग के संयुक्त तत्वावधान में हाल ही में आयोजित संगोष्ठी में मीडिया क्षेत्र में योगदान देने वाले विशिष्ट पत्रकारों का सम्मान किया गया। इस मौक़े पर स्वतन्त्र वार्ता के सम्पादक डॉ. राधेश्याम शुक्ल, सूचना एवं प्रसारण मन्त्रालय के डॉ. के.एम. रविन्द्रन, दूरदर्शन के डॉ. बाल रमणि, दक्षिण राजस्थानी पोस्ट के सम्पादक रमेश गुप्त नीरद, आकाशवाणी के श्रीनिवास राघवन, आयकर आयुक्त डॉ. गिरीश पाण्डेय, विजय ग्रोवर, वी.के. अग्रवाल, मोहनलाल बजाज आदि का सम्मान किया गया।

उद्घाटन सत्र की अध्यक्षता केन्द्रीय चर्म अनुसन्धान संस्थान के निदेशक डॉ. असित बरन मंडल ने की। दूरदर्शन के डॉ. बाल रमणि विशिष्ट अतिथि थे। उपाध्यक्ष रमेश गुप्त नीरद ने स्वागत भाषण दिया। महासचिव डॉ. मधु धवन ने प्रतिवेदन प्रस्तुत किया। उपाध्यक्ष डॉ. निर्मला मौर्य ने धन्यवाद ज्ञापित किया।

इस मौक़े पर डॉ. आलोक पाण्डे, डॉ. वत्सला किरण, डॉ. लक्ष्मी अय्यर, डॉ. शिवकुमारी, श्रीमती स्वर्ण ज्योति, डॉ. शान्ति मोहन, डॉ. लावण्या, श्रीमती श्रावणी पंड्या, वी.के. अग्रवाल, रमेश गुप्त नीरद, मोहनलाल बजाज, डॉ. जगन्नाथ रेड्डी, डॉ. निर्मला मौर्य, उदय मेघाणी, डॉ. विष्णु प्रिया, डॉ. नज़ीम बेगम, डॉ. हरेन्द्र शर्मा, अशोक द्विवेदी समेत अन्य ने प्रपत्र वाचन किया। डॉ. रविता भाटिया, डॉ. सुनीता जाजोदिया ने भी विचार व्यक्त किए। डॉ. दिलीप सिंह की अध्यक्षता में खुला मंच चर्चा सत्र भी आयोजित किया गया।

'समसामयिक भारत में मीडिया की भूमिका' विषयक संगोष्ठी सम्पन्न

'तमिलनाडु हिन्दी साहित्य अकादेमी' एवं हिन्दी विभाग स्टेल्ला मॉरिस कॉलेज के संयुक्त तत्वावधान में दो दिवसीय राष्ट्रीय संगोष्ठी रविवार को सम्पन्न हो गयी। समसामयिक भारत में मीडिया की भूमिका विषयक इस संगोष्ठी में कई पत्र पढ़े गये। स्टेल्ला मॉरिस कॉलेज में आयोजित संगोष्ठी में रविवार को इलेक्ट्रॉनिक मीडिया-न्यूज़ चैनल, जन संचार माध्यम के सामाजिक सरोकार समेत अन्य विषय सम्मिलित किये गये।

इस अवसर पर 'तमिलनाडु हिन्दी साहित्य अकादेमी' के अध्यक्ष प्रो. दिलीप सिंह, महासचिव डॉ. मधु धवन, उपाध्यक्ष रमेश गुप्त नीरद, स्वतन्त्र वार्ता, हैदराबाद के सम्पादक डॉ. राधेश्याम शुक्ल, साउथ चक्र चेन्नई के सम्पादक वी.के. अग्रवाल, आकाशवाणी के उद्घोषक उदय मेघाणी, कवि एवं लेखक प्रहलाद श्रीमाली, डॉ. हुसैन वल्ली, आयकर आयुक्त गिरीश पाण्डेय समेत अन्य कई साहित्यकार, कवि, गीतकार, लेखक एवं शिक्षाविद् उपस्थित थे।

आकाशवाणी में उद्घोषक उदय मेघाणी ने रेडियो के टॉक शो 'तब और अब' विषय पर प्रपत्र वाचन करते हुए कहा कि वाणी में गम्भीरता के साथ लम्बी भूमिका बनाना और फिर थोड़ी-सी क्लिष्ट भाषा में प्रश्न पूछना किसी समय रेडियो की भेंटवार्ता के प्रारूप में महत्त्वपूर्ण एवं आवश्यक माना जाता था। किन्तु आज रेडियो के टॉक शो में भेंटकर्ता अपनी सहज आवाज़ में बात करते हैं। बहुत संक्षिप्त में भूमिका बनाते हैं। कभी-कभी तो भूमिका बनाये बिना ही शोध प्रश्न पूछ लेते हैं। ऐसा भी होता है कि रोचक, रोमांचक या उत्तेजित करने वाले मुद्दे से ही बातचीत शुरू कर दी जाती है। मेघाणी ने कहा कि भेंटवार्ता में प्रारम्भ से अन्त तक केवल एक ही भेंटकर्ता होते हैं जो विशिष्ट व्यक्ति से प्रश्न पूछते हैं किन्तु टॉक शो में भेंटकर्ता के अतिरिक्त विशिष्ट व्यक्ति के व्यक्तित्व एवं कार्यक्षेत्र के विभिन्न पक्षों पर चर्चा छेड़ने को भी आमन्त्रित किया जाता है। इससे पहले दिन में आयोजित एक सत्र में साउथ चक्र, चेन्नई के सम्पादक वी.के. अग्रवाल ने 'साप्ताहिक पत्र-पत्रिकाएँ : चुनौतियाँ' विषय पर प्रपत्र वाचन करते हुए कहा कि आमतौर पर साप्ताहिक पत्र-पत्रिकाओं को छोटा समझा जाता है। इन्हें ज़्यादा महत्त्व नहीं दिया जाता। साप्ताहिक पत्र-पत्रिकाओं को भी इस छोटेपन सरीखे हीन भावना से ऊपर उठ कर सतत विकास प्रक्रिया को अपनाना चाहिए। इन्हें किसी ख़ास वर्ग या समूह का पत्र नहीं बनना चाहिए। बग़ैर समझौता किए नितान्त सेवाभाव से अपने विचारों के प्रसार एवं प्रतिपादन पर ध्यान देना चाहिए। तभी हम आज की प्रतिस्पर्धा से भरे समाज का सामना कर सकते हैं।

दक्षिण भारत हिन्दी प्रचार सभा में रीडर डॉ. लक्ष्मी अय्यर ने 1952 तक तमिल सिनेमा के

विकास विषय पर प्रपत्र वाचन किया। उन्होंने कहा कि 1900 से ही मूक सिनेमा की प्रदर्शनी शुरू हो गयी थी। दक्षिण भारत का पहला सिनेमा 'किसकवन्दम' था। आर. वेंकया जी एवं उनके बेटे रघुपति प्रकाश, दोनों ने वेपेरी में स्टूडियो बना कर 'भीष्म प्रतिज्ञा' नामक फ़िल्म का निर्माण किया। यह उस ज़माने में हिट हुई।

अय्यर ने कहा कि 1920 से 1923 के आसपास सिनेमा को उच्चवर्गीय लोगों ने पसन्द नहीं किया। भारत ही नहीं, विदेशों में भी सिनेमा के ख़िलाफ़ आन्दोलन चलाया गया। बोलने वाली पहली मूवी 1931 में 'आलमआरा' आयी। इसे चेन्नई सेण्ट्रल में भी प्रदर्शित किया गया। तमिल की अभिनेत्री राजलक्ष्मी के सहारे सिनेमाओं का निर्माण शुरू हुआ। प्रथम तमिल सिनेमा 1937 में 'कालीदास' नामक फ़िल्म आयी। उस ज़माने में यह एकमात्र अभिनेत्री थी जो फ़िल्म में आने को तैयार हुई। 1934 में नारायणजी द्वारा निर्मित सिनेमा 'श्रीनिवास कल्याणम' जिसमें 50 गीत शामिल है। 'श्री कृष्णमुरारी' भी उस ज़माने की एक हिट फ़िल्म थी। रोमांस एवं चुम्बन के दृश्य 1935 में फ़िल्म 'मेनका' में आये। इसमें अभिनेत्री के.टी. रुकमणि एवं अभिनेता के. षणमुगम थे।

विज्ञापन ने खोले रोज़गार के द्वार

वर्तमान काल में शिक्षा का ध्येय मात्र ज्ञानार्जन करना ही नहीं, बल्कि शिक्षा प्राप्त करने का लक्ष्य रोज़गार प्राप्त करना है। विज्ञापन कला एक ऐसा ही क्षेत्र है जो आपको रचनात्मक सन्तुष्टि के साथ उत्तम धन प्राप्ति का स्रोत भी है। यह ऐसा क्षेत्र है, जहाँ आप शिक्षण काल के साथ अपना कार्य भी कर सकते हैं।

साहित्यकार एवं शिक्षाविद् डॉ. मधु धवन ने यह बात कही। वे वलियामाल कॉलेज में विज्ञापन कला विषय पर आयोजित कार्यशाला में बतौर मुख्य अतिथि सम्बोधित कर रही थीं। उन्होंने पावर पॉइण्ट प्रेज़ेण्टेशन के माध्यम से प्रिण्ट मीडिया, रेडियो एवं दूरदर्शन पर विज्ञापन कैसे बनायें, इस कला से अवगत कराया। मेघा ने सरस्वती वन्दना से कार्यशाला का शुभारम्भ किया। कॉलेज की हिन्दी विभागाध्यक्ष डॉ. मंजु रुस्तगी ने स्वागत भाषण दिया। सचिव मोनिका ने संचालन किया। सावित्री ने धन्यवाद ज्ञापित किया। इस अवसर पर डॉ. मधु धवन के दसवें विश्व हिन्दी सम्मेलन में हिन्दी सेवा सम्मान से सम्मानित करने पर वलियामाल कॉलेज की प्राचार्या डॉ. टी.वी.एस. पद्मजा ने सम्मान किया।

डॉ. मधु धवन का महाकाव्य 'कालचक्र'

•

अतुल कुमार

यशस्वी हिन्दी साहित्यकार डॉ. मधु धवन का नया महाकाव्य 'कालचक्र' अभी-अभी प्रकाशित हुआ है। इस महाकाव्य में कवयित्री ने हिंसावादी आतंकवाद के विषाक्त परिवेश से त्रस्त मानव जीवन की त्रासदी का चिट्ठा खोला है। सदियों से घिनौनी राजनीतिक व सामाजिक उद्देश्यों की पूर्ति हेतु परोक्ष या अपरोक्ष रूप से आतंकवादी प्रवृत्ति प्रयुक्त की जाती रही है। मौजूदा दौर में आम नागरिक आतंकित और तनावमय है, जिसके चलते वह अपनी सहजता और मिलनसारिता को खो रहा है। जिसकी परिणति यह हो रही है कि वह भयभीत होने के साथ-साथ शंकालु भी होता जा रहा है। इस असहनीय पीड़ा को डॉ. धवन ने बहुत संवेदनशीलता से 'कालचक्र' में सर्ग-दर-सर्ग प्रस्तुत किया है।

कुल 22 सर्गों में लिखे गये इस महाकाव्य का निचोड़ अन्ततः मानव को धरती पर श्रेष्ठता के सभी गुणों से पूरित करना है। महाकाव्य की निम्न पंक्तियाँ वर्तमान समय में कितनी प्रासंगिक हैं इसकी बानगी को इन पंक्तियों में देखा जा सकता है–

बहुआयामी हो गये हैं
समस्त काम/जिसके चलते
प्रगति की सरस धारा में/उठने लगे भयंकर तूफ़ान।

युग-जीवन की भौतिक
चकाचौंध में/डूब गये सारे संस्कार
बदल दिये हमने भी/अपनी संस्कृति के
आधार/स्वस्थ सनातन/शुभ चिन्तन का
हुआ निरन्तर ह्रास/भोगवादी संस्कृति ही बनी
इन सबका आधार/हमने बेची आत्मचेतना
लेकर प्रगति का नाम/इस प्रगति के आडम्बरों में
डूबी युव-शक्ति महान्!

महाकाव्य की पंक्ति में डॉ. मधु धवन का यह भव्य सर्ग पठनीय और प्रशंसनीय है।

तमिलनाडु में हो रहा हिन्दी पर विशेष काम

(कर्म और कलम के सिपाही गुलाबचन्द कोटड़िया पर राष्ट्रीय संगोष्ठी)

डॉ. गुलाबचन्द कोटड़िया ने साहित्य सृजन करके यह सिद्ध कर दिया कि तमिलनाडु में भी हिन्दी के लिए महत्त्वपूर्ण काम हो रहा है।

कर्म और कलम के सिपाही गुलाबचन्द कोटड़िया पर आयोजित एक दिवसीय राष्ट्रीय संगोष्ठी में वक्ताओं ने यही राय ज़ाहिर की। स्टेल्ला मॉरिस कॉलेज के हिन्दी विभाग, एवं तमिलनाडु हिन्दी साहित्य अकादेमी के संयुक्त तत्वावधान में यहाँ स्टेल्ला मॉरिस कॉलेज में आयोजित संगोष्ठी के मुख्य अतिथि केन्द्रीय हिन्दी निदेशालय, चेन्नई के उप-निदेशक डॉ. प्रदीप शर्मा ने कहा कि चेन्नई के एक हिन्दी साहित्यकार पर इस तरह की राष्ट्रीय संगोष्ठी का आयोजन सराहनीय क़दम है। इस तरह से ज़रूरी हिन्दी को काफ़ी बढ़ावा मिल सकेगा। विशिष्ट अतिथि पशिचम बंगाल राज्य वि.वि. कोलकाता के हिन्दी विभागाध्यक्ष डॉ. अरुण होता एवं अण्णामलै विश्वविद्यालय के हिन्दी विभागाध्यक्ष डॉ. जगन्नाथ रेड्डी ने भी विचार व्यक्त किये। केन्द्रीय विश्वविद्यालय, हैदराबाद के एसोसिएट प्रोफ़ेसर डॉ. आलोक पाण्डे ने कहा कि उनके साहित्य में कहीं कोई नकारात्मक शब्द का प्रयोग नहीं हुआ है।

मदुरै कामराज विश्वविद्यालय के पूर्व निदेशक डॉ. चन्द्रमोहन ने कहा कि सन्दर्भ ग्रन्थों के सहारे डॉ. गुलाबचन्द कोटड़िया पर पीएच.डी. करवाई जा सकती है। स्टेल्ला मॉरिस कॉलेज की प्राचार्य डॉ. सिस्टर जेसिन्ता क्वाड्रस ने डॉ. प्रदीप शर्मा का शॉल ओढ़ा कर एवं प्रतीक चिह्न भेंट कर सम्मान किया, वहीं अकादेमी के अध्यक्ष डॉ. दिलीप सिंह ने डॉ. जेसिन्ता क्वाड्रस का सम्मान किया। 'तमिलनाडु हिन्दी साहित्य अकादेमी' की महासचिव डॉ. मधु धवन ने कार्यक्रम के उद्देश्य पर प्रकाश डाला। ए.एम. जैन कॉलेज के पूर्व हिन्दी विभागाध्यक्ष डॉ. चुन्नी लाल शर्मा एवं अकादेमी के उपाध्यक्ष रमेश गुप्त नीरद ने श्री कोटड़िया की छवि पर प्रकाश डाला। कार्यक्रम का संचालन स्टेल्ला मॉरिस कॉलेज की हिन्दी विभागाध्यक्ष श्रावणी भट्टाचार्य ने किया। मंजु रुस्तगी ने धन्यवाद ज्ञापित किया।

विभिन्न सत्रों का आयोजन

संगोष्ठी के प्रथम सत्र का आयोजन 'तमिलनाडु हिन्दी साहित्य अकादेमी' की उपाध्यक्ष तथा 'दक्षिण भारत हिन्दी प्रचार सभा' की उच्च शिक्षा एवं शोध संस्थान की विभागाध्यक्ष डॉ. निर्मला एस. मौर्य की अध्यक्षता में हुआ। डॉ. गुलाबचन्द कोटड़िया का कथा साहित्य विषय पर एम.ओ.पी.के. डॉ. शान्ति मोहनन, न्यू कॉलेज के डॉ. हुसैन वल्ली, दक्षिण भारत हिन्दी प्रचार सभा की डॉ. सविता घुड़केवार, डी.जी. वैष्णव कॉलेज के डॉ. मनोज कुमार ने प्रपत्र वाचन किया।

दूसरे सत्र की अध्यक्षता हैदराबाद केन्द्रीय विश्वविद्यालय में एसोसिएट प्रोफ़ेसर डॉ. आलोक पाण्डे ने की। 'डॉ. गुलाबचन्द कोटड़िया की कविताओं का बहुआयामी स्वरूप' विषय पर दक्षिण भारत हिन्दी प्रचार सभा की डॉ. मीना कृष्णन, वी.आई.टी विश्वविद्यालय की डॉ. लक्ष्मी अय्यर, गुरु श्री शान्ति जैन महिला कॉलेज के अंग्रेज़ी विभाग की डॉ. कुलजीत कौर, एम.ओ.पी वैष्णव कॉलेज की डॉ. विद्या शर्मा, लेखक एवं कवि प्रहलाद श्रीमाली, डब्ल्यू.बी.सी. की डॉ. सुनीता जाजोदिया, मंजु रुस्तगी ने पत्रवाचन किया।

प्रमाण-पत्रों का वितरण

तीसरे सत्र की अध्यक्षता डॉ. जगन्नाथ रेड्डी ने की। पुदुचेरी विश्वविद्यालय के डॉ. सी. जयशंकर बाबू, वल्लीअम्माल कॉलेज की डॉ. कलारानी, गुरु श्री शान्ति कॉलेज की डॉ. मिथिलेश कुमारी, गुरु श्री शान्ति जैन महिला कॉलेज की सुधा त्रिवेदी एवं श्रीमती तुलसी ने प्रपत्र वाचन किया।

चौथे सत्र में डॉ. अरुण होता ने अध्यक्षता की। 'डॉ. गुलाबचन्द कोटड़िया के निबन्धों में उद्घाटित ज्वलन्त समस्याएँ' विषय पर आयोजित इस सत्र में लायोला कॉलेज के डॉ. लेकेश्वर, लॉयोला कॉलेज की श्रीमती बीना कुमारी, एत्तिराज कॉलेज की पूर्व विभागाध्यक्ष डॉ. वत्सला किरण, प्रेसीडेन्सी कॉलेज के पूर्व अध्यक्ष डॉ. एन. सुन्दरम, मद्रास क्रिश्चियन कॉलेज के पूर्व अध्यक्ष डॉ. पी.के. बालसुब्रह्मण्यम, वैष्णव कॉलेज के पूर्व विभागाध्यक्ष डॉ. एम. शेषन ने प्रपत्र एवं डॉ. बशीर ने कविता वाचन किया।

अन्तिम सत्र में गुलाबचन्द कोटड़िया की धर्मपत्नी श्रीमती कमला देवी कोटड़िया, पुत्र शिवकुमार, राजकुमार कोटड़िया, एवं परिवार के अन्य सदस्य भी मौजूद थे। राजस्थानी एसोसिएशन के अध्यक्ष ज्ञानचन्द बोहरा ने प्रमाण-पत्र वितरित किए। इस सत्र के विशिष्ट अतिथि डॉ. एस. सुब्रह्मण्यम विष्णुप्रिया थे।

हिन्दी अकादेमी का प्रथम साहित्य अन्तरराष्ट्रीय सम्मेलन

स्टेल्ला मॉरिस (स्वायत्तशासी) कॉलेज, इण्डिया इण्टर काण्टिनेण्टल कल्चरल एसोसिएशन, चण्डीगढ़ तथा तमिलनाडु हिन्दी साहित्य अकादेमी, चेन्नई के संयुक्त तत्वावधान में प्रथम हिन्दी साहित्य अन्तरराष्ट्रीय सम्मेलन स्टेल्ला मॉरिस कॉलेज के प्रांगण में मनाया गया।

यह सम्मेलन 4 दिसम्बर को सुबह 11:00 बजे विशिष्ट अतिथि डॉ. प्रदीप शर्मा के कर-कमलों से दीप प्रज्वलित कर आरम्भ किया गया।

विशिष्ट अतिथि डॉ. प्रदीप शर्मा ने शुभारम्भ भाषण दिया। उन्होंने कहा कि हमारे देश की मानवता मर रही है उस पर मन्थन करने की आवश्यकता है। मुस्कुराहटें अँधेरे से नहीं मिटतीं, फिर शमा जलाने से क्या फ़ायदा, मानवता की सेवा से बढ़ कर कोई परोपकार नहीं है एवं दूसरों को सताना, इससे बढ़ कर कोई पाप नहीं है। हिन्दी भारत देश का वर्तमान व भविष्य है।

इस अवसर पर देश-विदेश से पधारे साहित्यकारों ने अपने-अपने विचार प्रकट किये।

स्टेल्ला मॉरिस कॉलेज की प्राचार्य डॉ. सिस्टर जेसिन्ता क्वाड्रस, सचिव सिस्टर सूसन, निदेशक देव भारद्वाज, कुलपति डॉ. दिलीप सिंह, महासचिव डॉ. मधु धवन, हिन्दी विभागाध्यक्षा डॉ. श्रावणी भट्टाचार्य ने कार्यक्रम को सफल बनाने में अहम भूमिका निभाई।

लेखनी की धार से करते रहें सेवा

(डॉ. एन. सुन्दरम एवं डॉ. मधु धवन का सम्मान)

हम अपनी लेखनी के माध्यम से देश एवं समाज की सेवा में तत्पर रहें। इसी से हमें आत्म सन्तुष्टि मिलेगी और यह सुख कोई दूसरा दे नहीं सकता।

पांडिचेरी सेंट्रल यूनिवर्सिटी के स्कूल ऑफ सोशल साइंस के डीन डॉ. एन.के. झा ने यह बात कही। वे शनिवार को तमिलनाडु हिन्दी साहित्य अकादेमी एवं द्वारकादास गोवर्धनदास वैष्णव महाविद्यालय के संयुक्त तत्वावधान में आयोजित समारोह में अध्यक्षीय उद्‌बोधन दे रहे थे। हाल ही में विश्व हिन्दी सम्मेलन में सम्मानित डॉ. एन. सुन्दरम एवं डॉ. मधु धवन के सम्मान में आयोजित समारोह में डॉ. झा ने कहा कि इन दोनों विद्वज्जनों की उपलब्धियाँ प्रेरणादायक हैं। ये ज्ञान योगी ही नहीं, कर्म योगी भी हैं। हमें तमिल भाषा के साहित्य के प्रचार-प्रसार के लिए हिन्दी भाषा का ज्ञान प्राप्त करना ज़रूरी है। दोनों भाषाएँ एक-दूसरे की पूरक हैं। लेखनी के माध्यम से हम निष्काम भाव से कर्त्तव्य करते रहें। हम हिन्दी के माध्यम से इस तरह के निर्माण में सहयोग करते रहें।

तमिल मुहिम का मिला लाभ

समारोह के मुख्य अतिथि 'राजस्थान पत्रिका', चेन्नई के सम्पादकीय प्रभारी पी.एस. विजयराघवन ने कहा कि डॉ. एन. सुन्दरम एवं डॉ. मधु धवन ने हिन्दी के माध्यम से देश एवं समाज की सेवा की है। 'राजस्थान पत्रिका' ने हिन्दी के माध्यम से तमिल सिखाने की मुहिम चलाई थी जो काफ़ी हद तक सफल रही और जिसका लाभ प्रवासियों को मिला। समारोह के विशिष्ट अतिथि डी.जी. वैष्णव महाविद्यालय के सचिव पी. हरिदास ने कहा कि भाषा जोड़ने का काम करती है, तोड़ने का नहीं। उन्होंने चिन्ता जताई कि जिस तरह अंग्रेज़ी की दशा हुई है, वैसी हिन्दी की न हो। हिन्दी साहित्य को बचानें का दायित्व हम सभी का बनता है।

तमिल भाषियों ने दिलाई पहचान

डॉ. सुन्दरम ने कहा कि सही मायने में तमिलभाषी हिन्दी सेवियों ने ही तमिल भाषा को देश-विदेश में पहचान दिलाई है। तमिल साहित्य का हिन्दी में अनुवाद करके एवं अन्य माध्यमों से ख्याति दिलाई है। डॉ. मधु धवन ने कहा कि हम नयी पीढ़ी को आगे लाएँ। उनमें आत्मविश्वास जगाएँ। यही अकादेमी का उद्देश्य भी है। तमिलनाडु में हिन्दी की गूँज जब देश-विदेश तक फैलती है तो अच्छा लगता है। प्रारम्भ में 'तमिलनाडु हिन्दी साहित्य अकादेमी' के अध्यक्ष रमेश गुप्त नीरद ने स्वागत भाषण दिया। महाविद्यालय के प्राचार्य डॉ. वेंकटरमण ने भी अपने विचार रखे।

अतिथियों का स्वागत

डॉ. अशोक कुमार द्विवेदी ने प्रार्थना प्रस्तुत की। ईश्वर करुण झा ने अध्यक्ष, डॉ. रविता भाटिया ने मुख्य अतिथि एवं डॉ. सुधा त्रिवेदी ने विशिष्ट अतिथि का परिचय दिया। अकादेमी की उपाध्यक्ष डॉ. निर्मला एस. मौर्य, चुन्नी लाल शर्मा, डॉ. मनोज कुमार सिंह, डॉ. हुसैन वल्ली, अकादेमी की सचिव डॉ. मंजु रुस्तगी ने अतिथियों का स्वागत किया। भरत कुमार ने डॉ. सुन्दरम एवं डॉ. श्रावणी भट्टाचार्य ने डॉ. मधु धवन का परिचय दिया।

नाटक की प्रस्तुति

एम.ओ.पी. वैष्णव महाविद्यालय की 'पुनर्नवा नाट्य क्लब' की छात्राओं ने नुक्कड़ नाटक एवं वुमन क्रिश्चियन कॉलेज की छात्राओं ने नृत्य प्रस्तुत किया। अतिथियों का शॉल एवं स्मृतिचिह्न से सम्मान किया गया। दीप प्रज्वलन के साथ कार्यक्रम की शुरुआत की गयी।

हिन्दी लेखकों का सम्मान

(बाल किशन गोयनका, डॉ. एम. शेषन एवं डॉ. एन.ई. विश्वनाथ अय्यर का सम्मान)

कमला गोयनका फाउण्डेशन एवं 'तमिलनाडु हिन्दी साहित्य अकादेमी' के तत्वावधान में आयोजित एक समारोह में तीन लेखकों का सम्मान किया गया। हिन्दी भाषा को बढ़ावा देने में विशेष योगदान के चलते बाल किशन गोयनका, डॉ. एम. शेषन्न एवं डॉ. एन.ई. विश्वनाथ अय्यर का सम्मान किया गया। कमला गोयनका फाउण्डेशन की ओर से यहाँ म्यूज़िक अकादेमी में आयोजित समारोह में यह अवॉर्ड दिये गये।

डॉ. एम. शेषन को तमिल संगम साहित्य को हिन्दी में अनुवादित करने पर बाबूलाल गोयनका अवॉर्ड 2011 से नवाज़ा गया। वहीं केरल साहित्य के 90 वर्षीय लेखक विश्वनाथ अय्यर को गोयनका हिन्दी साहित्य सारस्वत सम्मान 2011 से नवाज़ा गया। अकादेमी की डॉ. मधु धवन एवं फाउण्डेशन के संस्थापक श्याम सुन्दर गोयनका ने यह अवॉर्ड दिये। इसी तरह बाल किशन गोयनका को उनके साहित्य में विशेष योगदान पर नवाज़ा गया। इस अवसर पर शेषन ने कहा कि वे बहुत ख़ुशी की अनुभूति कर रहे हैं कि हिन्दी एवं तमिल के मध्य खाई को उन्होंने भरा है। इससे ये दोनों भाषाएँ और नज़दीक आ पायी हैं। वहीं अय्यर स्वयं बोलने की स्थिति में नहीं थे। उनकी ओर से उनकी पुत्री जयन्ती ने श्याम सुन्दर एवं शिवकुमार गोयनका का धन्यवाद ज्ञापित किया।

हिन्दी ही हमारी पहचान

बाल किशन गोयनका ने इस मौक़े पर कहा कि वे लेखन को जारी रखेंगे। इससे उनमें और उत्साह का संचार हुआ है। हिन्दी साहित्य अकादेमी ने हिन्दी भाषा एवं साहित्य को नया आयाम दिया है। गोयनका ने कहा कि हिन्दी ही हमारी पहचान है। अब इस सम्मान ने उन्हें और बल दिया है। ग़ौरतलब है कि समारोह में पुदुचेरी के उपराज्यपाल डॉ. इक़बाल सिंह को बतौर मुख्य अतिथि बुलाया गया था लेकिन वे किन्हीं कारणों से समारोह में शामिल नहीं हो पाये। चेन्नई प्रेस सूचना ब्यूरो के प्रमुख के.एम. रविचन्द्रन समारोह में मौजूद थे।

नवाज़े गये कलम के पुजारी

कन्धे पर चमकती हुई शॉल और हाथों में सम्मान का प्रतीक प्रशस्ति-पत्र कलम के पुजारियों की शोभा बढ़ा रहे थे। इन कलमकारों के चेहरों पर नज़र आते ख़ुशी के भाव, मन की भावनाओं को व्यक्त कर रहे थे। साहित्य अकादेमी, म.प्र. संस्कृति परिषद् की ओर से सोमवार को 'अलंकरण समारोह-2012' का आयोजन किया गया। इसमें वर्ष 2009 के लिए कृति पुरस्कार प्रदान किये गये।

भारत भवन के अन्तरंग सभागार में आयोजित समारोह में उत्कृष्ट कृति के लिए चार रचनाकारों को अखिल भारतीय पुरस्कार एवं आठ रचनाकारों को प्रादेशिक पुरस्कार से सम्मानित किया गया। इस अवसर पर संस्कृति मन्त्री लक्ष्मीकान्त शर्मा, साहित्य अकादेमी के निदेशक प्रो. त्रिभुवन नाथ शुक्ल, माखन लाल राष्ट्रीय पत्रकारिता विश्वविद्यालय के कुलपति बी.के. कुठियाला एवं समाज सेवी व शिक्षाविद् श्रीधर पराड़कर विशेष रूप से उपस्थित रहे। रचनाकारों को राष्ट्रीय पुरस्कार के रूप में 51 हज़ार रुपये एवं प्रादेशिक पुरस्कार के रूप में 31 हज़ार रुपये तथा स्मृतिचिह्न, शॉल, श्रीफल प्रदान किया गया।

इनका हुआ सम्मान

समारोह में 'इण्टरनेट का माउस' कहानी के लिए कहानीकार डॉ. मधु धवन को अखिल भारतीय मुक्तिबोध पुरस्कार, 'मुक्तिबोध' उपन्यास के लिए विजय बहादुर को अखिल भारतीय वीरसिंह देव पुरस्कार एवं 'युयुत्सु' कविता संग्रह के लिए डॉ. राजेन्द्र मिश्र को अखिल भारतीय भवानी प्रसाद मिश्र पुरस्कार से सम्मानित किया गया। 'भूभल' उपन्यास के लिए डॉ. मीनाक्षी स्वामी को प्रादेशिक बालकृष्ण शर्मा नवीन पुरस्कार, 'काहे को ब्याही विदेश' कहानी के लिए सन्तोष परिहार को प्रादेशिक सुभद्रा कुमारी चौहान पुरस्कार, 'फिर पलास दहके' कविता संग्रह के लिए भगवती प्रसाद कुलश्रेष्ठ को प्रादेशिक श्रीकृष्ण सरल पुरस्कार, हिन्दी साहित्य में 'शिवाजी आलोचना' के लिए कमला प्रसाद चौरसिया को प्रादेशिक नन्ददुलारे वाजपेयी पुरस्कार, 'मस्तानी बाजीराव' नाटक के लिए डॉ. हर्षनारायण 'नीरव' को प्रादेशिक हरिकृष्ण प्रेमी पुरस्कार, 'चीन के दिन' संस्मरण के लिए डॉ. रश्मि झा को प्रादेशिक राजेन्द्र अनुरागी पुरस्कार और 'स्वान्तः सुखाय' के लिए अनीता सक्सेना को प्रादेशिक दुष्यन्त कुमार पुरस्कार से सम्मानित किया गया।

नहीं हो सके शामिल

निजी कारणों से समारोह में शामिल नहीं हो सके डॉ. कृष्णदत्त पालीवाल को सृजन का 'अन्तर्पाठः उत्तर आधुनिक विमर्श' के लिए अखिल भारतीय माखनलाल चतुर्वेदी पुरस्कार एवं अंजनी शर्मा को 'क्षिप्रा के किनारे' के लिए प्रादेशिक ज़हूर बख़्श पुरस्कार से सम्मानित किया गया।

Hindi Professor Honoured

•

T.K. Abdul Majeed

She is many things rolled into one. Dr. Madhu Dhawan, head of the department of Hindi in Chennai's all-women Stella Maris College, is a popular Hindi professor, adored and adulated by her students. She is also a writer and novelist of repute, (a mind-boggling 70 books to her credit–novels, plays, short epics, journalistic pieces, poetry anthologies, and Dictionaries). She has played an important role in framing syllabus for schools and colleges. Apart from all this, she is a distinguished social worker.

Dr. Dhawan was recently honoured at the ten-day Millennium World Hindi Conference in Delhi for her contribution to Hindi literature.

ढड्डा व धवन का सम्मान

'तेरापन्थ महिला मण्डल' की ओर से 'अन्तरराष्ट्रीय महिला दिवस' के मौक़े पर सामाजिक सेवा में विशेष योगदान देने पर सामाजिक कार्यकर्ता डॉ. मीना ढड्डा एवं स्टेल्ला मॉरिस कॉलेज में हिन्दी विभागाध्यक्ष डॉ. मधु धवन का विशेष सम्मान किया गया।

'तेरापन्थ महिला मण्डल' की अध्यक्ष श्रीमती मीना पुनमिया ने प्रशस्ति-पत्र, मण्डल की मन्त्री सुमन बरमेचा ने माल्यार्पण, मण्डल की राष्ट्रीय कार्यकारिणी सदस्य श्रीमती चन्द्रा धोका ने शॉल ओढ़ा कर तथा श्रीमती सूरज मूथा ने स्मृतिचिह्न देकर डॉ. मीना ढड्डा का अभिनन्दन किया। इसी तरह मण्डल की अध्यक्ष मीना पुनमिया ने माल्यार्पण एवं मोमेण्टो, सचिव सुमन बरमेचा ने प्रशस्ति-पत्र तथा चन्द्रा धोका ने शॉल्यार्पण से डॉ. मधु धवन का सम्मान किया।

इस अवसर पर मण्डल की अध्यक्ष मीना पुनमिया ने विशेष योगदान के लिए 'पल्लावरम तेरापन्थ सभा' के मन्त्री भरत मरलेचा को स्मृतिचिह्न प्रदान कर सम्मान किया। रमेश खटेड़ ने 'पल्लावरम तेरापन्थ सभा' के अध्यक्ष महावीर कोठारी तथा भरत मरलेचा ने महेन्द्र ढड्डा का सम्मान किया।

मानकीकरण की ओर बढ़े कदम

पण्डित रविशंकर शुक्ल विश्वविद्यालय के प्रेक्षागृह में आयोजित साप्ताहिक कार्यशाला के दूसरे दिन चेन्नई से आयी विषय विशेषज्ञ प्रोफ़ेसर मधु धवन ने दोनों सत्रों को सम्बोधित किया। र.वि.वि. के साहित्य भाषा एवं अध्ययन शाला द्वारा आरम्भ की गयी इस कार्यशाला में छत्तीसगढ़ी का मानकीकरण किया जा रहा है। प्रदेश की इस भाषा का मानकीकरण कैसे किया जाए इस पर पूरे सप्ताह चर्चा जारी रहेगी। कार्यशाला में मानकीकरण के आधारों को तय करने वाले प्रदेश के साहित्यकारों, आलेख लेखकों, कवियों और भाषा के जानकारों को इसमें आमन्त्रित किया जा रहा है। छत्तीसगढ़ी के मानकीकरण में शब्दों के चयन और उच्चारण के अलावा उसकी संरचना के मापदण्डों को भी परखा जाएगा।

प्रदेश के अनेक हिस्सों में बोली जाने वाली छत्तीसगढ़ी भाषा के मानकीकरण के लिए अनिवार्य रूप से जिन क्षेत्रों की ओर सबसे अधिक ध्यान देने की जरूरत है, उनमें सामाजिक, राजनीतिक, धार्मिक, भौगोलिक क्षेत्र आदि प्रमुख हैं। इसके अलावा विदेशी भाषाओं से आ रहे शब्दों के सिलेक्शन एवं रिजेक्शन को ध्यान में रख कर ही मानकीकरण तय किया जाना है।

कार्यशाला के हिस्सा रहे छत्तीसगढ़ी समाज के प्रमुख वरिष्ठ साहित्यकार जागेश्वर प्रसाद ने भी अपने साहित्यिक अनुभवों की चर्चा की। कार्यशाला में पहली बार छत्तीसगढ़ के मानकीकरण के लिए किए जा रहे प्रयासों पर उन्होंने ख़ुशी ज़ाहिर की। कार्यशाला का समन्वय भाषा और साहित्य अध्ययन विभाग के प्रोफ़ेसर व्यास नारायण दुबे कर रहे हैं।

पंजाबी भाषी डॉ. मधु धवन की रचना प्रक्रिया की चिन्तनधारा

●

चन्द्रप्रकाश जायसवाल

डॉ. मधु धवन का व्यक्तित्व यथानाम तथा गुण के ही अनुरूप अत्यन्त मधुमय, मनोरम, मनभावन व मनोहारी है। उनके व्यक्तित्व में भव्यता की भाषा ही उनके व्यवहार की शैली है। अत्यन्त सीधे-सरल भावों की प्रसन्न वदना व सदा मुखमण्डल पर मन्द मुस्कान की अनुपम छटा सहज ही किसी को प्रभावित करने के लिए पर्याप्त है। आपके हृदय की मिठास जब वाणी द्वारा प्रवाहित होती है तो सुनने वाले अभिभूत हुए बिना नहीं रहते। उनका यही गुण उन्हें उत्कर्ष पर पहुँचाता है, जिससे उनके सम्पर्क में आने वाला अपनत्व की डोर में सहज ही बँध जाता है। उनमें भारतीय नारी के परम्परागत संस्कार के साथ-साथ आधुनिक परिवेश का ऐसा सामंजस्य है जो अन्यत्र कम ही देखने को मिलता है। वे चेन्नई (दक्षिण भारत) को अपना कर्मक्षेत्र बना हिन्दी साहित्य की उल्लेखनीय सेवा में रत हैं। स्टेल्ला मॉरिस महाविद्यालय, चेन्नई की हिन्दी विभागाध्यक्ष के पद को सुशोभित करते हुए आपने हिन्दी रचनाकार के रूप में ढेरों साहित्य की रचना की है। डॉ. मधु ने गद्य-पद्य सभी क्षेत्रों में अपनी लेखनी चलाई है व माँ सरस्वती की अर्चना में विपुल साहित्य-प्रसून चढ़ाये हैं। आपका काव्य है—'स्वर्णिम भारत', 'अमृतमय खण्डकाव्य', 'हुतात्मा, 'भारत ललाट', 'कारगिल की ललकार'। नाटक हैं—'मैंने कब चाहा', 'भूल, शहीद भगत सिंह', 'त्रास', 'भारत कहाँ जा रहा है'। उपन्यास हैं—'प्यार भरे दादा जी', 'करवट लेता वक़्त', 'जुर्माना', 'आकांक्षा', 'शक्तिपुंज', 'शिखरों से ऊँचा', 'उस मोड़ पर', 'महासागर के शंख', 'तूफानी झंझा का दीया', 'प्यार भरा पंछी', 'कल्कि' व 'मैं सृष्टि की आत्मा हूँ'। कहानी संग्रह—'झरते अश्रु'। आलोचना है—नरेश मेहता की 'शबरी' व मैथिलीशरण गुप्त का 'नहुष' सम्पादन। भारती काव्य संग्रह, भारती गद्य संग्रह, भारती कहानी संग्रह, राजभाषा नीति, प्रयोगात्मक व्याकरण, पत्राचार, पारिभाषिक शब्दावली, टिप्पण एवं प्रारूपण, नवीन एकांकी संग्रह व विज्ञापन कला। सम्पादन-अभिनन्दन ग्रन्थ—रवीन्द्रकुमार जैन, कुसुमकान्त जैन। पत्रकारिता—पत्रकारिता एक परिचय, अनुवाद सिद्ध औषधि (पाँच पुस्तकें), तमिल से हिन्दी, अंग्रेज़ी से हिन्दी (तीन), डॉ. सेठ की भविष्यवाणी (अंग्रेज़ी से हिन्दी), तमिल टेलीफ़िल्म 'अम्मा' (तमिल से हिन्दी) अनुवाद सलाहकार—'गंगा मैया' उपन्यास, धार्मिक पुस्तकें—भारत दर्शन, जगत्गुरु की नगरी-कांचचीपुरम, वीडियो कैसेट सम्प्रेषण—'आइए, हिन्दी सीखें', तमिलनाडु माध्यमिक बोर्ड हेतु 'ज्ञान वर्षा' शृंखला की 15 पुस्तकें, भाषा सुधा की 6 पुस्तकें। शब्दकोश—चार भाषाओं से लिंक। इस प्रकार डॉ. मधु का रचना संसार बड़ा विशाल है।

कला संग्रह स्वर्णिम भारत काव्य संग्रह 15 भारतीय भाषाओं में लिखित राष्ट्रीय गीतों का संग्रह है, जिसकी विषय-वस्तु, एकता-अखण्डता व राष्ट्रप्रेम से ओतप्रोत है। यथा–

मेहनत और मज़दूरी
हम डट कर करेंगे
विश्व के हर क्षेत्र में
हम आगे बढ़ेंगे।

हुतात्मा खण्ड काव्य में नारी की व्यथा-कथा का वर्णन है। इसमें वह पुरुष प्रधान समाज में पुरुष द्वारा उपेक्षित होती है क्योंकि पुरुष का अहम् उसे नहीं स्वीकारता। मूलतः यह खण्ड काव्य श्रीमती इन्दिरा गाँधी पर आधारित है।

वर्तमान भारत का
करता है उद्धार
देना होगा मुझे
आध्यात्मिक उत्थान पर
पूर्ण ध्यान
करना होगा
जीवन की बुनियाद माँगें
रोटी-कपड़ा-मकान का
पूरा इन्तज़ाम

प्रकृति प्रेम की कविता

मैं खड़ी झरोखे में
चाँद की मुझ पर
पड़ी नज़र
वह मुस्कुराया
चाँदनी का सन्देशा पहुँचाया
कर किरणों ने स्पर्श किया
स्पर्श कर गुद्गुदा दिया।

सामाजिक परिवर्तन की आकांक्षा

मायूस पड़ी धरती में
नवजीवन संचार कराओ तुम
फैला दो प्रकाश इतना
बन जाये सुन्दर सभ्य समाज यहाँ

जियो और जीने दो, जीने की माँग है।
प्रेम दो प्रभु, प्रेम की माँग है
कातर-सी दृष्टि, जीवन का दान ही माँगता
माँगता है कण-कण जीने का वरदान

सुनो शहर
तूने जो चलन अपनाया है
अच्छा नहीं
गुण जो छोड़े हैं
अच्छा नहीं
तुम्हारा यह मन्द-मन्द हास
गोपनीय कटाक्ष अच्छी नहीं
गुमसुम निर्विकार आकार अच्छा नहीं
क्षण भर यह तुझे बहलायेगा
पर मुझे पूरा का पूरा लील जायेगा।

उपन्यासों में अन्तर्निहित दृष्टि

आपने अधिकांशतः सामाजिक उपन्यासों की सृष्टि की है, जिनका मूल स्वर समाज में उत्पन्न विषमता, भारतीय सामाजिक-सांस्कृतिक मूल्यों का क्षरण, नारी की दशा व दिशा, उससे सम्बन्धित समस्याएँ, महिलाओं पर अत्याचार व दहेज प्रताड़ना आदि है। इन विषयों के इर्द-गिर्द ही उनके सामाजिक उपन्यासों की पृष्ठभूमि का विस्तार है, जैसे—'करवट लेता वक़्त'। पश्चिमी संस्कृति का अन्धानुकरण हमारे लिए आज एक ज्वलन्त समस्या बन गया है। इसमें वैवाहिक सम्बन्ध-विच्छेद भारतीय जीवन मूल्यों को ध्वस्त करते हैं। अनुबन्धात्मक शादी की समाप्ति पर माँ-बेटी (निशा-सुप्रिया) अन्धकारमय भविष्य से चकनाचूर हो जाती हैं। यह यथार्थ का भयावह पक्ष है। वस्तुतः लेखिका ने 'करवट लेते वक़्त' के प्रति युवा वर्ग को सजग-सतर्क किया है।

'जुर्माना' उपन्यास नैतिक मूल्यों व सिद्धान्तों पर दृढ़तापूर्वक टिके रहने का आवाहन करता है। शुचि का समाज सुधारवादी दृष्टिकोण लोगों की स्वार्थी मनोवृत्ति को बदल नहीं पाता, जिससे वह अन्तर्मन से पीड़ा अनुभव करती है। वह नारी चेतना के प्रति समर्पित है। गिरते हुए मूल्यों के प्रति इसमें पाठक का ध्यान आकृष्ट किया गया है। 'मैं सृष्टि की आत्मा हूँ', एक सामाजिक उपन्यास है। इसमें नारी सम्बन्धी अनेक समस्याओं को बड़ी खूबी के साथ उभारा गया है। डॉ. धवन ने समाज में बालिका की उपेक्षा, शिक्षा का अभाव व नारी के प्रति समाज में भेदभाव को बड़ी बारीकी से दर्शाया है। इस उपन्यास का मूल स्वर है कि नारी ही अन्य नारियों के उत्थान के लिए संघर्ष कर सामाजिक क्रान्ति करे।

'आकांक्षा' उपन्यास में पुरुष प्रधान समाज में अपनी अस्मिता को तलाशती नारी का चित्रण है। वह पति की प्रताड़ना सहते हुए पति से दूर रहने का दर्द सहती है। 'नारी जीवन हाय तुम्हारी यही कहानी'।

'उस मोड़ पर' उपन्यास घातक बीमारी एड्स पर आधारित है। उन्मुक्त जीवन के प्रवाह को यदि नियंत्रित नहीं किया जाता तो एड्स जैसा प्राणघातक रोग सम्भव है। इसे तो भारतीय आचार-विचार संस्कार से सँवारा जाना चाहिए। यह इस उपन्यास का उद्देश्य है। अन्य उपन्यास, जैसे 'शक्तिपुंज', 'शिखरों से ऊँचा', 'महासागर के शंख' और 'तूफानी झंझा का दीया' ये सभी जीवनीपरक उपन्यास हैं जिनमें समाज के विशिष्ट व्यक्तियों की जीवनगाथा को कलेवर बना कर उनके उत्कृष्ट गुणों त्याग-तपस्या, बलिदान आदि का बड़ा ही मार्मिक और प्रेरणाप्रद वर्णन है। समाज को कुछ न कुछ

देने की उनकी प्रवृत्तियों का दिग्दर्शन किया गया है। इनके जीवन की छाप पाठक पर पड़े बिना नहीं रह सकती। अतः ये उपन्यास आज के युग में समाज से लुप्त होते मानवीय मूल्यों की पुनर्स्थापना का एक सार्थक प्रयास है।

डॉ. मधु धवन का रचना संसार बहुआयामी है। ऐसा प्रतीत होता है कि डॉ. धवन सामाजिक सरोकारों से परे हो ही नहीं सकतीं। जो भी सामाजिक संवेदनाएँ उन्हें छूती हैं, उद्वेलित करती हैं, उत्तेजित करती हैं, विह्वल बनाती हैं, उन्हें आत्मसात कर उन पर कलम चलाने में उनकी गहरी अभिरुचि है या यों कहें साहित्यकार, समाज का जो गरलपान करता है, उसके प्रभाव से अछूता नहीं रह सकता, उसे अमृत बना कर अमर पात्रों की सृष्टि करना उसका धर्म होता है। वस्तुतः कम मूल्य की लेखनी जब बहुमूल्य लेखन करती है तो समाज धन्य हो जाता है। प्रेमचन्द ने ठीक ही कहा है कि लिखते तो वे हैं जिनके अन्दर कुछ दर्द है, अनुराग है, लगन है, विचार है। मेरी दृष्टि में डॉ. मधु इस प्रतिबद्ध पथ की पथिक हैं।

Hindi

•

Madhu Dhawan

DHARTI KA ARTANAD–Collection of Hindi Poems : Shiela Gujral; Pub. by Bharatiya Jnanpith, 18, Institutional area, Lodi Road, New Delhi-110003, Rs. 70/.

THIS BOOK is a collection of Hindi poems. The poems are classified into three broad categories. The first addreses the mother Earth, her plight and misery as a result of encroachments and plunder by human beings, the second based on individual experience and the third covers aspects of life and behaviour of human beings.

Shiela Gujral's work has largely arisen out of her active involvement with various groups of society. The present work focusses on the violence done to the Earth. The whole issue has been highlighted from a multi-dimensional perspective including the prevailing social, cultural, economic and political systems.

An attempt has also been made to develop innovative practical strategies to ensure the elimination of violence against the Earth.

Her command over the language is very powerful. The second section explores various aspects of the problem.

The poems call for attention not only for the element of suspense, but also for the memorable lines in which she expresses her philosophy of life, her humour and irony. She proves her proficiency in use of suitable words. Her language is concise and picturesque.

Hindi

•

Madhu Dhawan

HAMARE SAPNON KE BHARAT KA NIRMAN–K.C. Agrawal: Bharat Treiza, R.K. Keserwani–Tr. in Hindi; Pub. by Knowledge Books Inc, P.O. 536, Sector 37, Noida-201 303, Rs. 390.

THIS BOOK has been written after a lot of research and experience. The author has a vision of a strong and developed India. Now the time has came to turn that vision into reality. He asks when we can fight 200 years of slavery, why can't we fight poverty.

To eradicate this and to achieve our goal, people of India should be educated. We can make our dreams come true only if we thoroughly understand the problems faced by our villagers. For this, the author has introduced a concept called "city centre" to improve the conditions of villagers. Ten lakh people from different villages move out to the city centre.

All the basic civic facilities will be made available to them. All residential, financial and industrial activities will be centraliseld in these centres. Around there, fertile land will be given for cultivation. Mountains, forests, marshy lands, sand dunes, rivers, canals, ponds and lakes will surround these city centres.

The author says it may take seven to eight years for completion but he firmly believes that India needs to be restructured. We have to shed our old thoughts.

मुस्कुराता नववर्ष

•

डॉ. मधु धवन

कावेरी ने रसम बोतल में डाली और उसका ढक्कन लगा कर अपने खाने वाले बैग में रखने की ओर बढ़ी ही थी कि उसका बेटा दौड़ता हुआ आया और दरवाज़े से ही चिल्लाकर बोला, ''अम्मा... सुनो अप्पा सेत्तु पोइच्ची...यानी अम्मा, पिताजी का स्वर्गवास हो गया है।'' कावेरी ने सुना किन्तु अनसुना कर अपना काम करती रही। बेटे के वाक्य से उसके दिल में एक क्षण के लिए कुछ हुआ ज़रूर था किन्तु उसने कोई प्रतिक्रिया नहीं दिखाई। उसकी बात का माँ के दिल पर प्रहार होता न देख बेटा पास आ गया।

''आप सुन रही हैं न?''

सुन्दरम् ने माँ का कन्धा पकड़ कर उसे झकझोरा तो वह उसे एकटक निहारती रही, मानो पूछ रही हो कि तू मुझे क्यों झकझोर-झकझोर कर कह रहा है? छोटा बेटा भी वहीं आ गया था और क्रोध से घूरने लगा मानो वह उसकी अपराधिनी हो। पिता गुज़र गये हैं कल रात में और आप सुन कर भी दफ़्तर जाने की तैयारी में हैं? वह चुपचाप फ़ाइलें उठा कर बैग में सहेजने लगी। उसका दिल सुन्न था। न उसमें स्पन्दन न संवेदन और न ही प्रेम की कोई लघुत्तर लहर ही थी, उसका हृदय मरुस्थल-सा बन चुका था।

छोटे ने अपनी पत्नी की ओर देखकर कहा, ''रोओ...चिल्लाओ...छाती पीटो...माथा पटको... अपने अनाथ होने की दुहाई दो'' इस पर भी अम्मा पर कोई प्रतिक्रिया होती न देखकर छोटे बेटे मुन्नू स्वामी ने पूछा, ''अम्मा, तुम दफ़्तर जा रही हो...?'' उसका वाक्य हवा में तैरता रहा। कावेरी अपना बैग उठाकर घर से निकल गयी।

बसों की भीड़-भाड़ में भी उसका मन शान्त रहा। दफ़्तर में भी उससे किसी ने न कुछ कहा और न ही कुछ पूछा। शायद किसी को अभी तक पता नहीं चला था। उसका व्यवहार देख दोनों भाभियाँ मन-ही-मन कुढ़ने लगीं, ''नारकीय जीवन में भी वह स्वर्गीय आनन्द ले रही है।'' बड़ी भाभी अमलू तड़प उठी। उसने देवरानी वल्ली को खूब भड़काया। एक बजते-बजते दफ़्तर में अमलू भाभी ने फ़ोन कर कह दिया, ''कावेरी के पति की रात को मौत हो गयी है।''

सब कक्ष में आ गये, मैनेजर भी। ''तुम्हारे पति का कल रात देहान्त हो गया और तुम दफ़्तर आ गयीं?'' मैनेजर ने कहा। उसके व्यवहार से सबको समझ में तो आ ही गया था कि कहीं कुछ गड़बड़ है। दफ़्तर में दबी ज़ुबान में चर्चा होने लगी।

कावेरी को सारा वातावरण अजनबी-सा लगने लगा। वह घर आ गयी। घर में आस-पड़ोस के लोग एकत्र थे। उसकी भाभियाँ और बहुएँ ख़ूब बुरे-भले व्यवहार को लेकर चर्चा कर रही थीं। घर का दृश्य देख कावेरी को समझते देर न लगी कि अमलू भाभी किस बात को लेकर इतना फ़साद खड़ा कर रही हैं।

कावेरी को देखते ही बड़ा बेटा सुन्दरम् पास आ गया, ''हम सब जा रहे हैं, अम्मा। तुम चलोगी?''

''तुम सबको यह सब करने की कोई ज़रूरत नहीं है। मरने वाले के साथ तुम्हारा कौन-सा रिश्ता है, जो मेरा जीवन यातनाओं से भरते जा रहे हो...आज तक न तुमने उसकी शक्ल देखी? न उसने हमें देखा। आज तैंतीस वर्षों के बाद सब चेत रहे हैं...आज मेरे सूखे ज़ख़्म क्यों छील रहे हो...?''

''नहीं, कावेरी।'' बड़े भाई ने समझाते हुए धीमे स्वर में कहा।

''जो हुआ, सो हुआ...तुम्हारी ससुराल से यह ख़बर आयी है, अगर ख़बर न आयी होती तो बात दूसरी थी।''

''है तो तेरे दोनों बेटों का पिता...'' छोटे भाई ने जोड़ा। दोनों बहुएँ यह नहीं चाहतीं कि कोई बाहर वाले तथा रिश्तेदार लांछन लगाएँ। अतः बड़ी ने कहा, ''देखो, वह गुज़र गया। उनके साथ आपने जीवन नहीं गुज़ारा। मरते दम तक उसने अपने भाई से अपनी पत्नी और बच्चों से मिलने की बात कही भी होगी तो हमें क्या पता, क्योंकि अपने स्वार्थ तथा बड़े भाई की मोटी कमाई की लालसा में उसका भाई न जाने कितने बहाने करता होगा? इसलिए माँ, अगर आप जाएँगी तो उनकी आत्मा को शान्ति मिलेगी और उनकी आत्मा को संतोष होगा कि मेरी पत्नी ने मुझे माफ़ कर दिया और मेरा अन्तिम संस्कार भी किया। आपकी आने वाली पीढ़ी यानी पोते-पोतियों के सुखमय जीवन के लिए आपका चलना ज़रूरी है।

''आप अब जाइए और दुनियादारी निभाइए। मैं न दुनियादारी निभाऊँगी और न आपकी बातों में आऊँगी। मेरी दोनों बहुओं के कान भरे जा रहे हैं, मैं जानती हूँ किन्तु मुझे इस बात की भी कोई चिन्ता नहीं है।'' बड़ी भाभी अमलू ने सिर धुनना शुरू किया और ज़ोर-ज़ोर से कावेरी को ताने देने लगी। दूसरी भी बड़ी के कहे अनुसार छाती पीटने लगी।

कावेरी को दोनों भाभियों का त्रिया चरित्र तनिक न भाया। दोनों भाइयों के ज़ोर देने पर अनमनी-सी कावेरी उठी और बोली, ''आपको मेरा जीवन नरक में धकेलकर ख़ुशी होती है तो चलो।'' इतना कह वह बाहर आ गयी।

तैंतीस साल पहले वाला घर तो नहीं था, किन्तु उसी तरह गन्दा और बेतरतीब था। पति कुमरेशन की लाश ज़मीन पर पड़ी थी। दारू पी-पीकर उसका शरीर बड़ा भद्दा-सा पड़ चुका था। दूर से देखने पर किसी कोढ़ी की लाश पड़ी लगती थी। उस पर मक्खियाँ भिनभिना रही थीं। कावेरी ने एक नज़र डाली। मन घृणा से भर गया था। इतना ऊँचा पद और पैसा होते हुए भी कुत्ते की मौत...। सारा पैसा छोटा भाई खा गया था। इस पियक्कड़ को क्या पता...? कावेरी का मन भर आया। वह बाहर आ गयी। ''क्रिया-कर्म, दाह संस्कार, नीति-नीति नहीं निभाओगी, भाभी?''

''कौन-सी भाभी...? यह रिश्ता तो तैंतीस साल पहले ख़त्म हो चुका था। आज तक तुमने किया है, आगे भी तू ही कर।'' इतना कहकर कावेरी निकलने लगी, लेकिन उसकी देवरानी कलैवाणी तथा अन्य उपस्थित स्त्रियों ने ताने मारने शुरू कर दिए।

इतना कुछ होने पर कावेरी के मन में तनिक अफ़सोस न था। रिश्तेदारों ने बैठा कर सिर पर

पानी डाला, पहनने को साधारण साड़ी दी और विधवा को लगाने वाली भभूत लगाई गयी। दाह संस्कार करते वक़्त पोती-पोते उसके इर्द-गिर्द खड़े कर दिये गये।

बड़े बेटे सुन्दरम् ने बताया कि दाह संस्कार का सारा इन्तजाम उन्हें करना है। कावेरी क्षुब्ध हो उठी।

''कुछ नहीं करना है। मैं इस आदमी को नहीं जानती। मेरे दफ़्तर के पीछे ही रहता था, मुझे तो यह भी नहीं मालूम था। कभी मिलने नहीं आया, न ही कभी पता लगाया कि कैसे जी रही हूँ, बच्चे कैसे हैं, कितने बड़े हो गये हैं? क्या कर रहे हैं? आज मेरे दोनों बच्चे काबिल हैं तथा अच्छा जीवन जी रहे हैं तो उसके कारण नहीं...मैं खुद रात-दिन मेहनत करती रही, किसी ने मुझे मदद की? दोनों भाइयों के चलते मैं जीवन के हर उतार-चढ़ाव को झेल सकी।''

''पर माँ...'' मुन्नू स्वामी ने टोका।

''कावेरी चीख़ी—''अरे, तू क्या उसकी तरफ़दारी करता है? तूने तो अपने पिता की शक्ल देखी भी नहीं थी। आज ही देखी है न फिर कौन-सा पिता और कौन-सा चाचा...? मर गया तो स्यापा हमें करना है और ज़िन्दा था तो सब उसका था...?'' कावेरी ने भाभियों के तेवर देखे तो समझ गयी कि ये बदला लेना चाहती हैं, अपने मन का आक्रोश निकालना चाहती हैं।

एकाएक चिल्लाई, ''तुम मुझे विधवा देखना चाहती हो न? यही चाहती हो न...? ठीक है।'' तेरहवीं तक प्रतिदिन पौ फटने से पहले ससुराल के रिश्ते-नाते वाले उस पर पानी डालते। उसका पूरा श्रृंगार करते। हर दिन अलग-अलग फूलों से किन्तु दो ही साड़ियाँ पहनाते। उसका किसी चीज़ को छूना मना था। 12 वें दिन मंगलसूत्र मुँह अँधेरे उठकर दूध में डलवा दिया गया था। मुँह छिपाकर घर में बैठा दिया गया। मायके में भाभियों ने जो करना था, कर दिया।

13वीं के बाद मंगलसूत्र तिरुपति की हुण्डी में डालने सारा परिवार साथ जाना चाहता था। उस दिन दोपहर तक जो संस्कार करने थे, कर डाले थे फिर दूरदर्शी बड़े भाई ने समझदारी से काम किया। वह अपनी छोटी बहन के दिल का हाल जानता था। वह कावेरी को, जिसे सुहागन होने पर भी सूना जीवन, जीना पड़ा, उसे और टूटते देखना नहीं चाहता था, उसने ऐसी तारीख़ निश्चित की, जिससे काम भी हो जाए और आने वाले नये वर्ष की सुखदाई सुबह भी हो जाए।

रात्रि का आधा प्रहर बीत चुका था। दूर-दूर तक स्याह अँधेरा फैला था। कोई इक्का-दुक्का यात्री चल रहा था। वह जीवन के न जाने कैसे-कैसे मोड़ पार कर चुकी थी। वातावरण में छाई निःस्तब्धता मन को खटक रही थी। उसने कमरे में झाँका। सारा परिवार गहरी नींद सो रहा था। खिड़की खोल कर बाहर झाँकने का प्रयास किया, किन्तु सड़क पर भी उसके जीवन की भाँति सन्नाटा छाया था, भाभियों के चेहरे सन्तुष्ट-से प्रतीत हुए।

खिड़की के पट ज़ोर-ज़ोर से हिलने लगे। पहाड़ी इलाक़े की हवा तेज़ चल रही थी। पेड़ों के साथ साँय-साँय का भयानक शोर उठ रहा था। उसे अन्दर तक किसी अज्ञात भय ने घेर लिया। उसने झट उठ कर खिड़की बन्द कर दी। साँय-साँय की आवाज़ मानो मृत पति की हो और मुँह चिढ़ा कर कह रही हो, ''क्यों, भाग गयी थी न घर से? आज मेरी ही विधवा बनी हो न?'' वे दिन उसकी आँखों के सामने आ खड़े हुए।

अमलू भाभी की ज़िद के चलते ही माता-पिता ने इस रिश्ते की हाँ की थी, क्योंकि कुमरेशन भाभी का चचेरा भाई था और वह कावेरी की सुन्दरता पर मुग्ध था। उसने भाभी को साड़ियाँ-गहने

देकर पटा लिया था। कुमरेशन पुलिस कर्मचारी था। आस-पड़ोसवालों ने जमकर कहा था, ''क्या किस्मत पायी है लड़के ने? अच्छी नौकरी के साथ-साथ हृष्ट-पुष्ट रूपवान पत्नी भी।

प्रारम्भ में घर-गृहस्थी ख़ूब जमी। सास ज़्यादा न बोलती, मशीन की तरह घर का काम करती रहती। कावेरी भी उनका पूरा हाथ बँढाती। सुन्दरम दो साल का और मुन्नू स्वामी दो माह का था। सास ने कहा था आज कुछ मेहमान आने वाले हैं, अच्छी तरह तैयार हो जाना।'' उनकी आज्ञानुसार वह तैयार हो गयी थी। घर में मेहमान के नाम पर जो आये, वे सारे के सारे अय्याश थे। देर रात तक पीते-खाते रहे। उस दिन से यह हर रोज़ का नियम बन गया। आये दिन शराब का क्रेट, सोडा और मछली लाये जाते और माँ बनाया करती। जब वे आते, उस समय कुमरेशन ड्यूटी पर होता। कावेरी कुछ कहना चाहती तो वे बिना सुने उठ कर चल पड़ते। एक दिन सास ने जब कहा, ''कावेरी जा मेहमान के साथ पिक्चर देख आ कब से मुझसे यह पूछ रहा है?'' तो वह भौचक्की हो उनकी तरफ़ देखती रह गयी।

''क्यों, मैं क्यों उसके साथ जाऊँ?'' उस दिन कावेरी चेती थी। रोज़-रोज़ तैयार होना, भोजन परोसना, पति को कहने की कोशिश करना, उनका इन बातों को न सुनना आखिर क्या बात है? कहीं कुछ संदिग्ध है। ''मुझे पिक्चर देखना पसन्द नहीं है माँ। मेरा बच्चा बहुत छोटा है।'' बात टल गयी। दो दिनों के बाद तिरुनेलवेली के पति घर आये तो सुनकर झुँझला उठे।

''तुमने इसे समझाया नहीं कि इसे जाना चाहिए था? क्या वह इसे खा जाता?'' माँ से चिल्ला कर कहा।

पति के मुँह से यह सुनकर कावेरी को काठ मार गया। ''मैं कोई दफ़्तर में नौकरी करती हूँ जो मुझे हुक्म बजाना चाहिए?'' उस रात इसी बात को लेकर ख़ूब बहस छिड़ी। बात हाथापाई पर उतर आयी थी। कावेरी समझ नहीं पा रही थी कि पुलिस विभाग का व्यक्ति ऐसा क्यों कह रहा है? उसने कभी मुझे सच्चाई नहीं बतायी थी। यदि सच्चाई का पता होता तो वह अवश्य उसका साथ देती, किन्तु पुलिसिया था। कभी बात सुनी ही नहीं। आदेशात्मक स्वर में बात करता रहा ''दो बच्चों की माँ बन चुकी हो परन्तु जीवन में पति का फ़ायदा कैसे करना है, यह पता नहीं है। ऐ सुन...'' बालों को पकड़कर उसने कहा था, ''जो माँ कहती है वैसा कर। मुझे यह अच्छी नौकरी ही नहीं, अपने परिवार को भी बचा कर रखना है।''

''तो ईमानदारी से काम कीजिए।''

''क्या? मुझे पाठ पढ़ाती है, पुलिस वाले को?''

वह उसकी ओर देखती रह गयी।

''क्या देख रही है?'' कहते-कहते उसका सिर दीवार पर दे मारा था। बहुत चोट लगी थी। सिर से ख़ून बहने लगा था।

उस दिन से तनाव बढ़ने लगा और दूरियाँ भी। प्रतिदिन जलसे मनाये जाते। दोपहर तक मछली, चिकन और अण्डे आ जाते और सोडा-शराब भी। धीरे-धीरे कावेरी की सहनशक्ति का ह्रास होने लगा।

एक दिन तो अति ही हो गयी। पति खूब झल्लाए और मुन्नू स्वामी और सुन्दरम को उठाकर बाहर पटक दिया।

वह पहली बार बिफर उठी थी, ''आप बच्चों को इस तरह क्यों पटक रहे हैं? घड़ी देखी है? पौने बारह बज रहे हैं। मैं अब कमरे से बाहर नहीं आऊँगी।'' दोनों बच्चों को लेकर अन्दर आ गयी थी। कमरा बन्द कर लिया। उस दिन तो जीवन में तूफ़ान आया होगा। कैसे करे? क्या करे? उन

दिनों घर से बाहर कोई बातचीत करने का चलन ही नहीं था, मायके में क्या कहे? अय्याश लोग कब किसको क्या कह दे, पता थोड़े ही चलता है। किसी ने तीर छोड़ा था, "अरे, सुन्दर शरीर किस काम का? नारी को पति की बात माननी चाहिए। अपना सौन्दर्य पति के कहने पर आगे करना चाहिए।"

कावेरी तड़पी। दहेज कम नहीं लायी। फिर ऐसी हरकतें क्यों? आचरण का इतना बड़ा धोखा? कावेरी घृणा क्रोध से भर उठी। पति-पत्नी का पवित्र रिश्ता, उसे घुटन होने लगी, "कहीं ये मुझे...?" नहीं, नहीं अगर घर में पैसे चाहिए तो वह कमा कर लायेगी। ट्यूशनों से कमायेगी, किन्तु चरित्र को अपवित्र होने नहीं देगी।

मुन्नू स्वामी के दो साल पूरे होते ही उसने नौकरी ढूँढ़नी शुरू कर दी। नौकरी पब्लिक लाइब्रेरी में मिल गयी थी, वह भी पूरे 1,500/- की। इसे सुन कर सास सबसे ज़्यादा खुश हुई थी। पहली बार उनके चेहरे पर सच्ची मुस्कान थी। 1972 में यह नौकरी और तनख़्वाह बहुत बड़ी मानी जाती थी। अब छोटी-छोटी बातें उठने लगीं। एक दिन जब पुस्तकालय से बाहर निकली तो लाइब्रेरी के क़र्मचारी को उसने समझाया कि चाबी कहाँ जमा करनी है। पति ने देखा तो आगबबूला हो उठा, "कावेरी किसी, पराये मर्द के साथ बातें करते तुझे शर्म नहीं आती?" बहुत समझाया कि कर्मचारी है और लाइब्रेरियन होने के नाते उसे समझाना आदेश देना होता है। उस दिन पुराने बहाने बना कर खूब पीटा। फिर तो बात-बात पर थप्पड़ घूँसे चलने लगे। एक दिन वह मायके आ गयी।

भाभी को जब पता चला तो वह अपने ढंग से फूट डालने लगी। पिता को जब पता चला तो उन्होंने सिर पीट लिया। दोनों भाइयों ने उसे ससुराल नहीं जाने दिया। कावेरी ने कितना समझाया था कि पता तो लगाओ कि आख़िर बात क्या है। किन्तु किसी ने कुछ न सुना और रिश्ता तोड़ दिया गया।

अपनी मृत्यु के एक साल पहले सास उससे चोरी से मिलने आयी थी। उसके ज़ेवर लौटाते हुए कहा था, "तेरी हिम्मत की दाद देती हूँ। नारियों का अस्तित्व हमेशा शारीरिक ही समझा जाता आ रहा है। उनकी दुनिया को बड़ी चतुराई से महज सुहाग चिह्न को धारण करके तथा घर की चहारदीवारी में सीमित रखने की साज़िश आज भी रची जा रही है तथा आज भी वे शोषण तन्त्र की शिकार हैं।" वे थोड़ी देर रुकीं फिर कहने लगीं, "अनुशासन, हया, तमीज़, सब नारियों के ही आभूषण हैं। पुरुष कितना भी अनैतिक और असंस्कृत, अशोभनीय आचरण करे उनके चरित्र पर कभी कलंक नहीं लगाया जाता जैसा कि वे सामाजिक अनुशासन के परे हैं। समाज के सभी स्तरों पर नारियों के ऊपर अकथनीय उत्पीड़न होता है" उन्होंने बातों का रुख बदला, "तूने सुन्दरम को वक़ील बना दिया। यह तेरी हिम्मत की बात है। भाइयों से कभी पैसे की मदद नहीं माँगी, शादी भी वक़ालत पास लड़की की यह ख़ुशी की बात थी। छोटे मुन्नू स्वामी को लाब्रेरियन बना दिया और उसकी शादी भी कर दी। छोटी बहू को काम पर लगवा दिया। आज की महँगाई के चलते सब काम अच्छी तरह निपटा दिए। मैं तुम्हें आज प्रणाम करती हूँ। यह गहने ले।"

"नहीं अम्मा, आपने मेरी हर बात को समझा और मुझे मिलने आयी हैं, यही मेरी लिए काफ़ी है। यह गहने आप ही रखिये। कभी आड़े वक़्त पर काम आएँगे। आपसे क्या एक सवाल कर सकती हूँ?"

"हाँ," उन्हें शायद अन्देशा हो गया था।

"माँ होकर आपने ऐसा वातावरण क्यों बनने दिया था।" बहुत देर तक गम्भीर हो गयी।

तुझे यह पता है न कि हमारे यहाँ ज़्यादातर हर पुरुषों के कम-से-कम दो घर होते हैं।

यह सामाजिक प्रथा मान्यता प्राप्त थी। सन्ध्या समय खूब बनाव शृंगार कर नारियों का मन्दिर

में प्रिय को मिलने जाना। मैं इस प्रथा के ख़िलाफ़ थी। उसका अन्त करना चाहती थी किन्तु पुलिस कर्मी होकर भी तेरे दादा, नाना और पिता, सब बढ़ावा देते रहे और अपना अधिकार समझकर खुलेआम करते रहे।'' वह चुप हो गयी, ''अब तो सब कुछ बदल चुका है। समाज में बहुत बदलाव आ गया है।''

''अम्मा, मैंने बहुत बड़ा पत्थर रख कर जीवन से समझौता कर लिया था किन्तु तुमने बहादुरी से काम लिया क्योंकि तुम पढ़ी-लिखी थीं किन्तु मैं क्या करती?''

''जीवन साहस का नाम है। अगर आप साहस का काम करतीं तो आज न आपके पुत्र की यह दुर्दशा होती और न मेरी गृहस्थी टूटती। अब मैं उसे अपना पति नहीं मानती। उसके मरने पर मैं किसी प्रकार का शोक नहीं मनाऊँगी।''

''ठीक है।'' अम्मा ने कहा।

कावेरी ने घड़ी पर नज़र डाली। चार बजने वाले थे। तिरुपति भगवान के दर्शनार्थ भक्त-मण्डली 'गोविन्दा-गोविन्दा' के नारे लगा रही थी। कावेरी ने द्वार खोला और बाहर सड़क पर आ गयी। उसका मन बेचैन नहीं था। मन-ही-मन विचार उत्पन्न हुए कि दुनिया का सबसे बड़ा आश्चर्य क्या है? यक्ष के प्रश्न वाला प्रसंग मन में उठा। यक्ष के इस प्रश्न पर युधिष्ठिर ने जवाब दिया, ''हममें से प्रत्येक को इस बात की जानकारी है कि जब हम पैदा हुए तो एक दिन मरना भी पड़ेगा। फिर भी यही माने बैठे हैं कि हम सदा के लिए ज़िन्दा रहेंगे।'' आज पति नाम का जीव शरीर छोड़ चला गया है तो कल मुझे भी जाना ही तो होगा।

इस तथ्य से मुक्त होने में मानव शायद तब तक अक्षम रहता है जब तक कि वह अपनी सोच अथवा मानसिक स्तर को ऊर्ध्वमुखी न बनाये। जीवन भी ऐसा ही सत्य है और मृत्यु भी, जिसका सामना हम सभी को कभी न कभी करना ही होगा। इस दुनिया में हर पैदा हुई चीज़ का अन्त है। जीवन हर क्षण हमें मृत्यु के करीब ला रहा है। हम बूढ़े होना नहीं चाहते किन्तु होते जाते हैं। हम अपने शरीर को अपना मानते हैं, किन्तु यह तो हमारा नहीं है। मुझे अब क्या करना चाहिए? विचार पलटा। हमारा इस धरा पर आवागमन चलता रहेगा। हर दिन सूर्य निकलता है तो डूबता भी है। बड़ी बात तो यह है कि हर बार नया बन कर निकलता है। प्रकृति का यह नियम कब कौन बदल सका है? मुझे भी हर दिन नये सूर्य की तरह जीना चाहिए। उसे आने वाले नव वर्ष से प्रेरणा मिलने लगी। हर वर्ष नया साल ही है। मैंने अपने हिस्से के तमाम दायित्व निभा दिये हैं। अब मुझे इस धरा से सौन्दर्य में वृद्धि करनी चाहिए।

मैं आज तक अनथक रही। आज से और ज़्यादा काम करूँगी। क्या ज़रूरत है बीती ज़िन्दगी की गलतियों पर विचार कर कोसने की? मेरे बच्चों के भाग्य में केवल दाह संस्कार का कार्य लिखा था मुझे उनका पालन-पोषण। मन्दिर के घण्टे ने चार बजाये।

दर्शनार्थियों के रेले पर रेले 'गोविन्दा-गोविन्दा' का घोष करते मन्दिर के मुख्य द्वार की ओर चल पड़े।

कावेरी ने तमाम मलिनता को परे फेंक दिया और कमरे में आ गयी। सारा परिवार उसी तरह थका-माँदा सोया था। उसने सूती केसरी बॉर्डरवाली साड़ी निकाली। नहा-धोकर तैयार हुई। माथे पर भभूत और कुंकुम दोनों लगाये। पर्स खोलकर चेक बुक निकाली। बड़े-छोटे सबके नाम के चेक काटे। साथ ही, एक पत्र लिखा।

मैं मन्दिर के बाहर की सीढ़ियों पर बैठी हूँ। सूर्य की प्रथम किरण के फूटते ही मेरे मन का

अन्धकार मिट गया है। जन्म-मरण हमारी नियति है, इसलिए सब लोग घूमो-फिरो जो खरीद-फरोख्त करनी है, करो। किसी को अब और मायूस होकर बैठने की तथा गड़े मुर्दे खोदने की ज़रूरत नहीं है। आज नया वर्ष है। इस नये वर्ष का स्वागत नयी सोच से करें।

मैं जिस तरह प्रतिदिन रहती आयी हूँ, वैसे ही रहूँगी।

आपकी

कावेरी।

प्रातः चार बजे के आस-पास जब परिवार के सदस्य उठे और पत्र पढ़ा तो उनके मन में भी नया प्रकाश हुआ। कल तक जो कावेरी को दोषी करार दे रहे थे, उसके परिपक्व विचार देख सब के सब नकारात्मक मार्ग से सकारात्मक मार्ग की ओर सोचने लगे।

एक नयी ख़ुशी की लहर फैल गयी। ऐसी ख़ुशी, जो बिल्कुल नयी किस्म की थी। सबने देखा कि कावेरी केसरी साड़ी में उसी तरह तैयार थी और एकटक सूर्य को उगता देख रही थी। सब दौड़ते हुए उसके पास पहुँच गये और उसे गले लगा कर प्यार करने लगे। आज सूर्य की किरणें नयी आभा बिखेर रही हैं।

स्टेल्ला मॉरीस कॉलेज में कवि गोष्ठी का आयोजन

बहुभाषी लेखिका संघ 'अनुभूति' तथा स्टेल्ला मॉरीस कॉलेज के हिन्दी विभाग के तत्वावधान में स्टेल्ला मॉरीस कॉलेज के ऑडियो-विज़ुअल कक्ष में कवि गोष्ठी का आयोजन किया गया।

कवि गोष्ठी के मुख्य अतिथि गीतकार हेमन्त श्रीमाल, उज्जैन निवासी ने इस कवि गोष्ठी पर प्रसन्नता ज़ाहिर करते हुए अपने कविता पाठ में समाज में व्याप्त अराजकता को 'चंबल की बेटी', 'वर्षा बाबा आया' कविता पाठ के द्वारा सजीव चित्रण करने की कोशिश की। अन्य कवियों में राजस्थान से आये मयुक, राजा भैया, स्थानीय कवियों में सुधा त्रिवेदी, पी.आर. वसुदेबन शेष, ममता रजनीश, श्रावणी भट्टाचार्य, डॉ. ऐयाज, डॉ. हुसैन वली, मोहिनी चोरडीया, डॉ. मधु धवन इत्यादि ने अपने कविता पाठ से वहाँ उपस्थित कविता विषय की छात्राओं को काफ़ी प्रेरित किया। तदुपरान्त स्टेल्ला मॉरीस कॉलेज के छात्राओं द्वारा किये गये कविता पाठ की वहाँ उपस्थित लोगों को तारीफ़ करने पर मजबूर कर दिया। कवि गोष्ठी की अध्यक्षता करते हुए डॉ. मधु धवन ने आज के आयोजन से छात्राओं को विशेष शिक्षा लेने की उम्मीद जताई तथा अतिथि कवियों का स्वागत करते हुए आगन्तुकों को धन्यवाद दिया।

समारोह में उपस्थित सैकड़ों छात्राओं ने कविता पाठ का श्रोता एवं पाठक बन कर जमकर लुत्फ़ उठाया।

वैश्विक स्तर पर समझ विकसित करें

एक दिवसीय कार्यशाला का आयोजन : बताई कविताओं की बारीकियाँ

वैश्विक स्तर पर समझ को विकसित करते हुए हम अपने अन्दर की भावना को निखारें। नयी सोच एवं नये विचार के साथ आगे बढ़ें। रूपक की बात करें। छन्दों की बात करें।

वरिष्ठ लेखिका एवं कवयित्री डॉ. मधु धवन ने नवोदित कवि-कवयित्रियों को कविता पठन के कुछ ऐसे ही गुर दिए। नवोदित कवियों के लिए यहाँ अन्ना नगर के अन्ना आदर्श महाविद्यालय में आयोजित एक दिवसीय कार्यशाला के दौरान उन्होंने कहा कि हम किस तरह उच्चारणों का प्रयोग करें। विषय-वस्तु के बारे में सोचें।

इस मौक़े पर नवोदित कवियों को कविता की बारीकियों के बारे में बताया गया। उन्हें बताया गया कि वे अपने अनुभवों को कविता के रूप में प्रस्तुत करें। कविता का सम्प्रेषण कैसे हो, आने वाली पीढ़ी को प्रॉपर गाइड देकर उन्हें इस दिशा में आगे बढ़ाया जा सकता है।

इस कार्यशाला में अन्ना आदर्श महाविद्यालय, वेलाम्मल कॉलेज, स्टेल्ला मॉरिस कॉलेज, प्रेसीडेन्सी कॉलेज, पैट्रीशियन कॉलेज, कन्यका परमेश्वरी कॉलेज, एस.डी.एन.वी. कॉलेज, क्रोमपेट, डी.जी. वैष्णव कॉलेज, गुरु नानक कॉलेज, एम.ओ.पी. वैष्णव कॉलेज, मद्रास विश्वविद्यालय एवं दक्षिण भारत हिन्दी प्रचार सभा के विद्यार्थियों ने कविताएँ प्रस्तुत कीं।

इनमें से चयनित कवियों को फरवरी माह में पंजाब एसोसिएशन की ओर से आयोजित कवि सम्मेलन में कविता पाठ करने का अवसर दिया जाएगा।

अन्ना आदर्श महिला महाविद्यालय की हिन्दी विभागाध्यक्ष डॉ. पद्मप्रिया भी इस मौक़े पर मौजूद थीं। इस मौक़े पर छात्र-छात्राओं ने कोशिश करने वालों की कभी हार नहीं होती...नफ़रतों का असर देखो...चाँद-तारों की चाह नहीं...फ़क़ीर, मुल्ला, गुरु और पादरी...बदलते वक़्त बदलते लोग..., ममता की प्यारी मूरत है माँ..., हम सबके प्यारे अब्दुल कलाम..., देश को स्वच्छ बनाने चला है एक अभियान...समेत अन्य कविताएँ पेश कीं।

रिश्ते कभी खत्म नहीं होते

स्टेल्ला मॉरिस कॉलेज की हिन्दी विभागाध्यक्ष डॉ. मधु धवन ने कहा कि रिश्ते कभी ख़त्म नहीं होते। रिश्तों के कारण ही हम एकजुट होकर काम करते हैं। वे यहाँ स्टेल्ला मॉरिस कॉलेज परिसर में आयोजित अभिनन्दन समारोह में बोल रही थीं। उन्होंने कहा कि वे इसी साल सेवानिवृत्त होने वाली हैं तथा स्टेल्ला मॉरिस कॉलेज ने उन्हें बहुत कुछ दिया है। इसमें सभी शिष्यों का योगदान रहा है। यहाँ इतना प्यार मिला है जिसे भुलाया नहीं जा सकता। इस कॉलेज के विभिन्न विभागों से नाता जुड़ चुका है।

आयकर विभाग के आयुक्त गिरीश पाण्डेय ने कहा कि गुरु ही शिष्य का भविष्य निर्माता है। डॉ. धवन एक अच्छी अध्यापिका हैं जो ऊर्जा से परिपूर्ण हैं। उसने हर विद्यार्थी को प्रोत्साहित किया है।

स्टेल्ला मॉरिस कॉलेज की प्राचार्य डॉ. एस. जेसिन्ता क्वाड्रस, कॉलेज की सचिव डॉ. लेहन वेंसेंट, सूसन भी मंच पर मौजूद थीं। डॉ. विष्णुप्रिया ने भी विचार व्यक्त किए। हिन्दी विभाग की डॉ. श्रावणी भट्टाचार्य ने पॉवर प्रेजेण्टेशन प्रस्तुत किया। स्टूडेण्ट यूनियन की अध्यक्ष रोशनी रामचन्द्रन ने धन्यवाद अर्पित किया। इस मौक़े पर डॉ. मधु धवन का शॉल ओढ़ा कर एवं गुलदस्ता प्रदान कर अभिनन्दन किया गया।

मैंने पढ़े नहीं गढ़े...

इस मौक़े पर कवियों ने अपने कवि हृदय का भी परिचय दिया। आयकर विभाग के आयुक्त गिरीश पाण्डेय ने...मन्त्र मैंने पढ़े नहीं गढ़े हैं, भाव मैंने सुने नहीं..., कुछ गीत मैंने पीया है, कुछ गीत मैंने जीया..., राह मैंने पाई नहीं बनाई है, सुबह-शाम हम चले नहीं... समेत अन्य कविताओं के माध्यम से समारोह को ऊँचाइयाँ दीं। कवि मिठू मिठास ने...रीत बनाई प्रीत लगा के..., आँख भर आती जब कोई लेते विदाई समेत अन्य कविताएँ सुना कर दाद पायी। डॉ. वत्सला ने नाम तुम्हारा सार्थक है..., सुना कर वाहवाही लूटी। डॉ. मधु धवन ने बहुत शुक्रिया हाल...सुनाकर तालियाँ बटोरीं।

❏❏